《阅读徽州》编写组

杨永生　汪大白　翟屯建　陈平民
方利山　毕民智　方光禄　郗延红
陈　政　吴清健　李　云　胡　灵
倪姝娜　施兰萍　吴艳琼

阅读徽州

精华版

《阅读徽州》编写组 编

中国科学技术大学出版社

图书在版编目(CIP)数据

阅读徽州:精华版/《阅读徽州》编写组编.—合肥:中国科学技术大学出版社,2017.10 (2019.12重印)
ISBN 978-7-312-03199-1

Ⅰ.阅…　Ⅱ.阅…　Ⅲ.文化史—徽州地区—通俗读物　Ⅳ.K295.4-49

中国版本图书馆CIP数据核字(2017)第238245号

出版	中国科学技术大学出版社 安徽省合肥市金寨路96号,230026 http://press.ustc.edu.cn https://zgkxjsdxcbs.tmall.com
印刷	合肥市宏基印刷有限公司
发行	中国科学技术大学出版社
经销	全国新华书店
开本	710 mm×1000 mm　1/16
印张	21
字数	322千
版次	2017年10月第1版
印次	2019年12月第3次印刷
定价	66.00元

序

徽州历史悠久。据考证，早在6000年前，翚岭（即徽岭）南北就有人类活动。据《禹贡》记载，天下共分九州，徽州地属扬州，春秋时期属吴，吴国灭亡属越，越国灭亡属楚。公元前221年，秦朝统一天下，始置黟县、歙县，二县隶属鄣郡，汉朝改为丹阳郡，三国时期改为新都郡，晋朝改为新安郡，隋唐改新安郡为歙州。

唐大历五年（770），歙州统辖六县：歙县、黟县、休宁、绩溪、婺源、祁门，由此奠定"六县一州"的行政格局。北宋宣和三年（1121），歙州改成徽州，此为"徽州"得名之始，从此直至民国元年（1912）撤府留县，徽州建制延续了将近800年。中华人民共和国成立后，先后设立徽州专区、徽州地区，1987年国务院批复撤销徽州地区成立黄山市。

徽州山川秀丽。徽州自古就以风光秀美、钟灵毓秀闻名于世，早在南朝时期，梁武帝就曾盛赞"新安大好山水"。徽州人也以本地的山水优美、生态优越而自豪。陶行知说："我们徽州，山水灵秀，气候温和，人民向来安居乐业，真可谓之世外桃源。察看她的背景，世界上只有一个地方与其相类，这个地方就是瑞士。"时至今日，"新安大好山水"成了世界旅游胜地，足以与瑞士媲美。黄山拥有三顶桂冠：世界自然遗产、世界文化遗产和世界地质公园。还有国家地质公园齐云山，国家级自然保护区牯牛降、清凉峰、"山水画廊"新安江、天生丽质太平湖……徽州大地，处处令人赏心悦目、心旷神怡！

徽州文化灿烂。徽州文化既是古代徽州的地域文化，又是中华民族的典型文化。徽州文化以新安山水为依托，以徽州人缘为纽带，以程朱理学为核心，以徽商经济为基础，奠基于隋唐，崛起于两宋，鼎盛于明清，影响于当今。徽州文化博大精深，诸如新安理学、新安志学、新安医学、新安文学、新安画派、新安四宝，诸如徽州商帮、徽派朴学、徽州教育、徽州科技、徽派建筑、徽派刻书、徽派版画、徽派篆刻、徽派盆景，还有徽剧、徽雕、徽菜等等，如一颗颗璀璨的星星，闪耀在中华民族传统文化的深邃时空中。它们或鸣时代之先声，或集学术之大成，或是造诣精深、名震四海，或是独树一帜、标新立异，无不体现出徽州风格、徽州特色和徽州气派，无不标示着徽州文化的时代水准、历史地位和现实意义。

徽州故土，是"程朱阙里""道学渊源"，是"东南邹鲁""礼仪之邦"，是著名的"文物之海""文献之乡"。人们走进黄山市，可以触摸到大量的徽州文化遗存，古桥、古亭、古牌坊、古宅、古庙、古祠堂，星罗棋布，比比皆是。据统计，全市现存不可移动文物8032处，拥有世界自然与文化遗产1处，世界文化遗产1处，全国重点文物保护单位31处，经过国家确认的中国历史文化名城、名镇、名村、名街21处，国家级非物质文化遗产代表性项目20项，等等。文物数量之多，品级之高，国内罕见！

与这些地面文物和非遗项目同样无法估价的，还有1000多种徽州宗谱族谱、3000多种徽州典籍文献和50多万件徽州民间契约文书。如此丰富、如此珍贵的地方文化历史资料，在海内外文化界激起莫大的反响，当代学者视之为20世纪继甲骨文字、汉晋简牍、敦煌文书、明清大内档案之后的"第五大发现"。勃然兴起的"徽州学"，在短短的30余年间，迅速发展成为一门世人瞩目的"显学"。

如此灿烂夺目、博大精深的徽州文化，既具有独特的地方色彩和鲜明的时代特征，又集中体现着中华民族传统文化的主流和精华，体现了中华民族传统文化的核心价值，成为中华民族传统文化中的一部袖珍版经典、一个精致型标本。

新形势下，徽州文化不仅需要保护、需要研究，而且需要传承、需要创新。徽州文化绝不是古人遗留的古董，更不是玩家手中的玩物，我们绝无理由将它藏于深山、束之高阁。徽州文化是有生命的文化，是活的文化，应当鲜活地存在于人们的日常生活和社会发展进程中。如何让更多的人了解徽州文化，让徽州文化的精髓得到更好弘扬，让徽州文化在改革和发展中发挥积极作用，是我们一直思考的重要问题。

十八大以来，党中央高度重视中华优秀传统文化。习近平总书记多次强调，"培育和弘扬社会主义核心价值观必须立足中华优秀传统文化""中华优秀传统文化是中华民族的精神命脉，是涵养社会主义核心价值观的重要源泉，也是我们在世界文化激荡中站稳脚跟的坚实根基"。

"不忘本来才能开辟未来，善于继承才能更好创新。"优秀传统文化滋养了民族精神、民族之魂，无论社会怎么变化，都不能割断血脉、丢掉根基。在新的历史条件下，我们必须把不忘本来、吸收外来、着眼将来结合起来，大力传承和弘扬中华优秀传统文化，以强烈的责任担当推动文化繁荣发展，更好地凝聚团结奋进的精神力量，这才是应有的文化自信和文化自觉。为此，我们组织部分专家学者精心编撰了《阅读徽州》，目的是进一步促进徽州文化的传播和普及，推动徽州文化的传承和创新，更好地发挥徽州文化在培育、践行社会主义核心价值观中的作用。该书被评为2015年"十佳皖版图书"。今年，我们在原来的基础上，根据广大读者的意见、建议进行修改、增减，编写了《阅读徽州（精华版）》，从中可以看到徽州历史、徽州风光、徽州村落、徽州建筑、徽州商帮、徽州教育、徽州艺术、徽州科技、徽州饮食、徽州人物等多方面的基本情况，可以看到徽州文化各个领域的显著特色、卓越成就及其突出的历史地位、深远的社会影响，可以了解中原文化的移植和山越文化的融合、农耕文化的转型和徽商文化的开拓、儒家文化的主导地位和宗族文化的社会效能、人居文化的历史积淀和生态文化的当代价值。可以说，"一卷在手，乃观全貌"。

更为重要的是，我们还可以从中获得种种启迪和激励，深化我们投身当代文明创建的理性思考，增强我们培育、践行社会主义核心价值观的主动自觉，焕发我们继往开来再铸辉煌的创造激情，努力实现中华民族伟大复兴的中国梦。

生命在阅读中拓展，人生在思考中升华。阅读徽州，感悟未来。

是为序。

中共黄山市委书记　任泽锋

2017年8月16日

序 / i

第一编　徽州历史 / 1
概述　华夏奇葩，源远流长 / 2

一、文明源头，曙光初现 / 4
　　（一）古越迹可寻，影像甚分明 / 5
　　（二）秦皇设两县，三国吴置郡 / 8

二、风气变革，体制成型 / 11
　　（一）武风正盛行，民俗已趋新 / 11
　　（二）一府统六县，绵延上千年 / 16

三、星光灿烂，文化徽州 / 19
　　（一）两宋儒风盛，蒙元文教兴 / 19
　　（二）明时商贸兴，清末元气伤 / 22
　　（三）回首向来处，追梦更前行 / 25

第二编　徽州风光 / 29
概述　大好山水，冠绝天下 / 30

一、登黄山天下无山 / 35
　　（一）震旦国中第一奇山 / 35

（二）黄帝炼丹处，高峰面面开 / 39
　　（三）薄海内外，无如徽之黄山 / 41

二、道教圣地齐云山 / 43
　　（一）山山玛瑙红，高古复飞动 / 44
　　（二）天下无双胜境，江南第一名山 / 46
　　（三）齐云山与碧云齐，四顾青山座座低 / 47

三、黄金水道新安江 / 49
　　（一）三百六十滩，新安在天上 / 50
　　（二）就中山明更水静，妙绝何图竟若斯 / 52

四、黄山情侣太平湖 / 54
　　（一）依偎黄山下，绝佳生态湖 / 54
　　（二）藏在深山中，引得世人醉 / 57

五、原始天地牯牛降 / 59
　　（一）此等神奇景，古曰西黄山 / 59
　　（二）生物大观园，天然真氧吧 / 62

第三编　徽州村落 / 65
概述　沧桑千年，魅力无限 / 66

一、千丁之族，未尝散处 / 71
　　（一）相逢哪用通名姓，但问高居何处村 / 71
　　（二）村落其表，宗族其里 / 73

（三）五百年前是一家 / 76

二、天人合一，蕴涵玄机 / 78
   （一）风水之说，徽人尤重 / 78
   （二）水口水街水文章 / 81
   （三）村居如画若天成 / 83

三、村落经典，人文奇迹 / 85
   （一）西递：桃花源里有人家 / 85
   （二）宏村：谁引碧泉到百家 / 89
   （三）呈坎：呈坎双贤里，江南第一村 / 92
   （四）许村：昉溪一脉长，堂堂居北乡 / 95

第四编　徽州建筑 / 99
概述　粉墙黛瓦，如诗如画 / 100

一、历尽沧桑，神韵长存 / 102
   （一）占得好山水，自成清华居 / 103
   （二）明堂开天井，巍巍马头墙 / 104
   （三）上梁盖瓦时，欣然闻古风 / 109

二、粉墙矗矗，鸳瓦鳞鳞 / 111
   （一）开合得体，自是宜室宜家 / 111
   （二）风貌特异，只缘独具匠心 / 113
   （三）吾爱吾庐，风雅伴烟霞 / 114

三、徽匠独造,技艺高超 / 115
(一) 徽派古建筑,三绝妙天下 / 116
(二) 天工兼人巧,营造见高妙 / 123
(三) 世人叹精美,徽州有三雕 / 126

第五编　徽州商帮 / 131
概述　徽行天下,称雄八方 / 132

一、徽人徽商徽骆驼 / 135
(一) 二字箴言,惟"勤"惟"俭" / 135
(二) 一贾如不利,再贾至三贾 / 136

二、世称无徽不成镇 / 138
(一) 钻天洞庭遍地徽 / 138
(二) 无远弗至涉海外 / 140

三、贾而好儒真徽商 / 141
(一) 诚信为尚,童叟无欺 / 141
(二) 权衡大道,以义取利 / 143
(三) 虽为贾者,咸近士风 / 143

四、富而好仁好风尚 / 145
(一) 慷慨捐输,报国爱乡 / 145
(二) 乐善好施,仁义昭然 / 146

五、富商巨贾美名扬 / 149
    （一）商界称翘楚，实业多精英 / 149
    （二）纵横商海上，宏图终有成 / 151

第六编　徽州教育 / 155
概述　天下之学，新安为盛 / 156

一、十户之村，不废诵读 / 161
    （一）凡是民居处，莫不有学童 / 161
    （二）何人任塾师？自然有乡贤 / 163
    （三）启蒙劝学始，德术两相兼 / 164

二、官府立学，世代不辍 / 166
    （一）官学始于唐，不修何以言政 / 166
    （二）明清学风盛，无愧东南邹鲁 / 167
    （三）民国多风雨，悄然兴新学 / 169

三、六邑书院，星罗棋布 / 170
    （一）天下书院盛于徽 / 170
    （二）疑义相析，进德修业 / 173
    （三）规矩从善，科考为先 / 174

四、世代名流，薪火相传 / 175
    （一）朱郑江戴，遗泽桑梓 / 175
    （二）承尧晋接，时代先驱 / 176
    （三）适之行知，大师园丁 / 177

（四）戈君鲲化，执教哈佛 / 179

五、千载杏坛，成果丰硕 / 180
    （一）民生百业，谁领风骚 / 180
    （二）当年科场，佳话如潮 / 182
    （三）西风东渐，群星闪耀 / 184

第七编　徽州艺术 / 185
概述　天开神境，巧夺天工 / 186

一、徽州戏剧，京剧之母 / 190
    （一）傩舞目连戏，戏剧活化石 / 190
    （二）徽调徽州腔，徽园徽戏庄 / 192
    （三）徽班进京城，谱出新篇章 / 194

二、新安画派，独树一帜 / 196
    （一）搜尽奇峰打草稿，敢言天地是吾师 / 197
    （二）渐江称独步，正脉传新安 / 198
    （三）凛然风骨浩然气，疏树寒山淡远姿 / 200

三、徽派版画，艺术精巧 / 202
    （一）首创套色，精美绝伦 / 202
    （二）富丽其风，精工其技 / 204
    （三）平心论画艺，天下数第一 / 205

四、徽派篆刻，意趣奇妙 / 207
    （一）操刀代翰墨，文士怡其情 / 207
    （二）电光石火，雅逸平和 / 209
    （三）史上开先河，海内成主流 / 211

五、新安四宝，誉满天下 / 213
    （一）韦诞遗法在，徽笔多极品 / 213
    （二）黄金易得，徽墨难求 / 215
    （三）澄心纸出新安郡，腊月敲冰滑有余 / 217
    （四）瓜肤谷理称歙砚，金声玉德扬美名 / 218

第八编　徽州科技 / 221
概述　千秋闪耀，智慧之光 / 222

一、数学天算，各著华章 / 227
    （一）珠算大师创鸿篇 / 227
    （二）天算天才出徽州 / 231

二、新安医学，辉映东方 / 234
    （一）杏林创门派，新安源流长 / 234
    （二）回春叹妙手，世代现华佗 / 236

三、群科邃密，卓荦辉煌 / 241
    （一）理化园地，几多芳华 / 241
    （二）生物学科，枝繁叶茂 / 244
    （三）农地双学，争奇斗艳 / 245

四、技艺工程,福泽久长 / 247
    (一)奇技巧构,先贤成就 / 247
    (二)功在当时,利于千秋 / 250

第九编　徽州饮食 / 253
概述　徽茶徽菜,名扬四海 / 254

一、屯绿祁红,万邦来求 / 260
    (一)山且植茗,地无遗土 / 260
    (二)天人相济,绝顶松萝 / 262
    (三)茶务都会,商牙辏集 / 264

二、八大菜系,徽居其一 / 267
    (一)因地制宜,山民草创 / 267
    (二)登堂入室,功在徽商 / 269
    (三)声闻遐迩,斯文昭彰 / 271

三、小吃美酒,风月春秋 / 274
    (一)特色美味,挞馃千金 / 274
    (二)民间小吃,独具风情 / 276
    (三)徽州佳酿,风靡古今 / 278

四、甘食甘饮,礼仪风尚 / 279
    (一)节庆佳肴,神人共享 / 279
    (二)人情往来,宾客至上 / 281

第十编　徽州人物 / 283
　　概述　人杰地灵，精英辈出 / 284

一、新安三豪杰 / 288
　　（一）程灵洗：新安战神，佐国安民 / 288
　　（二）汪华：新安伟人，大唐功臣 / 289
　　（三）方腊：义军领袖，万古不朽 / 291

二、徽州四大家 / 293
　　（一）朱熹：综罗百代，理学大师 / 293
　　（二）戴震：启蒙先驱，朴学泰斗 / 295
　　（三）胡适：学贯中西，文化巨星 / 297
　　（四）陶行知：万世师表，仰之弥高 / 299

三、明清六名臣 / 301
　　（一）朱升：九字定天下，谋略世无双 / 301
　　（二）胡宗宪：平倭第一功，福泽被东南 / 303
　　（三）汪道昆：位居左司马，策助戚家军 / 306
　　（四）许国：眼前八角牌楼在，遥想当年相国时 / 307
　　（五）曹振镛：宰相朝朝有，代君三月无 / 310
　　（六）王茂荫：清风高白岳，德名留千古 / 311

后记 / 315

第一编 徽州历史

概述
华夏奇葩，源远流长

当今世人都已惊异地发现，在人类居住的这个星球上面，北纬30°是一个非常神秘的环球地带。这一地带有着大量的"世界之最"，海拔最高的珠穆朗玛峰，海水最深的马里亚纳海沟，荒漠化土地面积最大的撒哈拉沙漠，流程最长的非洲尼罗河……都是整个地球的重要地标。更有意义的是，这一地带堪称人类文明的发祥之地，"四大文明古国"——中国、古印度、古巴比伦和古埃及一一横贯于此，不胜枚举的世界人文奇迹诞生于此，像巴比伦的"空中花园"、古埃及的金字塔群……至今还是人们不断探索的历史之谜。风光旖旎的黄山，文化灿烂的徽州，正好坐落在这个美妙而又神奇的环球地带。

"自从盘古开天地，三皇五帝到如今。"作为华夏文明的一方热土，徽州尽管面积不大，仅仅1.2万平方公里，但是人文起点却与赤县神州一样久远。发掘深埋的历史遗存，点击尘封的徽州记忆，一幅幅活生生的人文图像便会在我们眼前闪现——

秀美的新安江是徽州的母亲河。早在5万年前，这一流域就有了人类生活，那时候的人称作"新安人"，也叫"建德人"。稍迟一些，距今将近2万年的时候，又有人在新安江下游活动，他们被学者们称作古代"智人"。

人类进入新石器时期之后，徽州故土上的先民活动更加广泛、更加频繁。这个时期的人文遗址，在歙县，在祁门，已经多有发现。

歙县新州曾有大量文物出土，这些文物既有人类的新石器遗物，又有"秦时筒瓦汉时瓷"。这些出土文物的年代,始自新石器时期,跨过上古而至隋唐,表明这里已是徽州先人曾经生活了数千年之久的一个聚落遗址。

还有,屯溪奕棋发掘的土墩墓群又告诉我们,早在西周时期,这里已经出现生活安定的先民聚落,他们拥有自己颇为发达的当地文化,且与中原文化发生了某种联系。

历史长河总在奔腾向前,时代距离我们愈来愈近。

《尚书·禹贡》所说远古时代,天下曾经分为"九州"。当时徽州的版图,位于"扬州之南境"。后来因为多有文献可征,徽州史迹也就历历分明:

得天独厚的徽州山水,春秋时期属于吴国,吴国灭亡属于越国,越国灭亡属于楚国。"六王毕,四海一。"公元前221年,秦朝统一天下,然后置有歙县和黟县,二县隶属于鄣郡。汉朝改为丹阳郡,三国时期改为新都郡,晋朝改为新安郡,隋唐改新安郡为歙州。

时至唐大历五年(770),歙州辖有六县:歙县、黟县、休宁、绩溪、婺源、祁门,由此奠定"六县一州"的行政格局,后来也就直接转变为通常所说的徽州"一府六县"。

"一府六县"平面图

"徽州"从何而来？北宋宣和三年（1121），诏改歙州为徽州，就是"徽州"得名之始。从此历经元、明、清几朝，直至民国元年（1912）撤府留县，"徽州"作为一个行政建制的专有名号持续了将近800年。

1949年以来，先后设立徽州专区、徽州地区，"徽州"之名再度得以延续。直到1987年黄山市建立，沿用千年之久的"徽州"之名，最终由市辖徽州区承袭下来。

回首上下两千多年，行政变更频频，徽州称谓多多。影响较大者有四：新都、新安、歙州、徽州。尤其是一个新安，一个徽州，最为历代先贤所钟情，也最为当今学者所热议。在南宋，思想文化大家朱熹，平生撰文所用最多的署名是"新安朱熹"；著名的史志学家罗愿，倾心竭力地将他一部《新安志》打造成为传世的经典之作。在他们的内心深处，都有一种难以释怀的"新安情结"。在现代，新文化运动的旗手胡适，早年即已暴得大名、举世皆知，但是他却始终以徽州为自豪，无论置身何地，开口就是"我们徽州"。人民教育家陶行知，更是将徽州视为东方瑞士，平生所愿就是不负新安大好山水，"把我们一个个的小生命捧出来，造成徽州的伟大的新生命"。

无论是前人对新安的一往情深，还是后人对徽州的倾心眷恋，都不可能完全出自一己的好恶和取舍；归根结底，所有这些情感表现，总是契合着自然的钟爱，体现着文化的自信，回应着历史的感召，都是时代人文的一种表征

一、文明源头，曙光初现

天地玄黄，宇宙洪荒，女娲抟土，造人有方。

人们提起徽州，都说历史悠久；提起徽州文化，都说源远流

长。然而，关于秦汉以前的徽州历史与徽州文化，历代史籍却是笔墨无多，语焉不详。不过，时至20世纪50年代之后，徽州故土陆续完成的考古发掘，总算为我们捅破了那神秘高远的历史天幕，透露出令人眩目的人文曙光。

（一）古越迹可寻，影像甚分明

就在20世纪60年代前后，屯溪土墩墓群的发现发掘，在我们眼前呈现出虽然有些模糊但却真实可信的历史影像，人们由于时代久远而导致的历史失忆因此而得到极大的缓解。

1959年3月，在民航机场的修建施工中，屯溪西郊奕棋村附近发现了罕见的古代墓葬，考古工作者随即进行钻探调查，发现是西周至战国时期的一个规模不小的土墩墓群。这个土墩墓群的基本特征是一墩一墓、平地起坟、封而不夯，整个营造方法与中原地区的同期墓葬完全不同，充分体现出当时江南地区相当独特的殡葬习俗。

1959～1975年，考古工作者先后发掘了土墩墓群中的8座，出土的文物极其丰富，青铜器、陶器、原始瓷器、玉石件和漆器残件等，应有尽有。尤其是107件青铜器，有成组的食器、酒器、水器、乐器、武器以及跪坐人像，工艺精湛、纹饰多样，在学术界引起了极大的反响。其中有些还是用途不明、完全新颖、属于这一地区特有的器物，如五柱器、单柱器，中原地区和其他地区从未有过类似发现。《屯溪土墩墓发掘报告》从历史、地域和出土器物三个方面综合考量结果，认为屯溪土墩墓群"属于越国或

公卣

凤纹铜方鼎

越族文化的范围""屯溪八墓所出的铜器群和原始青瓷器群反映了该地区土墩墓的古文化面貌,给人们研究吴越文化,特别是越族文化历史提供了较为丰富的物质文化资料"。

为了感受3000多年前古越文明的发达程度,我们不妨就土墩墓群出土的烹饪用具和饮食器物作一番审视。在这一番审视中,我们犹如经历了一次奇妙无比的时空穿越。那些特色鲜明、形式多样、功用齐全的烹饪饮食器具,为我们再现了一个基本的历史事实:远古所谓的"南蛮缺舌"之人,到了春秋战国时期,早已告别了"茹毛饮血"的蛮荒时代,在以屯溪为代表的徽州故土,古越人的烹饪饮食文化并不亚于当时中原某些地区的发展水准。稻谷作为主粮,米饭充当主食,山珍河鲜并陈,鱼肉果蔬自足,还有酿酒技术和饮酒习俗为世俗人生增添了多少生机活力——这就是屯溪土墩墓群大量饮食器物为我们再现的古越人饮食生活。这样的饮食生活显然得益于"新安大好山水",得益于得天独厚的生态优势和资源优势,也为后来徽州饮食的健康发展,为后来徽州菜系的形成和兴盛,奠定了比较理想的物质基础和文化基因。

当然,也许有人会提出这样一个问题:屯溪奕棋土墩墓群体现的这种古越文明真的就是本地原有的吗?对此,有"人"为我们作了肯定的回答,这个"人"叫作"新安人"或"建德人"。

1974年的冬天,在新安江下游建德县的一个山洞里,考古学家们找到了一颗牙齿化石。经过鉴定,这颗牙齿化石属于一个30岁左右的男性,他的身份属于旧石器时代中期的"智人"类型。这种距今5万年左右的"智人"化石,在整个华东地区还是首次发现。学者称这种古代"智人"为"新安人",理由很明显,因为他们是生活在新安江流域的原始人类。后来中国科学院又将这种古人类定名为"建德人",道理也很简单,化石发现的具体地点在建德。其实,无论是叫"新安人",还是叫"建德人",这一极其重要的考古发现表明,新安江流域如同黄河流域一样,都是中华文明的发祥地。

何况我们由建德溯流而上,在新安江的上游乃至源头,也都发现了旧石器时代和新石器时代的遗址多处,这些都表明这颗古人类牙齿化石并非孤立地存在,更非偶然的现象。

你看,1984年9月,在歙县县城北郊的新州,发现了从新石器时代直到唐宋时期的人文遗址。在这里除了出土大量新石器时代的遗物之外，还发现有商周时期的印纹硬陶片，以及战国至秦汉时期的原始瓷、筒瓦等。根据这些地下文物，不难看出，新州可能是前后延续了数千年的一个村落遗址。时隔不久，1988年，人们又先后在歙县富堨镇冯塘村和徽州区岩寺镇的桐子山发现了旧石器遗址和新石器遗址，进一步丰富了石器时代的新安江文化内涵。

再说2002年8月，在新安江源头地带，祁门县凫峰乡土坑村，村民在村边田地里又发现了一处古代遗址，经安徽省有关专家现场查勘，认定这是一处新石器时代遗址。它是迄今为止在徽州故土发现的时代最早的人类生活遗址，距离我们现在已有5000多年的历史。这处遗址坐落在秀丽的率水河边，靠山临水，便于饮水、耕作、养殖，也便于上山避灾。研究表明，生活在这里的先民已经脱离了原始人群的流浪生活，走向定居，并且创造了相当进步的生活、生产用具，从事狩猎、捕捞和采集等生产活动。或许有的读者已经注意到，新安江的源头地带，就是《山海经》记述的"三天子鄣"，又叫"三天子都"。所谓"三天子鄣"或者"三天子都"，正是古代文献关于徽州地域最早的载述文字。

最后，沿着新安江顺流而下，2004年的夏天，处于下游的桐庐县又有一个重大的考古发现，当地出土了8片古人类"智人"的头盖骨化石，这些化石的年代距今1万～2万年，属于旧石器晚期或者更早。这次桐庐古人类化石的出土，填补了东南地区人类历史从5万年前的建德人到8000年前的河姆渡人之间的历史空白。

借助于上述一系列相互关联的考古发现，我们对隐约闪现在历史幽深之处的新安江人文景象作了一次选点式扫视。我们从中看到了大约5万年前"新安人"或"建德人"的身影，又看到了1万～2万年前这一地带古人类"智人"的面容，他们就是新安江流域古越人的祖先，也是东南地区古越人的祖先。我们从中看到了5000年前定居于新安江源头的古越人，他们从事狩猎、捕捞、耕种、养殖，业已创造了相当进步的人类文明。我们从中看到了3000年前群居于新安江源头的古越人，他们创造了包括饮食文化在内的灿烂文化，这种灿烂的江南越族文化足以与中原先进文化相媲美。

(二)秦皇设两县，三国吴置郡

定居于万山丛中的古越人，实际就是古徽州的土著先民。

先秦时期徽州地域一直属于古越土著的势力范围，前人说徽州属于"扬州之南境"也好，说徽州"春秋时属吴，吴亡属越，越灭属楚"也好，这些说法其实只是就地域版图而言，并非真的存在着实质性的行政管辖。

真正在徽州这片土地上设立行政区划并且实行管辖，那还是秦朝才有的事。《新安志》记载："秦并天下，置黟、歙二县，属鄣郡。"黟、歙二县的建立，就是徽州地域最早的行政区划设置。

秦时鄣郡领有六县：江乘（今南京市部分及其东北一带）、秣陵（今南京市一部分）、丹阳（今安徽当涂）、鄣县（今浙江安吉）、歙县、黟县。不仅范围很广，而且形势紧要，北部可控长江渡口，南部可倚崇山峻岭，对于保障秦王朝的疆土安全具有重要地位。

秦时的歙县、黟县，也比后世所辖地域广阔得多。歙县范围大致包括现在的歙县、绩溪县、淳安县、徽州区、屯溪区、黄山风景区一带、休宁县和婺源县的大部分地区。黟县则除了今天的黟县全境，还包括今天的祁门县大部分地区、休宁县和婺源县的一部分地区。

歙县、黟县之名取之于山水。歙县城郊有水口曰歙浦，歙县因而以"歙"为名。黟县坐落在黟山之阳，黟县因而以"黟"为名。二县既得新安大好山水之名，也就凝聚着新安山水灵秀之气，从此掀开徽州文明的新篇章。历经风雨沧桑2000余年，二县辖区虽然多有改动，但是古老的县名却一直未变。只是黟县之"黟"，原先写作"黝"，二者音同义同，仅仅形异而已，后世通用为"黟"。

古歙、古黟二县既然是由秦始皇所立，古徽州新文明的开卷首篇，也就注定离不开秦始皇治国平天下的宏图伟业，比如秦始皇当年实施的一项大越移民就与我们古徽州密切相关。

汉朝袁康《越绝书·外传记吴地传》记载："乌程、余杭、黝、歙、芜湖、石城县以南，皆故大越徙民也。秦始皇刻石徙之。"这就告诉我们，乌程、余杭、黟县、歙县、芜湖、石城县以南地区，都是当年秦始皇命令大越移民迁入定居的地区。

秦始皇在他生前最后一年（前210），曾经东巡到原吴越之地会稽一带，在此祭奠了大禹，随即将原来越国的大越更名为山阴（今浙江绍兴），并将原来越国中心地区的大部分民众迁徙到上述六个地区，其中包括当时新建的歙县和黟县。当时秦始皇还为这一历史性的行政举措刻石立碑作为纪念。

秦始皇这一次专程东巡会稽，更改大越地名，迁徙大越遗民，意图显而易见，在于彻底摧毁越国遗民对抗秦王朝的集体意志和社会基础，以便实现秦王朝一统天下的长治久安。秦始皇的"大越徙民"之举，对于当时初立的古歙、古黟来说，倒是一个具有积极意义和深远影响的历史事件。这不仅仅在于歙、黟二县的居民人口因此得以显著增长，更为重要的是，由于大越遗民的群体徙入，吴越中心区域的发达文化超乎寻常地移植到歙、黟境内，很快就与二县的古越土著文化实现深层交融，强劲地推动了这一地区历史文化更为健全发展。纵观古往今来，古徽州的文化发展，往往都从历代移民文化的融入和整合中获得生机和活力，体现出历史上一般地域文化难以企及的包容性和开放性。秦王朝的"大越徙民"，正是古徽州文化超常发展的第一次历史性机遇。

秦始皇去世之后，短短三年时间，中国历史上第一个统一的中央集权制国家秦朝就灭亡了，代之而起的是汉王朝。西汉初期，汉高祖刘邦分封藩王，黟、歙二县作为藩王封地，先后归荆王刘贾、吴王刘濞、江都王刘非。

汉武帝元狩二年（前121），改鄣郡为丹阳郡，治所设在宛陵（今安徽宣城），黟、歙二县隶属丹阳郡，歙县则由丹阳郡的军事长官都尉实行管理。都尉的治所通常都是驻军的重地，可见当时歙县的地位相当重要。

正如《三国演义》开篇所说，天下大势，分久必合，合久必分。东汉末年，朝政昏暗，四海动荡，英雄蜂起，三国鼎立。当时的歙县、黟县都是东吴的领地，仍然隶属丹阳郡。

古歙、古黟二县境内古越人，大多居住在崇山峻岭之上、茂林修竹之中，因而被人称作"山越"。他们"依阻山险，不纳王租"，相对孙吴政权，保持一种"敬而远之"的独立姿态。他们素来勇猛剽悍,好动尚武,置身战火连绵的时代,为了捍卫乡土,抵御外侵,逐渐形成颇具势力的地方武装。当时在孙吴君臣看来,山越实属"好为叛乱,难安易动"的"山贼"。特别是在对抗曹魏的严峻岁月里,孙吴朝廷一直担心"山越"武装成为曹军内应,严重危及孙吴政权的安全,因而执意要除去这个"心腹大患"。

汉献帝建安十三年(208),孙吴的威武中郎将贺齐奉命征讨歙、黟山越。当时歙县的山越首领有金奇和毛甘,"金奇万户屯安勒山,毛甘万户屯乌聊山",互为犄角。黟县的山越首领有陈仆、祖山,他们聚集2万户屯于林历山。他们倚仗山地优势,顽强抵抗来攻的吴军。《三国志·吴书》特别详细地记载了林历山战役。

林历山在黟县西南75千米处,四面都是数十丈高的悬崖绝壁,上下山路既狭又陡,刀盾兵器根本无法施展。陈仆、祖山据守山上,"临高下石",致使吴军"不可得攻""军住经日,将吏患之"。僵持之下,进攻受挫,军心涣散,贺齐不免心焦,决定放弃强攻,伺机智取。他借着夜色偷偷勘察地形,秘密挑选身手矫健的士卒,选择防守不严的隐秘地段,在峭壁岩石上嵌入铁戈形成梯子,趁夜攀登上崖,再用布带把山下百余名精兵拉上山去,分散隐蔽四面角落。到了约定时辰,四面同时擂起战鼓吹响号角。山上守兵突然闻见鼓角,以为吴军已经占据山头,惊慌失措,纷纷放弃扼守山道,逃归山寨。贺齐率军随即抢道上山,猛攻山寨。陈仆、祖山的林历山抗战宣告失败。

贺齐征讨歙、黟山越之役,前后"凡斩首7000级",据此不难想见,当时吴军的镇压何其残酷,山越的反抗又何其壮烈!金奇、毛甘、陈仆、祖山,虽然惨遭镇压,但是不愧山越英雄,他们不畏强暴、勇于反抗、团结民众、保卫家园的豪迈气概,将永远为后人所景仰!

平定歙、黟之后,为了分而治之,"以镇山越",孙权决定从歙县划出东乡地置始新县,划出南乡地置新定县,划出西乡地置犁阳(后改为黎阳)县和休阳(后改海阳)县。原来秦建歙、黟二县,加上新建四县,一共有了六个县,于是孙权为此设置一个新郡,以便统辖这六县。因为歙、黟之境自古就有"三天子都"之说,所以"新立之郡"定名为新都郡。新都郡治所设在始新

（故城在今浙江淳安县西）。新都郡成为徽州地域最早的州郡一级——相当于今天地市一级行政建置，是徽州地域州郡一级行政设置的开始，这对于后世徽州的行政格局和文化走向，都有不可忽略的历史意义。

新都郡的第一任太守，也就是徽州地域的第一位州郡长官，不是别人，正是贺齐。有人说贺齐"善教善政"，可是当年山越英雄金奇、毛甘、陈仆、祖山的父老乡亲，不能不心存矛盾和纠结：贺太守啊贺太守！是该称你父母官，还是称你刽子手？

翻过历史这一页，耳边回响着《三国演义》的主题曲："滚滚长江东逝水，浪花淘尽英雄。是非成败转头空，青山依旧在，几度夕阳红。白发渔樵江渚上，惯看秋月春风。一壶浊酒喜相逢，古今多少事，都付笑谈中。"

二、风气变革，体制成型

西晋太康元年（280）改新都郡为新安郡；隋开皇九年（589）改新安郡为歙州，大业三年（607）复改歙州为新安郡；唐武德四年（621）又改新安郡为歙州。在这个历史阶段中，徽州社会风气出现了显著的变革，文风逐渐兴起，经商之习初显，但是"以材力保捍乡土"的"武劲之风"仍然盛行于世。在此期间，随着当地起义的几次失败，行政区划的几度调整，最终形成了后来长期稳定的"一州六县"或"一府六县"行政格局。

（一）武风正盛行，民俗已趋新

西晋太康元年（280），晋武帝司马炎灭掉吴国，结束三国历史，完成统一大业，将吴国所设新都郡改为新安郡，徽州地域从此进入新安时代。徽州古称"新安"，就是源起于此。

其实，在此之前，孙吴建立新都郡之时，徽州地域的行政格局与新安江流域的天赐姻缘就已经悄然凸显。孙吴所置新都郡，原本就是以新安江为纽带，六县为一体，同饮一江水。所以西晋改新都为新安，真可谓实至而名归。从此以后，徽州地域的建置名目世移时变，辖属范围增减消长，但是始终存在一个基本稳定的主体结构,那就是这个同饮一江水的新安六县共同体。到了后世,徽州一府六县的行政格局所以能够长期不变,更是彰显出这种"以江为母"的新安文化基因的强大生命力。

新安江作为徽州人的母亲河,孕育了历史悠久的新安古郡。新安文化是徽州文化的发展前期,为徽州文化的辉煌灿烂奠定了坚实基础,举世闻名的徽州文化正是由此起步,一路高歌长吟,走向隋唐,走向两宋,走向明清时期的全面鼎盛。

今天人们发现的地宫式"古徽州石窟群",就坐落在秀美的新安江畔。这是古代人工开凿的石窟群,现已探明的石窟有36处,遗址面积为7平方千米,规模之恢弘、气势之壮观,令人叹为观止。依据考古专家推断,石窟群开凿于1700年前的西晋时期,这就表明这一人文景观正是新安时代创造的奇迹。由于这些洞窟何人开凿、为何开凿,若是为了采石,那么石料何去、何用,至今没有揭秘,石窟群因此有了"花山谜窟"之称。花山谜窟之谜也就是新安古郡之谜、新安文化之谜,待到谜底揭开之日,人们将看到新安文化的发达程度,看到新安文化在徽州历史上的重要地位。

花山谜窟

晋武帝去世之后,为了争夺朝廷权力,发生了"八王之乱";晋室的"八王"内讧,导致了"五胡"入侵,最终西晋王朝迎来"永嘉之乱",走向彻底灭亡。西晋建兴五年(317),琅琊王司马睿凭借长江天险,在建康(今南京)重建晋室,因为偏安江东,所以史称东晋。

西晋末年,黄河流域惨遭蹂躏,北方人口大量南迁,形成历史上著名的移民大潮。在这南下的移民潮中，不少饱受战乱之苦的中原望族把万山丛中的新安江流域看作"世外桃源"，纷纷迁入，聚族而居。

查阅《新安名族志》可知，早在两汉时期，已有吴、方、汪三家大姓相继迁入徽州。秦末吴芮助汉有功，汉初封为长沙王，子孙有五王九侯，散居于饶、歙两地，被视作"新安发派之祖"。西汉末年，遭遇"王莽之乱"，河南人丹阳令方纮弃官隐居"歙之东乡"，成为徽州方氏始迁之祖。东汉末年，龙骧将军汪文和渡江南下，先为会稽令，后迁始新令，于是居于新安，后世子孙繁衍，成为徽州望族。在他们之后，同样也还有人来到新安任职，因为酷爱新安山水，于是举家迁居于此，任满之后不愿离去，子孙繁衍，成为新安家族的一员。

不过，迁入古徽州规模较大的移民潮，主要还是集中在以下三个特殊的历史时期：

第一个时期就是两晋之间，北方处于"永嘉之乱"，社会陷入剧烈动荡，此时迁入徽州的有程、鲍、黄、胡、俞、余、谢、詹、郑、闵、任等十余个姓氏。

第二个时期是唐朝"安史之乱"、黄巢起义以及唐后五代时期，中原士族接连受到沉重打击，北方人口再次出现南迁的高潮，这一时期也是徽州接受北方移民规模最大的一个时期。前后迁入徽州的有朱、张、曹、江、夏、王、陈、叶、戴、罗、廖、潘、许、舒、姚、施、赵、毕、刘、康、李、周、查、吕、梅、齐、顾、金、佘、陆、孙、洪、冯、范等三四十个姓氏。

第三个时期是两宋之际，由于北方出现"靖康之乱"，随着赵宋王朝南迁临安，中原诸多氏族也就接踵而至。这一时期迁入徽州的又有宋、柯、周、杨、饶、庄、马、赵、滕、孔、徐、韩、苏、臧、蒋、刘、项、阮等二十余个姓氏。

回看两晋之际的迁入新安移民潮，正当新安文化的发轫启动之初，无疑具有特殊的意义。迁入新安的氏族，多为仕宦之家、名门望族，其中不乏文化精英和科技人才，他们给新安带来了中原的文化教育、宗族传统以及较为先进的生产技术和生活方式，为新安文化的发展繁荣奠定了坚实的社会基础。

东晋以后，为南北朝对峙时期。新安郡归属于南朝，经历了宋、齐、梁、陈四个朝代。

随着北方士族的大批迁入，中原文化的逐渐推广，新安风俗日趋文雅。在此期间，梁武帝任命的新安太守，大多属于著名文人，他们普及礼仪，注重教化，的确卓有成效。

比如当时与沈约并称"任笔沈诗"的文学家任昉，他出任新安太守，清廉自守，仁爱恤民，经常徒步巡游乡村，有时路上遇到百姓诉讼，三下五除二，当场就能搞定。他虽然任职时间不长，但是多有事迹流传后世。歙县许村的前身叫"昉溪"，就是以他的名字作为纪念命名的。村边河畔有块巨石，人称"任公钓台"，也是一处著名的人文遗迹。

还有一个与庾肩吾齐名的宫体诗代表作家徐摛，他富有才学，深为梁武帝所爱重。他自思年高，又酷爱山水，便想去一处风景绝佳的地方当官以颐养天年，梁武帝便对他说："新安大好山水，任昉等并经为之。卿为我卧治此郡。"意思是说，新安郡有着绝佳的山水风光，任昉他们都曾在那里当过太守，您就去那里歇歇吧，捎带替我管管事。徐摛便当了新安太守。这就是"新安大好山水"六字名言的出处，南宋朱熹曾经手书"新安大好山水"六个大字，镌刻在歙县长陔南源古寺后面的岩石上面。徐摛到了新安，也和任昉一样，"政尚清静，教人礼仪，劝课农桑。期月之间，风俗便改"。

可以说，新安时代是徽商和徽州文化的初兴时期。而当时新安社会的主体仍然是尚武之风盛行，人多英勇善战，不畏强敌，勇敢地捍卫家乡。南宋《新安志》记唐朝之前的风俗说："其人自昔特多以材力保捍乡土为称。"意思是那时的新安人多因武力保障乡土而闻名于世。清朝歙县《澄阳散志》说得更加具体："武劲之风，盛于梁、陈、隋间，如程忠壮、汪越国，皆以捍卫乡里显。"

"程忠壮"指程灵洗（514—568），海宁篁墩人（今属屯溪区）。他是东晋第一任新安太守程元谭的第十三世孙。梁朝末年发生了"侯景之乱"，程灵洗聚集起一批勇士，举旗守卫家乡。这时新安郡城已被乱军占领，太守萧隐投奔前来，程灵洗便奉太守为盟主，组织兵力迎战乱兵，经过反复交战，终于收复新安郡城。后来进入陈朝，程灵洗跟随陈武帝，多方转战，屡建战功，被拜为都督，任郢州刺史，封重安县公，加授安西将军。陈光大二年（568），程灵洗在郢州（今湖北武昌）任上逝世，诏赠镇西将军，开府仪同三司，谥号"忠壮"。唐朝编撰的《陈书》《南史》都有《程灵洗传》，程灵洗成为徽州历史上列传国史的第一人。

徽州人以及程氏后裔多称程灵洗为忠壮公，说他治军严明，能与士卒同甘苦，深为部属所拥戴；说他平生英勇善战，堪称新安战神，闲暇时则喜欢田间劳作，耕植技术胜过老农。徽州民间至今还广泛流传着他的许多故事。

南朝之后，隋朝建立，重新统一中国。隋开皇九年（589），改新安郡为歙州，只辖歙县、黟县、海宁三个县，开皇十八年（598）海宁改为休宁。歙州州治先在黟县，后在休宁万岁山（又名万寿山，即今万安古城岩）。隋大业三年（607），歙州重又改为新安郡。这个第二代的隋立新安郡，比起第一代晋立新安郡，面积几乎小了一半！

隋朝是一个短暂的王朝，转眼之间又是天下大乱。眼看战乱又将蹂躏新安，这时又出现了一位英雄人物，他就是被人誉为"新安之神""汪公大帝"的汪华。

汪华（586—648），歙县登源里（今属绩溪县瀛洲镇）人。他的一生建立了两大功绩：

第一是在隋末天下大乱的年代，汪华毅然决然地挺身而出、担当大义，保障了六州的稳定和百姓的安宁。面对烽烟四起、生灵涂炭的社会动乱，汪华崛起山野，自称吴王，占领宣、歙、杭、睦、饶、婺六州，对外抗御乱兵，对内宽和亲民，结果是六州境内十年不见刀枪，百姓安居乐业，这在战乱频仍的隋末唐初简直就是世外桃源，绝无仅有。六州百姓称他为"太平之主""远近莫不爱慕"。

第二是在李唐王朝兴起的时候，汪华毫不犹豫地舍弃王位、顾全大局，促进了国家的统一和社会的发展。面临唐朝兴起、统一有望的时代潮流，汪华很快派遣使者，奉表归顺李唐。他的这一重大决策，"不斗一民，不烦一旅"，避免了六州军民与李唐王朝的军事冲突，既维护了六州百姓的和平安宁，又促成了李唐王朝的统一大业。

汪华的两大功绩，当时就得到唐高祖李渊的嘉许，被授予歙州刺史之职，总管六州军事，封上柱国、越国公。唐贞观二年（628）汪华奉诏入京，授左卫白渠府统军事，参掌禁兵，后改忠武将军。太宗李世民征讨辽东，汪华担任九宫留守。对于汪华的忠义勤谨，李世民一向褒奖有加。

贞观二十二年（648）三月初三，汪华病逝长安，谥号"忠烈"。三年后归葬歙县云岚山。六州百姓感念汪华"保境安民"的功德，纷纷修建汪公庙、汪王殿，世代祭祀越国公、汪王神。徽州境内至今流传着大量的汪华神话和汪华故事，保存着大量有关汪华文化的文物遗址和"非遗"资源。"花朝会""赛琼碗""抬汪公"，纪念汪华的各种民俗活动今天仍然开展得有声有色。当代的汪华文化研究也正风生水起，引发越来越广泛的社会反响。

（二）一府统六县，绵延上千年

唐武德四年（621），汪华归附唐朝，唐改新安郡为歙州，州治歙县，并在歙县设立六州总管府，总管歙、宣、杭、睦、婺、饶六州军事，汪华任总管府使，兼歙州刺史。

唐贞观元年（627），李世民依山川形便划分全国疆域为"十道"，不定期地派遣使臣巡回观察，这自然是唐王朝逐步削弱地方势力，加强中央集权统治的行政手段。当时歙州属于江南道，江南道覆盖长江以南，包括今天的江苏、浙江、安徽、江西、湖南、福建等地，治所在苏州。

尽管如此，歙州内部县级区划的几次调整，曾经问世的北野县、归德县，至今存世的婺源县、祁门县、绩溪县，无不铭刻着当年民众反抗的意志和史迹。历史绝不只是几个行政区划的沿革、几次版图归属的变化而已；历史原本就是古往今来一部有血有肉有体温、歌哭悲欢真性情的人生记忆。

唐永徽四年（653）十月，睦州青溪（今浙江淳安）爆发了农民起义，数万义军破睦州，打婺州，攻歙州，战斗一个多月，结果惨遭失败。这次起义规模不大，时间不长，但却震撼了朝野。因为这支义军的领袖陈硕真，竟是一位给人帮工的女佣！她一宣布起义，便按唐朝官制建立了政权，任命了宰相、大将，自己则称"文佳皇帝"。官方历史自然不会承认她为中国正宗的第一女皇，但是作为"中国历史上第一个称帝的农民起义女领袖"，她的英雄气概可谓前无古人、首屈一指。她的起义也给徽州留下了历史的印记。因为她在进攻歙州之时，曾有歙县人蒋宝举兵予以响应。于是，唐永徽五年（654），朝廷划出歙县一部分地新建一个县，叫北野县。

唐开元二十四年（736），休宁回玉乡人洪真聚众起义，规模不小，历时不短，官称"巨贼"。起义军在休宁县南45千米的鸡笼山安营扎寨，游击于歙、衢、睦三州边境，出没于多个县境之山野。朝廷再三派兵征剿，但是都感到非常棘手，历经三年之久，仅仅捕杀数十人，义军首领、所谓"妖贼"的洪真却不知去向。为了杜绝这一带再生事端，开元二十八年（740）正月，朝廷划出休宁县回玉乡与乐平县怀金乡，新置了一个婺源县。当时的县城在今清华镇，三面婺水环绕，地近婺水之源，于是以"婺源"为名。

唐宝应元年（762），又有歙州人方清率领饥民揭竿而起。起义军迅速发展到数万人，宝应二年（763），方清部与江西义军陈庄部联合，屯兵石埭（今石台县），连克县邑城镇；永泰元年（765），方清义军攻克歙州，随后屯兵黟县，据险扼守，应对各路官兵围攻；大历元年（766），终因寡不敌众，方清战死，起义失败。

镇压方清起义之后，朝廷又在区划上大做文章：其一，划割歙县、休宁的一部分设置归德县。其二，划出黟县南部赤山镇和饶州浮梁县的一部分设置祁门县。因为方清屯兵期间曾经垒城设置阊门县，所以朝廷耻用旧名，改称祁门。其三，划出歙县的华阳镇，新设绩溪县。县北二水，一曰乳溪，一称徽溪，相隔一里，平行流淌，离而复合，犹如麻绳揉搓，古义搓绳为绩，所以县名绩溪。

对付一次又一次的民众起义，朝廷总是先行武力镇压，随后便是强化行政管制。殊不知，乱由上作，官逼民反，若非民不聊生，谁会铤而走险！唯有注重国计民生，方可实现国泰民安。

历史是天地之间一条浩浩荡荡、不辨崖涘、东流不息、永无止境的长河。历史不会忘却徽州民众的浴血抗争，更不会漠视徽州先人的文明进步。

汪华执政期间，始终以"保境"为旗帜，以"安民"为宗旨，在团结民众、保卫家园的同时，化解了徽州土著与中原移民的矛盾冲突，实现了土著文化与中原文化的实质融合。正因为有了汪华时代的社会融合、文化奠基，而后历经李唐王朝的贞观之治、开元盛世，所以早在中唐时期，歙州就不仅成为"上州""大州"，而且被人称作"富州"，为徽州文化在宋朝的全面振兴奠定了坚实的基础。

"富州"之誉，可见于唐朝韩愈诗文，白纸黑字，言之凿凿。这位著名文学家、哲学家在《送陆歙州诗序》中写道："歙，大州也。""宣使之所察，歙为富州。"

歙为富州，富在何处？浏览历史，看点有三：

一是山林农业开发，茶业生产迅速崛起。徽州种茶，始于南朝。到了唐朝，山区植茶更加广泛，至于"高下无遗土，千里之内业于茶者七八矣"。当时人称"祁门、婺源方茶，制置精好，不杂木叶，自梁、宋、幽、并间，人皆尚之"。翻开唐人陆羽的名著《茶经》，"歙州茶"已赫然在目。唐人王敷在《茶酒论》中也有"浮梁歙州，万国来求"之赞叹。山区茶叶的广泛生产和远近畅销，成为歙州致富的重要之途。

二是手工制作发达，歙砚、徽墨名满天下。歙州手工业包括织麻、竹编、漆器、造纸、酿酒，在唐朝就有显著发展，当时歙州的贡品就有纸、麻布、细苎布、竹编席子等，尤其歙州制墨、制砚，更是全国闻名。魏晋之时，歙州产墨；中唐时期，有所发展；到了唐末，歙州成为全国制墨中心。开元年间，婺源发现龙尾砚石，歙州开始砚业制作；晚唐时期，歙砚生产达到相当大的规模。

三是城镇集市兴起，商品流通崭露锋芒。歙州山多地少，粮食紧缺，需要外地补给；茶叶生产和手工产品又刺激着商品的交换和流通，歙州商人应运而生，粮商、茶商、药材商、木材商以及文具商人都很活跃。所谓"村烟在目"而"市嚣在耳"，大量的商品交换、繁荣的集市贸易，催生了歙州的集镇，像婺源的弦高镇、五福镇都始建于唐朝。

通观有唐一朝，天宝元年（742）曾改歙州为新安郡，乾元元年（758）又改新安郡为歙州，这种反复折腾实属无谓。真正值得我们关注的是，大历五年（770），撤销北野县和归德县，属地分别划归歙县、休宁，从此，歙州辖有六县：歙、休宁、黟、绩溪、婺源、祁门。

在徽州的历史上，从唐大历五年（770）到清宣统三年（1911），从"一州六县"到"一府六县"，前后1142年间，六县一家，如同手足！这种六县一体的格局，延续千年，保持不变，在整个中国的行政区划中实属罕见；而徽州文化之所以能以特色显著的地域文化享誉四海，正与这种稳定千载的行政格局密切相关。

三、星光灿烂，文化徽州

我们前面所谓徽州，其实并无徽州之名；秦置歙、黟也好，新都、新安也好，说的都是徽州前身。北宋徽宗镇压方腊起义之后，诏改歙州为徽州，徽州自此才得其名。那么我们应该如何分述徽州历史？不妨自宋开始称"徽州"，宋朝以前称"前徽州"。

（一）两宋儒风盛，蒙元文教兴

李唐王朝在黄巢起义中衰败，在"朱温之变"中灭亡，中国历史经历五代十国的大分裂之后，再度统一于赵宋王朝的版图。回看宋朝以前，徽州已由六朝的"武劲风盛"，转至隋唐的"渐习儒风"，所以步入两宋之后，蓄势待发的徽州便适时崛起，成为"儒风独茂"的礼仪之邦，为明清时期享誉天下的"东南邹鲁"开了先河。

宋朝"崇文抑武"的基本国策，强劲地促进了全国的文化教育；更兼中原移民植入的儒学传统，徽州社会的尚武之俗很快让位于崇文之雅，学士辈出，文风馥郁，宋朝徽州的科举业绩和文人著述盛况空前。

两宋时期，徽州创建书院18所，占全国4.5%。其中绩溪的桂枝书院为创建最早，歙县的紫阳书院为名气最大。自隋唐设科取士以来，宋之前380年间，徽州仅有14名进士；两宋合计320年中，徽州进士多达784名，其中北宋248名，南宋536名。

北宋末年，朝政黑暗，赋役繁重，人不堪命，民不聊生。于是北有宋江，"替天行道"；南有方腊，"仗义而起"。

北宋宣和二年（1120）十月初九，祖籍歙州的方腊，在睦州青溪县万年乡帮源峒（今浙江淳安县西北）发动起义。起义烽火迅速蔓延，遍及东南地区，包括今浙江全境和安徽、江苏南部以及江西东北部的广大地域。方腊起义在东南地区骤然兴起，切断了宋王朝的经济命脉，朝廷急忙调兵南下镇压。由于战略失误，力量悬殊，义军最终失败，方腊英勇就义。

宋徽宗镇压了方腊起义，于宣和三年（1121）五月十一，改睦州为严州，改歙州为徽州。从此，直到清宣统三年（1911），前后长达791年间，徽州作为一个行政区划的专用名称一直延续不变，歙、绩、黟、休、婺、祁六县，打着同一块"徽州"名牌，"同'州'共济"近千年之久，地域意识日益强化，文化认同深入人心，终使徽州文化以鲜明的地方特色凸显于世。

靖康二年（1127）北宋灭亡，南宋建立，全国政治、经济、文化中心南移。中原人口继西晋末年、唐代末年之后出现第三次南迁大潮，而且持续10年之久。中国历史上由此又一次出现南北文化的大融合。

徽州六县地域与南宋都城临安近若比邻，徽州人由此顺天时、占地利、尽人和、竭力而为，大展身手，为徽州文化的发展繁荣奠定了坚实的基础。经过宋、元时期的长足发展，至于明、清两朝，徽州人在哲学、经济、社会、教育、学术、文学、艺术、工艺、建筑、医学等各个方面，创造出令世人瞩目的辉煌业绩，形成了博大精深的徽州文化。

徽州府衙

南宋时期，朱熹理学成为徽州文化的思想核心。理学起于北宋周敦颐和程颢、程颐，到了南宋，朱熹集其大成，从而将儒家思想推上新的里程。徽州素称"程朱阙里"，既是程颢、程颐的先祖居地，又是朱熹不能忘怀的桑梓之邦，自然成为传播和践行理学的典范之区。随着"新安理学"的发祥和发展，陈栎、郑玉、赵汸等一批理学名家也在学术史上留下深刻的影响。

南宋朝廷的和战之争持续不断，徽州自然多有关联。绍兴元年（1131）二月十四，岳飞率军自江阴去洪州讨伐叛将李成，途经徽州，夜过祁门，居民箪食壶浆，热情留宿。但是岳飞不愿扰民，继续行军数十里，驻扎县城西郊东松庵。《岳飞文集》有篇《东松寺题壁记》，赞美祁门山水环境"实为可爱"，表达了功成之后"复得至此"的意愿。叙事，写景，言情，娓娓而谈，真切感人，堪称美文。岳飞过境几年后，祁门百姓在东松庵前修建一座"岳王行祠"，表达对岳飞和岳家军的倾心之爱。庆元五年（1199），岳飞的孙子岳珂为了抄录岳飞的《题壁记》，特来东松庵祭拜岳王行祠，当时还曾慷慨赋诗，在祁门历史上留下一段佳话。

元至元十三年（1276），徽州入元，次年改为徽州路，隶属江浙行省。元朝婺源县也曾升格为州，然而州下并无属县，所以这时的徽州路所辖仍然是婺源和歙县、黟县、绩溪、休宁、祁门六地。

自元至元十三年（1276）徽州入元，到至正十七年（1357）朱元璋部攻克徽州，徽州实际置于元朝统治之下的时间，连头带尾不过82年。

面对蒙元政权极其严酷的民族压迫和军事控制，徽州士民普遍采取两种基本对策。首先是徽州民众不断揭竿而起，坚持顽强的反抗斗争。从元兵进入徽州之日起，程楚翁、汪十千、胡发、柯大统、叶万文、吕童二等无数英雄前仆后继，一次又一次地率众起义。其次是徽州文人隐居山林，宁死不与统治者合作。他们相互砥砺气节，或者讲学教授子弟，或者闭门著书立说，徽州教育和徽州学术因此得到新的发展。

在入元以后短短80余年中，徽州新建书院22座，数量超过两宋300多年的总和。同时，除了州、县所办官学之外，每50户民众为一社，设置社学一所；甚至"十户之村，不废诵读"，即使是偏远的山乡，莫不有学有师。

出人意料的是，宋朝形成的程朱理学，竟然是在元朝产生了全国性影响，确立了"唯我独尊"的权威地位。元皇庆二年（1313），科举取士重新启动之时，朝廷即奉程朱理学为正宗，将其作为科考的统一标准。从此，程朱理学成为元、明、清三朝的主流思想。

（二）明时商贸兴，清末元气伤

完成反元战争的是朱元璋，取代蒙元政权的是明王朝。

有明之前，徽州曾是朱元璋的重要根据地。朱元璋转战皖南之时，曾改徽州路为兴安府，很快又改兴安府为徽州府。入明之后，洪武元年（1368），徽州府直隶中书省，洪武八年（1375），徽州府直隶六部；永乐元年（1403），改隶南京，不久改称南直隶。

古徽州与朱元璋之间，似乎缘分不浅。

大明王朝诞生前夕，朱元璋曾经亲临徽州访贤问计，当时的徽州人也都愿意为他出谋划策，紫阳书院山长唐仲实，新安理学名儒朱升，便是"给力"支持的代表人物。今天来到歙县槐塘村，还能看到一座"龙兴独对"牌坊，牌坊上面可以读到当年唐仲实与朱元璋深切交谈的记录文字。当年朱元璋之所以能够超越反元群雄，在全国的混战中笑到最后，笑得最好，就是得益于朱升献的九字锦囊，即"高筑墙，广积粮，缓称王"。

朱元璋对于帮助他成就大业的"龙兴之地"，也曾报以优惠政策，比如洪武三年（1370）蠲免徽州田租，洪武九年（1376）蠲免徽州租赋。诸如此类政策、举措，无疑都有助于明朝初年徽州乡村农业经济的恢复。

不过从立足徽州自身而言，"八山半水半分田，一分道路和庄园"，发展农耕经济谈何容易！所以真正发展起来的还是工商业。

明朝是徽墨业继宋朝之后的又一个鼎盛时期。徽墨产量迅速增长，制墨技艺显著提高，名工名品层出不穷，歙县墨派和休宁墨派并驾齐驱，《方氏墨谱》《程氏墨苑》《方瑞生墨海》《潘氏墨谱》"四大墨谱"相继问世。

明朝的徽州漆器制作尤见特色。吴氏漆器，用绢作胎，外用鹿角灰打磨而成。螺甸漆则用金银粒夹杂蚌壳片制成花纹，工艺独特，前所未有。

明朝的徽州纺织业也得到显著发展，明成祖就曾在歙县设置织染局，主管布匹绸缎的生产。明末有些富商自备原料工具，交给农家，支付工资，收取成品，形成原始状态的手工工场，出现了资本主义生产方式的萌芽。

入明以后，徽州商人的经营活动渐趋活跃。明朝中叶，成化、弘治之后，徽州人"十三在邑，十七在天下"，富甲天下的徽州商帮开始崛起。徽州有民谣说："前世不休，生在徽州。十三四岁，往外一丢。"好个"往外一丢"！正是这一丢，丢出了徽州人的"第一等生业"，丢出了徽商独有的财富传奇。

不过真正理论起来，还是"儒风独茂"的徽州文化造就了"贾而好儒"的徽商集团，然后反转过来，徽商经济的繁荣兴旺又造就了徽州文化的灿烂辉煌。"贾而好儒""亦儒亦贾"，是徽商经济的成功之道，也是徽州文化的发展之道。如何通过精神文明与物质文明的双向互动，实现两个文明的叠加效应，徽商经济与徽州文化已将历史的经典模式演绎得淋漓尽致，为我们今天的经济建设和社会发展提供了极其宝贵的启迪。

明清时期的徽州，那真可谓仕成林，商成帮，学成派，艺成风，泱泱气象，蔚然壮观。诸如新安理学、新安志学、新安医学、新安文学、新安画派，诸如徽派朴学、徽州教育、徽州科技、徽派建筑、徽派刻书、徽派版画、徽派篆刻、徽派盆景，还有像徽菜、徽剧、徽雕……正如明朝人所说，"新安文化无所不备"；又如当代人所说，"徽州文化博大精深"。灿烂辉煌的徽州文化，在中国的思想文化发展史上产生了强烈的震撼和莫大的反响。

清顺治二年（1645）六月，清兵进军徽州，徽州涌现大批守土抗清的英雄，其中以休宁县金声、歙县江天一最为著名。他们师生并力，率众起兵，修筑丛山关，固守绩溪县，抵御清兵入徽。九月，绩溪失守，徽州沦陷，他们被押至南京，慷慨就义。

明清更替之时，徽州侥幸未遭屠戮。当时的清军总兵张天禄，曾是史可法的部将，又曾隶属兵部尚书歙县人方一藻。他率军入徽，担心扰民，扎营城外。正逢雨季，徽州父老请他入城，他坚持与军士共同暴露于风雨之中。徽州人感激他，上奏朝廷，吁请给予嘉奖。

徽州府入清之初，隶属江南省。江南省管辖范围大致相当于今天的江苏省、安徽省和上海市。

到了康熙六年（1667）七月，安徽省建立，既然省名取自"安庆""徽州"两府首字，徽州府的归属也就毫无疑义。后来曾于省下设道，徽州府先后属徽宁道、安徽宁池太广道。看看这些名称，你就知道所谓的道，并非正式行政区，而是类似监察区。

安徽建省之后，地位也还比较可观。自雍正至同治时期，安徽经济全国排名9～12位，文化教育名居全国7～8位。人称"粮米之丰，人才云集"，地方虽小，而"湖广不及也"。当时安徽经济为人称道、令人瞩目者，主要有两个沿江商贸重镇，即安庆和芜湖，一个中国商贸劲旅那就是徽商。芜湖号称"中国四大米市"之首，徽商则称雄全国商界数百年之久。

从明朝中叶起，至清嘉庆之前，这个300多年间，是徽商经济的黄金时代，营业人数、活动范围、经营行业、商业资本，徽商全都居于全国各大商人集团的首位。

天下无徽不成镇，徽商足迹遍宇内。海外东南亚各国，甚至日本、葡萄牙，都能看见徽商的身影。徽商经营的行业以盐、典、茶、木为主，其他则为粮、布、鱼、药，无货不贾，无业不营。"海内十分宝，徽商藏三分。"徽商资本的富足程度可谓惊人，其中尤以盐商资本为最。清朝两淮盐业八个总商，歙县商人占了一半。

乾隆时期，八大总商之首的富豪江春，就是一位徽商的代表人物。他"以布衣交天子"，深得皇上眷顾，授布政使衔，戴孔雀翎。乾隆皇帝六下江南，都曾由他张罗接待，承办供应，花销的银子简直就是"哗啦啦如同淌水一般"。乾隆五十年（1785），江春等人贡银100万两，庆贺乾隆登基五十年大典，乾隆特邀江春等人赴京，参加"千叟大宴"，一时荣耀无比，天下艳羡。

然而，"荣枯有数""盛衰无常"，清朝的徽商和徽州父老都曾品尝过时运的苦楚，留下了刻骨铭心的伤痛。

清朝末年，社会政治的腐败、经济政策的变化、近代市场经济大潮的冲击、外国资本主义势力的入侵，如同阵阵凄风苦雨，使得徽商备受摧残；而旷日持久的咸同兵燹，更是雪上加霜，给予徽商经济以致命的重创。

咸丰元年（1851）至同治七年（1868），长江中下游成为清军与太平军反复搏杀的主战场。全国战乱最严重的地区，正是徽商活动最重要的地区，这意味着什么？支柱产业毁于一旦，经营活动全面瘫痪，资本积累付之东流，徽商经济元气大伤。徽商惨淡经营几百年的帝国大厦因此訇然倒塌，暗淡无光。

更不幸的是，素称"世外桃源"的徽州本土也未免于"咸同之难"。

自咸丰四年（1854）至同治三年（1864），敌对双方在徽州境内展开拉锯式战争整整两年！腥风血雨十余载，断壁残垣是徽州。屋舍毁坏过半，家园蹂躏不堪，财产损失殆尽，民众十有九亡。昨日繁华如梦，转眼遍地荒凉！

当时两江总督曾国藩率师进驻祁门，指挥清兵镇压太平军的围追堵截，他的行辕就设在祁山镇的洪家大屋。至今在这座森森古宅的内外，不仅仍闪烁着曾国藩的刀光和剑影，同时也还残留着徽州人的梦魇和惊魂！

（三）回首向来处，追梦更前行

清宣统三年（1911），武昌起义爆发。徽州知府许月涵、歙县知县宋灿弃官而逃。徽州各县相继光复，历史进入民国时期。

当时休宁汊口有位程家柽，是一位了不起的反清志士先行者。早在中国同盟会成立之前，他就公开鼓吹反清革命，积极策划武装暴动；后与黄兴携手，追随孙中山，创建同盟会，掀起了席卷全国的革命风暴。清帝溥仪退位之后，程家柽以为大功告成，回归老家著书立说。然而，树欲静而风不止，身虽退而志不休。眼见袁世凯镇压革命、阴谋复辟，程家柽再次拍案而起，投身讨袁战争。他公开发表一篇著名的檄文，以揭露袁世凯的黄粱美梦；同时不顾自身安危，再度潜入北京策划起义。不幸计划暴露，他被逮捕入狱。"出师未捷身先死，长使英雄泪满襟。"民国三年（1914）九月二十三，程家柽在北京慷慨就义，年仅40岁。

民国元年（1912）裁府留县，徽州各县直属安徽省管辖。民国二十年（1931），实行"首席县长"制，徽州六县的首席县长均驻歙县合署办公。民国二十一年（1932）十月，设立安徽省第十行政督察区，管辖六县，治所在休宁。

在此期间，又有一位徽州人，因为亲手点燃了"五四运动"的导火索而震撼全国，他就是黟县宏村人汪大燮。1919年4月30日，在巴黎和会和约上，英、法、美坚持将德国在中国山东攫取的权利交由日本继承，中国代表团反复交涉最终失败。汪大燮当时担任外交委员会委员长，旗帜鲜明地反对这样的和约，但是当时的总理钱能训却以密电形式，要求外交总长陆征祥在和约上签字。面对北洋政府的软弱妥协和卖国行径，汪大燮愤怒地宣布辞去委员长职务。他联系北京大学校长蔡元培，揭穿巴黎和会黑幕，揭露政府卖国行径。消息很快传遍北京各大专院校，5月4日数千名青年学生在天安门前集会游行，轰轰烈烈的反帝反封建的革命运动由此爆发。

民国二十三年（1934），蒋介石为了组织"剿共"，特将婺源划入江西。此举激起徽州人的强烈不满，引发历时13年的"回皖运动"。"回皖运动"以婺源县参议会为主，广泛联络徽州旅外同乡，争取皖籍代表的支持。著名学者胡适等人为此奔走呼吁，当局某些开明人士对此深表同情。民国三十六年（1947），婺源县正式划回安徽省，属第七区。

民国二十七年（1938），闽、粤、浙、赣、湘、鄂、豫、皖等南方八省红军游击健儿奉命集结，集结地点就是我们今天的徽州区岩寺镇。军长叶挺、政委项英率领军部从南昌移至岩寺，驻岩寺后街洪桥邻近的金家大院。三个支队七八千人分驻岩寺附近潜口、西溪南一带。新四军驻岩寺期间，实施军政训练，发展地下组织，开展群众活动，与徽州人民结下深厚的革命情谊。4月26日，叶挺在岩寺鲍家祠堂召开北上抗日誓师大会。4月28日，粟裕率领抗日先遣队在潜口金紫祠誓师出发，奔赴苏南作战略侦察。5月中旬，军部移驻泾县云岭，各支队陆续开赴战场。新四军东进抗日的序幕由此拉开。今天，"新四军军部旧址"成为黄山市首批爱国主义教育基地和国防教育基地。中共中央办公厅、国务院办公厅已将"南方八省红军游击健儿集结会师地"岩寺镇，列入全国30条"红色旅游精品线路"之中。

民国二十七年（1938），皖南行政公署成立，治所屯溪，第十行政督察区隶属于皖南行署。民国二十九年（1940），撤销第十区机构，各县直属皖南行署，同年，原第十区改为第七区，辖休宁、黟、歙、祁门、绩溪、旌德六县。

1949年4月,第七区所属七县全境解放。1949年5月,成立徽州专区,隶属皖南区人民行政公署。专区治所初置歙县,后迁屯溪。专区领屯溪市和绩溪、旌德、歙、休宁、黟、祁门六县,婺源县再次划属江西。

1949年10月1日,中华人民共和国成立,徽州专区仍属皖南行署。1952年2月,太平、石埭、宁国三县划属徽州专区。1952年8月,撤销皖南、皖北行署,设安徽省,徽州专区改属安徽省。1953年12月,屯溪市直隶安徽省,徽州专区辖歙、休宁、绩溪、黟、祁门、旌德、太平、石埭、宁国共九县。1955年,屯溪市改属徽州专区。1956年1月,徽州专区并入芜湖专区。1961年4月,重设徽州专区,领绩溪、旌德、太平、歙、休宁、黟、祁门七县和屯溪市。1961年8月,宁国县划属徽州专区。1965年8月,从太平县划出原石埭县区域和贵池县部分地区设石台县,属池州专区。1971年3月,改徽州专区为徽州地区。1974年3月,太平县划属池州地区。

1979年是徽州发展史上极不寻常的一年。这一年的7月11~15日,世纪伟人邓小平来到徽州视察,徒步登上黄山,他在兴致勃勃地游览了黄山胜景玉屏峰、光明顶、鳌鱼峰、始信峰之后,发表了著名的"黄山谈话"。他说:"黄山是发展旅游的好地方,你们要有点雄心壮志,把黄山的牌子打出去!"这是改革开放的时代呼唤,是催促发展的洪钟巨响。"徽之黄山"由此演绎着"春天的故事",追随着时代的风云,跻身当代国际的大舞台。

1980年1月,宁国县改属宣城地区,太平、石台二县划归徽州地区。1983年12月,撤销太平县,所辖区域与歙县黄山公社、石台县广阳公社合并成立县级黄山市,由省直辖。1986年6月,县级黄山市改由徽州地区代管,徽州地区辖两个市和七个县,即屯溪、黄山和歙县、休宁、黟县、祁门、石台、绩溪、旌德。

1987年11月,国务院发出《关于安徽省调整徽州地区行政区划的批复》,撤销徽州地区、屯溪市和县级黄山市,设立地级黄山市。原属徽州地区的石台县划属池州地区,绩溪、旌德二县划属宣城地区。1988年4月,地级黄山市正式成立,辖领三区四县:屯溪区、黄山区、徽州区和歙县、休宁、祁门、黟县。

梦幻黄山，礼仪徽州，从此沐浴着改革开放的大好春光。打好黄山牌，做好徽文章，当代黄山人在建设更美丽更富裕更文明新黄山的伟大实践中，又有了文化复兴的新希望。

习近平总书记指出："实现中华民族的伟大复兴，就是中华民族近代以来最伟大的梦想。"徽州文化的复兴、中华民族的复兴，也正是当代我们一心追逐的黄山梦、中国梦。

"直挂云帆济沧海""乘长风破万里浪"。奋力搏击世界风云，迎头追赶时代大潮，古徽州、新黄山必将实现我们宏伟的梦想，拥抱前所未有的新辉煌！

第二编 徽州风光

概述
大好山水，冠绝天下

沿着北纬30°10′的环球轨迹，距离东海400千米的皖南山区，坐落着一座充满神话色彩与古代传说的仙山，全球唯一因为华夏人文始祖黄帝而得名的奇山，这就是黄山。

"五岳归来不看山，黄山归来不看岳。"黄山尽揽天下山岳之胜、风光之美，泰山的雄伟，武夷山的秀逸，华山的峻峭，庐山的飞瀑悬空，衡山的层峦叠翠，雁荡山的丛石嶙峋……黄山无不兼而有之。

黄山迎客松

1979年，世纪伟人邓小平徒步登上黄山，饱览了奇丽风光，振臂发出了时代的呼唤：黄山是发展旅游的好地方，要有点雄心壮志把黄山的牌子打出去！

如今的黄山，既是世界文化遗产，又是世界自然遗产，还是世界地质公园，三项桂冠，驰名全球。如今的黄山，是中国的黄山，也是世界的黄山，黄山为全人类共同拥有。

黄山迎客松，一棵站立于天下奇峰的千年奇松，以她高雅的"素养"，以她绰约的"风姿"，展示着中华民族传统的礼仪形象，递出了广迎天下宾客的绝佳名片。

欢迎来到黄山，欢迎来到新安！

黄山、白岳、清凉峰、牯牛降、太平湖、新安江、花山谜窟……新安处处都是好山好水，黄山只是这"新安家族"中的一员。

新安本是徽州的前称，因为有了一条风韵无限的新安江而得名。新安江可谓是徽州的多瑙河，在古老神奇的徽州大地穿行，孕育了灿烂辉煌的徽州文化。徽州的灿烂文化与新安的大好山水相生相守，构成一个相对独立的地理文化单元，凭借明清徽商的鼎盛之势而大放异彩。

新安山水，钟灵毓秀，南北朝时期的梁武帝萧衍、南宋时期的大思想家朱熹都曾对新安山水发出由衷的赞叹。"新安大好山水"，这六个字的"点赞"，千年以来，历代相传，引发人们对徽州风光持续不懈的审美追求，吸引了无数文人雅士风尘仆仆前来踏访寻梦，徽州大地因此增添了无数的风雅佳话和诗词名篇。

徽州的自然风光，类型丰富齐全：一是地文风光，包括山岳、奇峰、峡谷、怪石、洞穴、滩涂等；二是水文风光，包括河流、湖泊、瀑布、深潭、浅池、温泉、甘泉等；三是生物风景，包括古树奇木、奇花异草、野生动物等；四是因季节、时辰、地域的差别而出现的特殊物候景观、天象和气候风光,包括黄山云海、牯牛降佛光、练江秋月、松萝雪霁、凤湖烟柳、夹源春雨、月沼春晓等。

徽州的自然风光,特征十分显著:高台层垒、山水交融、烟雨迷蒙、如诗如画、四季分明。

首先是高台层垒的地势特征。徽州四周海拔较低,北面、东面是长江中下游平原,西面是鄱阳湖平原,东南面是浙江杭金衢开地。因为中间高、四周低,境内水源呈发散状四向奔流。

俯瞰一路向东的新安江水系,像镶嵌在皖南大地上的一条闪闪发亮的银练,穿行在青山绿水、百乡千村之间,自然形成几百里的山水画廊。向西汇入鄱阳湖的阊江、乐安江水系,源于深山巨谷之间。在陆路交通不发达的年代,阊江中下游是祁门与外界联系的主要水路通道。向北汇入青弋江而后注入长江的美溪河,源出拜年山,孕育了黄山情侣——太平湖。

徽州江河的特点是江依山形,水为山限,萦回曲折,风光如画。因此,在徽州水路航运式微之后,代之而起的是风光旅游的勃兴。

其次是山水交融的秀美景致。徽州境内的溪流河流奔走在林间山间,形成山中有水、水上有山、山因水活、水借山媚的迷人景象。走进徽州的人,无不对徽州的满目葱茏、一脉青黛钟爱有加,只因山中没有城市的喧嚣,水里满是惬意的温柔。

桃花源里人家

徽州的山，群峰林立，雄奇险峻，松涛竹海，连绵不绝。徽州的水，曲折回环，温柔缱绻，清澈见底，波光粼粼，像高清荧屏，不断回放着两岸高山一年四季的绚烂故事。沿溪行，盘山过，环湖游，顺水漂，置身其中的浓浓韵味，令人难以言表。

第三是烟雨迷蒙的感觉。徽州山区，年降水量1500～2000毫米，一年之中将近一半时间是雨天，且多斜风斜雨。黄山云海、坡山日出等氤氲水雾也是这里特殊的地理现象。

徽州区域保有80%的森林覆盖率，人均水资源占有量高达6600立方米。黄山风景区、牯牛降风景区、岭南自然保护区、清凉峰保护区的空气负氧离子浓度长时间稳定在每立方厘米20000个以上。这里有3000多种植物，近500种野生动物。特定的温度和湿度造就了云海、佛光等独特景观，造就了口感独特的高山茶、毛豆腐以及徽州水果。

第四是如诗如画的意境。说到徽州风光，我们会想到"画中有诗、诗中有画"。粉墙黛瓦的山庄民宅在青山绿水中分外挑眼。远远望去，似隐非隐；近前一看，屋舍俨然。一切都显得如此自然和谐。在文人墨客的笔下，这是一片"世外桃源"，一幅自然恬淡、纯朴和谐的田园诗画。

新安如画

徽州的山水、园林、村落、民居，结构严谨，比例合理，色彩中和，显得大气隽永，总使我们感受到艺术的感染力和冲击力，置身其中我们不能不为徽州风光的魅力和博大精深的文化所折服。

第五是四季分明的物候。"春有百花秋有月，夏有凉风冬有雪。若无闲事挂心头，便是人间好时节。"黄龙慧开禅师这首诗可以在徽州找到丰富的注解。

春天的徽州，是花的国度、花的海洋，满眼姹紫嫣红，多姿多彩。那是山野乡村的生命在绽放。谷雨过后，茶乡徽州，伴着采茶女的歌声笑声，一片片嫩绿成了水中舞蹈的精灵，在天地山水之间，参悟着人生百味。

夏天的徽州，荷香满地，茂林修竹，清风徐来，山雨淅沥。或者驾一叶扁舟，穿蓑衣，戴斗笠，观潋滟波光，看迷蒙烟雨，与鱼儿对话。或与三五好友安然端坐，清茶醇酒，凭栏远眺，临风怀古，怡然出尘，宛若神仙。

秋天的徽州，登山而观，硕果累累，五彩斑斓。房前屋后，枫叶如火，菊花如金，松树青翠，徜徉于雕梁画栋的建筑间，恍若走进了500年前的古徽州。

冬天的徽州，蓝天白云，银装素裹，晶莹剔透，挺立的松柏，散落的梅花，无不催人诗兴。再看炊烟袅袅之间，吃杀猪饭，晒火腿肉，煮腊八粥，徽州的年味就在村民的闲适和邻里的关爱中悄然来临，徽州的味道也就弥漫在天地之间。

徽州风光，山水兼备，文化厚重，生态优美，素有"天然摄影棚"之誉。近年来，黄山市围绕旅游产品转型升级，进行148个"百佳摄影点"基础设施建设，开发摄影、写生等系列文化体验特色产品，按田园风光、民俗风情、农家生活、文化体验等分类编排了十余条摄影旅游专线。

现在就让我们走进"天然摄影棚",去近距离聚焦欣赏徽州风光吧。

一、登黄山天下无山

天地之美,美在黄山。

自古以雄峻瑰奇著称于世的黄山,与万里长城、北京故宫、杭州西湖、桂林山水、长江三峡、苏州园林、西安秦陵兵马俑、承德避暑山庄、台湾日月潭并列为"中国十大风景名胜区"。每年都有无数的游客从四面八方络绎不绝地云集于此,尽情体验这梦幻一般的人间仙境。

(一)震旦国中第一奇山

黄山处在东经118°01′～118°17′、北纬30°01′～30°18′的位置,是长江和钱塘江两大水系的分水岭。黄山山脉南北长约40千米,东西宽约30千米,四周长约150千米,总面积约1200平方千米。山脉主干沿东北向西南方伸展,向西遥接江西省的庐山,向东直接连着浙江省的天目山。在皖江南岸,黄山横空出世,气势磅礴,号称"五百里黄山"。

黄山千峰竞秀,主要有36大峰、36小峰,72座奇峰中,以天都峰、莲花峰、光明顶为三大主峰,海拔均在1800米左右,拔地擎天,雄姿灵秀。

天都峰是黄山最险峻的奇峰,望之如同天上都会,故称。登峰极目,云山相接,江河如线,尽收眼底。第一个登上天都峰的勇者是唐朝岛云和尚。他的《登天都峰》一诗写道:"盘空千万仞,险若上丹梯。迥入天都里,回看鸟道低。他山青点点,远水白凄凄。欲下前峰暝,岩间宿锦鸡。"

黄山日出

莲花峰是黄山第一高峰,高峻雄奇。明清之际著名诗人屈大均认为,黄山莲花峰足以与华山莲花峰称兄道弟。他在诗中写道:"我昔入秦关,手攀太华峰……自谓天下奇,群岳不能从。何意一黄山,莲花亦次宗……峰凡三十六,此峰太华同。"

黄山花岗岩体形成的断裂和裂隙纵横交错,造就无数奇特多姿的山崖、峭壁、洞穴和孔道,30岭、22岩、10台、7矼、29洞、5室、2关,处处引人入胜,足资游览和观赏。

奇松、怪石、云海、温泉、冬雪,素称黄山"五绝"。

黄山松破石而生,姿态非凡,盘根于危崖峭壁之间,挺立于奇峰绝顶之上,百年以上的古松遍布峰壑、数以万计。著名的有迎客松、黑虎松、探海松、送客松、望客松、麒麟松、团结松、竖琴松、蒲团松、卧龙松、连理松等数十株。黄山怪石奇巧无比,星罗棋布,有的像珍禽异兽,栩栩如生,有的如神话人物,妙趣横生,著名的有猴子观海、仙人指路、梦笔生花等120多处。黄山云海,浩瀚无际,时隐时现,瞬息万变,黄山因此又被称作"黄海"。黄山温泉,古称"汤泉""朱砂泉",可饮可浴,为天下名泉。冬天的黄山,银装素裹,超凡脱俗,完全是一方琼设玉制的仙境。今人发现，黄山冬景最为奇特，冰挂、雾凇、云海、佛光，满目奇幻，令人叹绝，难怪国内外旅游者对冬游黄山的兴趣越来越浓。

黄山飞来石

黄山可以说无峰不石，无石不松，无松不奇，无水不媚，其2湖、3瀑、16泉、24溪相映争辉。而且晨昏晴雨万变，四季景色各异，日出、晚霞、云海、佛光和雾凇各得其趣。人在黄山，晴赏奇松怪石，阴观云海变幻，雨觅流泉飞瀑，雪看玉树琼枝，风听空谷松涛——何其惬意！春观百花竞开，山鸟飞歌；夏观苍松云雾，避暑休闲；秋观青松、苍石、红枫、黄菊；冬观玉砌冰雕，银装素裹——又是何其乐哉！

西海美景

自然之美往往蕴藏着内在的生命及其蓬勃的生机。黄山孕育万物也滋养万物,本身就是一座天然的生物乐园。这里森林覆盖率85%,植被覆盖率93%,自然分布的原生植物1800多种,野生脊椎动物约300种。黄山松、黄山杜鹃、黄山木兰、华东黄杉、红豆杉、青钱柳、香果树等名花古木,种类繁多,不胜枚举。梅花鹿、苏门羚、穿山甲、八音鸟、黄山短尾猴等珍禽异兽,游走其间,悠然自得。

黄山冬雪

形态如此奇特、内涵如此丰富的风景名胜,在中国文学艺术的鼎盛时期就以"震旦国中第一奇山"而闻名。今天,对于来自四面八方的游客、诗人、画家和摄影家而言,黄山具有永恒的魅力。

试问当今中国,还有哪座山岳拥有如此众多的世界品牌:世界自然遗产、世界文化遗产、世界地质公园、联合国教科文组织颁发的梅利娜·迈尔库里文化景观保护与管理国际荣誉奖、世界旅游目的地管理奖、世界遗产地旅游可持续发展观测站、全球首个世界优秀目的地旅游景区……拥有如此众多世界级旅游名牌,黄山被誉为中国旅游业的"旗帜"、风景名胜区的"标杆"、世界遗产保护的"典范",那也是顺理成章的了。

（二）黄帝炼丹处，高峰面面开

盘古开天地，女娲补苍天，神奇的黄山从何而来？

黄山传说就是《山海经》中的"三天子都"。秦始皇因其山峰岩石青黑、遥望满目苍黛而册封为黟山。唐朝皇帝笃信道教，特别推崇李氏先人老子李耳所创道家学说。黄山自古相传，轩辕黄帝和浮丘公、容成子来到黟山采药炼丹，后来就在山中的炼丹峰上得道升天。正是出于这个缘由，唐玄宗在天宝六年（747）诏告天下，改黟山为黄山。

黄山的得名意味着什么？黄山就是黄帝之山，堪称华夏山岳之帝。

黄山既然是黄帝得道升天的圣地，与中华民族的人文始祖黄帝就密不可分。宋编《黄山图经》记载的第一座山峰——炼丹峰，被视为黄山三十六大峰之首。炼丹峰何人炼丹？当然就是黄帝。峰上有石室，前有炼丹台，玉屏、天都、莲花诸峰均面台耸立，正如岩上镌刻所云："黄帝炼丹处，高峰面面开。"台下炼丹源，源下洗药溪，溪旁晒药台，药臼、石杵一并俱在。三十六峰峰回路转，与此相关的还有轩辕峰、容成峰、浮丘峰、仙人峰、望仙峰、仙都峰等，无不承载和凝聚着神秘的黄帝传说。

黄山的古迹遗址也都传递着黄帝文化的大量信息。据文献记载，早在秦汉时期轩辕峰下即已建有轩辕庙，又称黄帝宫，晋人称作轩辕古刹。后人在岩壁上刻有"轩辕行宫"四字。寺庙重建之时留有《大藏碑记》和《轩辕古刹碑记》。碑文记载："轩辕之峰紫芝源，轩辕古刹神仙洞，则黄帝之遗风。"紫芝源在黄帝源大峡谷，传为黄帝采得灵芝之处；神仙洞则是黄帝修炼时的主要住处。古刹修建者期望借黄帝之灵气，传黄帝之遗风。

俗话说"天下名山，僧道占多"。僧人道士入住名山，往往成为名山开发之始。黄山有天造地设的奇山异水，有远古遗存的黄帝文化，这里的道家活动应该很早。从记载来看，唐朝就有道家在这里炼丹，黄山南麓的紫霞山就因炼丹紫烟而得名。黄山浮丘观、九龙观都是唐朝以前所建道观。唐朝以后所建道观，有宋朝的城山观、升真观，元朝的仙都观，明朝的步云观等。

黄山的佛教活动很盛。早在晋朝佛教即已传入黄山，有僧在轩辕峰下创建轩辕古刹。南朝宋元嘉年间，曾有"东国僧"结茅于钵盂峰下，最终建成新罗庵。唐开元年间，洛阳志满和尚结茅于汤泉，后来建成汤院。唐中和二年（882）印度僧人包西来在翠微峰下建起翠微寺。唐宋时期黄山寺庙至少20座，翠微寺、福固寺、新兴寺、兰若寺、芗林寺、重兴寺，都曾由朝廷赐额。明朝普门禅师创建的法海禅院，得到万历皇帝和皇太后的厚赐，成为天下闻名的"护国慈光寺"。

黄山历代修建的寺庵有100多座，其中祥符寺、慈光寺、翠微寺和掷钵禅院，号称黄山"四大丛林"。在黄山南部朱砂峰下的慈光阁，明嘉靖年间，玄阳道士居此，明万历年间盛极一时。中华人民共和国成立后建为宾馆，"慈光阁"三字由董必武于1965年手书。

历代佛教徒中，在黄山留有佛学著作者虽不多见，能诗善画者却也不少。从唐朝的岛云到清朝的雪庄，都是有名的诗人和画家。

黄山文化的构成元素还有大量的摩崖石刻、古今楹联、山志图经、诗文书画以及现代的摄影作品、影视作品和邮品等等。

黄山史志自宋朝的《黄山图经》以来，到2010年新编的《黄山志》，历代都有各种撰述版本络绎问世，蔚为大观，充分展示了黄山文化的历史延续和发展兴盛。

黄山的诗词文赋根本无法计数，就同江潮海涛一般，广泛流传于海内外。乾隆皇帝为《黄山三十六峰图》题写的三十六首诗，堪称黄山文化一大奇迹。至于中国传统书画以及近现代所兴起的摄影作品、影视作品和邮品，更是风生水起、气象万千。书画、摄影、音乐、文学等名家都不约而同地将黄山作为畅神卧游的心灵栖息地。黄山作为中华民族一种崇高的精神象征，在给人以瑰丽的自然风景时，也给人以一种文化精神启迪，而对艺术家而言，则是取之不尽、用之不竭的艺术源泉。

就说绘画。从渐江得黄山之质、石涛得黄山之灵、梅清得黄山之韵，到现代的大家画黄山，普遍得黄山之秀，他们都将黄山春、夏、秋、冬的精神和风骨彰显得淋漓尽致。近年出版的两部巨著，一部《历代名家画黄山》，一部《历代名家书黄山》，相信读者可以从中体悟到很多。

1936年，李四光等在黄山慈光寺U形谷东侧立马峰半山腰之谷壁上发现了冰川擦痕，同时于黄山后海中获得了具条痕的漂砾，于山南公路旁发现了冰碛层与纹泥剖面，确认了黄山为第四纪冰川遗迹。2004年，联合国教科文组织国际地质大会举办的理事会评审确认黄山为世界地质公园。黄山地质公园具有花岗岩地貌、第四纪冰川遗迹、水文地质遗迹等多种地质遗迹和地质景观资源，与黄山文化等人文景观资源以及丰富的生物资源，构成了一座集山水、人文、生物为一体的大型花岗岩区天然博物馆。

（三）薄海内外，无如徽之黄山

大美黄山亘古以来，畅游吟咏始于太白。李白先后两次游历黄山。

《嘉靖宁国府志》记有"芙蓉峰，太白尝游此，有白马源、溪"。黄山芙蓉峰名就出自李白诗"素手把芙蓉"之句。李白还西行上汤岭，沿山而游。今汤岭至温泉的路旁汤泉溪畔便有李白所书"鸣弦泉""洗杯泉"遗迹，世传李白在此饮酒听泉。李白这次游黄山，还包括从现今的西海大峡谷古道上黄山绝顶，其《西上莲花山》就是诗证。离开黄山应是夏尽秋来之际，其《宿虾湖》诗中有"鸡鸣发黄山，暝投虾湖宿。白雨映寒山，森森似银竹"之句，可以说明去时路线和季节。李白第二次游黄山的路线较为明确。《太平县志》记有碧山为李白求鹇处，这次路线当是自广阳经穰溪过甘棠、太平县城（古名桂城）而至碧山。

黄山莲花峰

"薄海内外，无如徽之黄山，登黄山天下无山，观止矣！"这是"千古奇人"徐霞客的由衷赞叹。徐霞客第一次游黄山为明万历四十四年（1616）二月初六，上前山，游慈光寺。途中观望莲花、云门诸峰。当晚至北海，宿狮子庵。逗留三日，游石笋矼、仙人榜、狮子峰等地，数次入松谷庵。然后原路下前山，仍至汤泉。徐霞客把游览过的山、寺、庵，均用翔实的日记记录下来。

明万历四十六年（1618）九月初，徐霞客再次来到黄山。故地重游，直至文殊院，见"一庵翼然"。"昔年欲登未登"，此次得偿夙愿。民国年间，歙县人汪鞠卣在《黄山杂记》中曾据徐霞客诗意归纳出：昔人谓五岳归来不看山，余谓游过黄山不看岳。从此"五岳归来不看山，黄山归来不看岳"一语在民间广为流传。

明朝地理学家潘之恒是徽州名士。他在明万历三年（1575）首次上黄山，随后陪同很多名人游历黄山，万历十年（1582）陪汪道昆、龙膺等人游黄山，万历二十六年（1598）与谢肇淛同游黄山，万历三十三年（1605）与冯梦桢、黄问琴、郑翰卿、丁南羽、谢伯贞等人同游黄山，万历三十四年（1606）与王之杰、黄奂等人订盟天都。多次的游历，促成他的《黄海》一书。潘氏自述："余认此峰40余年，凡向背转仄，晴雨寒暑变态，皆得其神情。"著名文人李维桢在《募刻〈黄海〉序》中说：读此书"可以博古，可以穷理，可以反经，可以解惑"。

"得黄山灵气，创新安画派"的领袖人物渐江，归隐黄山后，往来于云谷、慈光二寺间。他深得松、石、云、岩、壑之精髓，作品多画黄山，构图简洁，山石方折近几何体，奇峰壁立，奇松倒挂，笔墨秀逸凝重，意境宏阔淡远，气势峻伟，亦善画梅，得梅花疏枝淡蕊、冷艳寒香之韵致。渐江的绘画享誉极高，后人将其与石溪、八大山人、石涛合称为"清初四僧"，与查士标、汪之瑞、孙逸合称为"海阳四家"，创新安画派，所作《黄山真景册》，写山中名胜50处，有《黄山图册》《松梅图》《陶庵图》《黄山树石图》《江山无尽图》等传世。

"刘海粟十上黄山"，这是现代影响最大的画坛佳话。刘海粟执着于文化艺术事业，无私无畏，艰难曲折，但也风光潇洒，具有传奇色彩。刘海粟10次登临黄山，从23岁一直到93岁，历经

70年，创造了高龄画家上黄山的奇迹。

刘海粟在黄山

二、道教圣地齐云山

徽州山岳，"黄白"齐名，黄即黄山，白指白岳。白岳又名齐云山。前人有云："新安多佳山，而齐云岩与黄山为最。"风雅天子乾隆皇帝对齐云山的赞赏可谓"至高无上"："天下无双胜境，江南第一名山。"

齐云山

（一）山山玛瑙红，高古复飞动

齐云山坐落在休宁县岩前镇，东面距离县城15千米。整个山体由白岳、齐云、青狮、白象、岐山、太山、南山、茆山、万寿等九座山峰组成。海拔585米，虽然不算太高，但因地处横江南岸而异峰突起，并有一岩高高矗立，如同笔锋直迫云天，正如《齐云山志》所云："一石插天，直入云端，与碧云齐，（故）谓之齐云。"

齐云山以"白岳"之称与黄山齐名，景观风貌却与黄山大不相同。

游览齐云山，犹如观赏一幅"天开神秀"的画卷，三十六奇峰，七十二怪崖，处处呈现奇特的丹霞地貌，风光绮丽，色彩迷人。

明朝才子袁宏道游览齐云山，写下《齐云岩》一诗，其中"山山玛瑙红，高古复飞动"形象地道出了齐云山丹霞地貌的特征。登上齐云山，放眼望去，裸露在绿树青草间的山峰、岩石、崖壁，清一色的玛瑙红，红得艳丽，红得醉人。

五老峰

丹霞地貌是指由水平或平缓的层状铁钙质混合不均胶结而成的红色碎屑岩，受垂直或高角度解理切割，并在差异风化、重力崩塌、流水溶蚀、风力侵蚀等综合作用下，形成有陡崖的城堡状、宝塔状、针状、柱状、棒状、方山状或峰林状的地形。

齐云山丹霞地貌最突出之处是"赤壁丹崖"广泛发育，形成"顶平、身陡、麓缓"的显著特点，呈现的方山、石墙、石峰、石柱无不奇险，形态各异的山石造型成为一种观赏价值很高的地貌风光。

齐云山的山峰虽说海拔高度多在580米上下，但是这里的山体几乎是平地而起，相对高度较大，显得巍峨壮观。整个景区"赤壁丹崖"随处可见，比较集中在月华街、楼上楼、云岩湖、横江。这四大景区，地貌风格迥异，各具特色。

齐云山的奇峰香炉峰、五老峰是最为灵幻的玛瑙红；怪岩以象鼻岩、天桥岩最具特点，是最具神工的丹霞貌；幽洞以真仙洞、楼上楼最为典型，也一样是神秘玄奥的玛瑙红；更有水光潋滟、清幽恬淡的云岩湖。这里聚集了齐云山玛瑙红的精华，在绿树青草和碧水的映衬下，丹霞地貌展现出大片的迷人玛瑙红，有的像灯笼，有的像珊瑚，更有那映衬在蓝天白云下的彩虹桥，真让人慨叹大自然的鬼斧神工。在如此美妙的景致里，再配以湖上泛舟，漂浮在云岩湖纵横幽深的湖汊之中，看前后左右青峰夹峙，船桨拍击湖水，水鸟惊飞而起，那种场景和感觉简直妙不可言。

香炉峰

齐云山属峰丛式丹霞地貌，集奇、险、秀、美于一身，三十六奇峰，峰峰拱日，七十二怪岩，岩岩绕云。无论是在金阳高照的日光里，还是在月色皎洁的夜幕中，似乎造物主给齐云山披上了一匹鲜艳的红绸，于是，这里的崖是红的，岭是红的，洞是红的，连玄天太素宫的宫墙、石柱、碑碣都是红的。朱砂染峰岩，层层叠叠；丹霞映日月，蔚为大观。游人置身其中，玛瑙红、朱砂红、胭脂红，红韵律动，尽收眼底，定然会由衷地发出"天公狡狯幻丹砂，步障千山灿若霞"的感叹。这是造物主给人类留下的杰作。据地学家考证，早在中生代晚期的白垩纪，红色岩系组成的齐云山体，像一座盆景堆积在皖南腹地之中，经长期雨水、高温的淋烤和风化剥蚀，在自然流水的反复冲刷切割之下，逐渐形成峰、岩、台、岭这些独特而又神奇的地质景观。

齐云山的丹霞地貌独具风采、全国闻名，它与福建省的武夷山、广东省的丹霞山和金鸡岭并称为"中国四大丹霞奇观"。1993年、2001年，齐云山先后被列为国家森林公园和国家地质公园。

（二）天下无双胜境，江南第一名山

齐云山为中国道教四大名山之一。

据齐云山已故道长、原中国道教协会理事詹岩福所说，唐朝初年，武当山余氏六三娘来齐云山传天师道，后来六三娘的四个儿子文生、耀生、志生和立生全都入道修行，成为齐云山道门中最早的"四大房"。另据《齐云山志》记载，唐乾元年间，道人龚栖霞来到齐云山，隐居东天门岩洞潜心修炼，齐云山道教由此渐成风气。还有一种说法，认为道教传入齐云山的时代，应在唐元和年间。尽管诸说不同，但是可以肯定，早在唐朝，齐云山就有了道教活动。

到了南宋，齐云山的道教活动进入活跃时期。宝庆二年（1226），由齐云山道人余道元主持，黟县商人陈一帷资助，齐云山二天门外的真武观得以兴建，这是齐云山道场一项重要的基础工程。真武观后玉屏崖上，镌有"云岩"两个大字，那是宝庆三年（1227）翰林程珌留下的手书。咸淳二年（1266），朝廷敕建

紫霄宫道观，并立玄帝像，另有御制碑石嵌于一天门真仙洞府额。朝廷的认可与鼓励，无疑给齐云山道教的发展带来大好机运，齐云山由此而名闻天下。

进入明朝，齐云山道教活动持续升温。这与当时朝廷的再次助推密切相关。嘉靖皇帝笃信道教，曾派南直隶徽州府婺源段莘村人汪应蛟专往齐云山设醮。嘉靖三十四年（1555），敕命建置白岳道观。于是汪应蛟"堪舆白岳，索图武当，三年而殿成"。嘉靖皇帝兴致极高，当即赐旨免缴歙州赋税，还亲手御题"齐云山"匾额一方，高悬于"玄天太素宫"。齐云山道场由此大兴。随之便有婺源、休宁、黟县等各地徽商，或许身入道，或捐资兴建，齐云山境内普遍建观立像，蔚为大观。

清康熙、乾隆年间，齐云山道教达到鼎盛。这一时期，闻名遐迩的白岳岭"洞天福地"得以兴盛，齐云山上殿观院楼有130余所，醮事经颂不休，进山香客如云。这时的齐云山，被视为"福寿山"，列入道教"七十二福地"，与四川青城山、湖北武当山、江西龙虎山并称为"中国道教四大名山"。当时有句话流传很广："九华看佛事，齐云观道场。"由此看来，在中国宗教史上，作为道教四大名山之一的齐云山，曾经堪与佛教四大名山之一的九华山并驾齐驱。

（三）齐云山与碧云齐，四顾青山座座低

齐云山的天造胜景和旺盛香火，招来大批的香客信徒，也吸引了众多的达官显贵、文人雅士、中外游客。他们身临其境，触景生情，吟哦歌赋，题壁刻石，记游作画。朱熹、朱升、唐寅、海瑞、戚继光、徐霞客、郁达夫……无数的大家名流慕名而来、乘兴登山，以一睹神山秀水为人生快事。他们寄情峰岩山林，激赏世外仙境，或赋诗题词，或树碑为记，留下了极为丰富而又珍贵的文化遗产。

目前齐云山除了道教的宫、殿、院、坛、阁等108处外，尚有摩崖石刻和碑刻537处，主要分布于真仙洞府、石桥岩和紫霄崖一带。年代上起北宋，下至当代，俨然为历代书法大展览，构成了令人神往的人文景观。其中，紫霄崖下明朝才子唐寅所书

《紫霄宫玄帝碑铭》，高两丈四（8米），字迹工整，风格苍劲，气势雄伟，堪称古碑精品。

齐云山的崖刻题字堪称一绝。在赤色的崖壁上镌刻着蓝、紫、白各色题字，笔力刚劲，神韵俱佳。"天开神秀""齐云胜景""亘古奇观""寿"等崖刻，气势恢宏，令人叹为观止。大量的古碑、崖刻和自然风景巧妙融合，散布在各处景点，为齐云山增添了无限美感，更让游客赏心悦目，不知不觉中得到中国传统文化的熏陶。

摩崖石刻"天开神秀"

2006年，齐云山的碑刻和崖刻被列为全国重点文物保护单位，受到国内文化艺术界的高度关注。

不难想象，这等风景名胜，这等人文佳境，千百年来招徕游人无数。今日可以确考的南宋名家游历者就不可胜数。理学大师朱熹、礼部尚书程珌、爱国诗人方岳、抗元英雄汪立信等，都是齐云山较早的游客。入明以后，齐云山成为深受名人雅士青睐的地方，游览观光者留下的诗赋作品简直就如恒河沙数。文学家程敏政的《游齐云山记》，潘之恒的《五老峰》《香炉峰雨望》，袁宏道的《齐云岩》《碧霄庵夜饮》等，戏曲家梅鼎祚的《飞雨楼》，汪道昆的《石桥岩铭》《无量寿佛赞》，书画家丁云鹏的《白岳全图》，无不流传后世。工部尚书方弘静的《白岳峰》，兵部尚书湛若水的《天泉》《云岩》，三朝元老许国的《齐云山志序》，国子祭酒邹守益的《中立石铭》，抗倭名将胡宗宪的《云岩》，翰林院编修冯梦祯的《九日》，也都广泛流传。值得提及的是，朱元璋的谋士朱升晚年还携孙拄杖重游齐云山。他的《云岩》诗曰："呼童扶杖履，特向此中游。福地红尘远，函关紫气浮。闲云归洞口，晓日出山头。试弄查伊笛，凉风碧树秋。"

特别是著名旅行家徐霞客，先后两度登临齐云山。明万历四十四年（1616）正月二十六，时值严冬，白雪皑皑，他不畏险阻，游览了石桥岩、棋盘石、龙井、观音岩诸胜。两年后的九月，他再登齐云山，察看丹霞地貌，畅游各处胜迹。他在《游白岳日记》中写道："崖石中空，人出入其间，高爽飞突，正如阆阓。门外乔楠中峙，门内石崖一带，珠帘飞洒，奇为第一。"

到了清朝，杰出的书画家渐江、查士标都曾长期居留黄山、白岳之间。渐江的《白岳岚烟》，描绘层峦陡壑，奇峰怪崖，古树虬松，对白岳的高山流水、云光岚烟加以概括和提炼，充满生活气息和创造精神。查士标曾经多次游历齐云山，作画题材也多取于此。

著名诗人袁枚、黄仲则，著名思想家、史学家魏源，著名思想家龚自珍都为齐云山的景致所倾倒。

现代杰出画家黄宾虹，平生游历过许多名山大川，自镌"家住黄山白岳间"印章一方，石质篆刻均称名贵，晚年登游齐云，作《白岳记游》诗数首。著名文学家郁达夫，民国二十三年（1934）登游齐云，著有《游白岳齐云之记》。

时至当代，海内外前来齐云山游览观光的名流大家趾踵相接、络绎不绝。齐云山也正焕发出新的光彩，迎送四海宾客，传递着深厚的传统文化和诚挚的交往情谊。

三、黄金水道新安江

"一滩又一滩，一滩高十丈。三百六十滩，新安在天上。"清朝诗人黄仲则的这首新安江诗歌非常形象地写出了新安江的特征。

（一）三百六十滩，新安在天上

新安江水来自高山之巅、白云深处，是一条高山溪流型江河，水流落差巨大，飞流跌宕，必定形成许多深潭；河床弯道众多，峰回水转，必定冲成大量浅滩。黄仲则诗说"三百六十滩"并不为过，在他之前早就有诗道过新安江的这一特征。唐朝礼部尚书权德舆有首《新安江路》这样写道："深潭与浅滩，万转出新安。人远禽鱼静，山深水木寒。啸起青末，吟嘱白云端。即事遂幽赏，何必挂儒冠。"相对于平原旷野中那些一泻千里的大江长河，曲折穿行于万山丛中的新安江水当然别具一格。俗话说"山不转水转"，新安江最显著的特征正是"山回水环，潭滩相串"。无论是"三百六十滩，新安在天上"，还是"深潭与浅滩，万转出新安"，无不精妙地再现了新安江的独特风貌。时至今日，沿水遗存的大量地名，像休宁境内的冰潭、江潭、月潭，歙县境内的漳潭、绵潭、瀹潭，依然隐约回响着昔日船工纤夫们动人心魄的吆喝和歌谣。

我们从空中俯瞰，新安郡在西，杭州湾在东，两地之间那一条曲曲折折、碧蓝碧蓝的江流就是新安江。

俯瞰新安江上游

新安江的正源是率水，率水的源头在六股尖。六股尖在休宁县流口境内，海拔1629米。这里群山环绕，层峦叠嶂，莽莽苍苍，满眼苍翠。粗大的葛藤倒挂在悬崖峭壁上，弯弯曲曲地缠绕于原始林木之中。苍松翠竹，黄杉汉柏，古木银杏，郁郁葱葱。这里野猪黑熊、豹狗灵猫，追逐于林木之中，出没于山谷之间。水里鸳鸯大鲵，嬉戏游玩；空中蓝鹊画眉，低飞啁啾。清冽的甘泉，跌宕的水流，无数的飞瀑，在"龙井潭"汇集之后，便开始了新安江水"奔流到海不复回"的壮行。它盘山绕岭，穿峡过涧，千回万转，汇纳百川。到了屯溪，它与横江有了永久性交汇。横江源于黟县漳岭白顶山，穿越黟县盆地，经过渔亭折向东南，绕齐云山、海阳镇，如约而至屯溪，与率水相拥东行。

率水与横江汇合之后，沿途又"呼朋唤友"，汇入桂溪、濂溪、贤源诸水，流至歙县浦口，这个50千米的水域称作渐江。发源于黄山的丰乐河，来自歙县、绩溪的富资、布射、扬之三水，呈扇状在歙县城东汇入练江。练江与渐江在浦口汇聚之后，始称新安江。新安江在歙南山谷之间奔腾向东，到了浙江富阳境内，汇入富春江。富春江继续东流，到了萧山境内，称为钱塘江。凭借钱塘江的潮起潮落，这一江流水驰骋千里，经由杭州湾汇入苍茫东海。

作为徽州最大的河流，新安江是新安文明的摇篮，孕育了文明灿烂的徽州。

新安江培育了举世无双的徽州商帮。新安江注定就是古代徽商的黄金通道，是连接苏州、杭州、扬州这些"天堂"之地的交通纽带。徽州地处万山丛中，陆路交通极为不便，正是有了生机无限、灵气十足的新安江，一代又一代的徽州子弟才会怀抱生的希望、闯的勇气，由此走向大江南北，走向五湖四海。一条不算太长的新安江，沿江两岸却有大小码头难以计数，大量的徽州土特产由此运往山外的大城小镇，大量的钱财货物又都伴随着历史的足音和时代的心声由此回归徽州本土。新安江水就是徽商的财气财神，成就了许多徽州商人的传奇故事。新安江又是徽州人沟通大千世界、集成时代文明的"丝绸之路"和"茶马古道"，博大精深的中华文化就是由此而汇聚于徽州本土，积淀成深厚而精致的徽州文化。

新安江是徽州人的母亲河。新安江滋养了徽州无数的传统村落。新安江汇聚的千壑万溪遍布于锦峰秀岭之间，就像无数闪亮的银练连缀着星罗棋布的山乡村落。溪河成为村落的命脉，生命因为溪河而澎湃。一座座古村落遗存至今，依然如诗如画，风韵动人。

（二）就中山明更水静，妙绝何图竟若斯

气候温暖，雨水滋润，青山连绵，花果飘香，新安江充满了田园的诗意，洋溢着文化的芬芳。

从歙县浦口到浙江淳安千岛湖是一条美轮美奂的山水画廊。新安江两岸群山蜿蜒，生态环境极佳，呈现高山林、中山茶、低山果、水中鱼的立体生态格局，与掩映其间的粉墙黛瓦的古村落、古民居交相辉映，是画里青山，是水中乡村，若泛舟江上，随处可见一幅幅美妙的山水画卷。

新安江山水画廊在歙县南乡，在瀹潭、漳潭、绵潭一带，划出了一个大写的"之"字形状，形成一个独特的小气候区。这里江面相对开阔，水波比较平稳，土壤湿润，气温适中，特产有全国著名的"三潭"枇杷。"天上王母蟠桃，地上三潭枇杷。""三潭"枇杷以果大、皮薄、肉厚、入口香甜，赢得世人的赞誉。一叶扁舟，漂流至此，沿江两岸，枇杷林绵延20多千米，气势蔚为壮观。如果恰逢五月枇杷成熟季节，枇杷林上一片黄灿灿的色彩，大块大块地涂抹于青山绿水的画图之中，更是一种色彩斑斓的奇妙景观！

再看另外三个相互毗邻的古村落，正口、新溪口、街口，据说这一带早在夏、商、周时期就已开始了柑橘培植，至今已有4000年的历史。现在这一带的柑橘闻名遐迩。当地民谣有云："三口橘林百里香，甜甜蜜蜜新安江。三潭枇杷三口橘，新安江畔花果山。"

今天的新安江已经成为旅游黄金线路。除了诱人的"三潭"枇杷、三口蜜橘可观可尝以外，沿江点缀着很多景点，千年古樟、九砂古村、新杨民居、古老作坊、绵潭徽戏、龙门瀑布、大川岛、凤凰岛，还有很多农家乐，设置了人人都能参与的活动项目，捕鱼、采茶、养蚕、榨油、磨豆浆等，饶有趣味，让人流连忘返。世界旅游组织规划专家昂瑞特先生游过新安江后大为赞叹："真是太美了！这才是真正的生态旅游！"

山水画廊

　　山好水美必定激发诗情画意。中国文学史上山水诗派的开创者谢灵运、南朝齐梁时期的文坛领袖沈约,还有南朝写景高手吴均、唐朝田园诗人孟浩然、唐朝诗仙李白、宋朝诗人杨万里、元朝著名诗人傅若金、明朝画家李流芳都被这里的新安江水迷住了,他们流连忘返,诗兴大发,寄情新安江。清末民国初期孙茂宽的《新安大好山水歌》就是典型的借景抒情之作:"新安之水宇内胜,水水汇流棹可随。就中山明更水静,妙绝何图竟若斯。"依他的说法,新安大好山水是"宇内"最美的山水。

　　"新安江水碧悠悠,两岸人家散若舟。几夜屯溪桥下梦,断肠春色似扬州。"1934年的新安江在现代著名作家郁达夫的笔下,又与"三分明月夜,二分是扬州"的胜景联系起来,增添了秀美迷人、恬淡闲适的韵味。

屯溪夜色

新安江是徽州人的月亮河，除滋润了无数诗文奇葩外，还孕育了中国画史上一支极有风骨的画派——新安画派。明末清初之际，徽州区域的画家群和当时寓居外地的一批徽籍画家，他们善用笔墨，摹写家山，借景抒情，表达自己心灵的逸气，画论上提倡画家的人品和气节，绘画风格趋于枯淡幽冷，具有鲜明的士人逸品格调，在17世纪的中国画坛独放异彩。因为这群画家的地缘关系、人生信念与绘画风格都具有同一性质，所以被称为"新安画派"。

四、黄山情侣太平湖

太平湖依偎在黄山脚下，与千岛湖一样出身相同、容貌相仿；而太平湖与黄山呢，朝夕厮守，不离不弃，不正是"天仙配"一样的一对伉俪！

或许有人以为，黄山乃天下名山，太平湖岂能与之相比。可是我们相信，"养在深闺人不识，一朝成名天下知"，天赋丽质的太平湖，一顾倾城，再顾倾国，名闻天下，迟早而已。

（一）依偎黄山下，绝佳生态湖

太平湖景区北面距离佛教圣地九华山的南大门仅30余千米，景区南面距离世界名胜黄山北大门的耿城镇也仅30余千米，这就使它占据了得天独厚的区位优势。况且它那清新优美的湖光山色又与两座名山的山岳风光相互辉映、相得益彰，所以它理所当然地成为国家旅游局推荐的"两山一湖"黄金旅游线路的核心景区之一。

追溯太平湖的来历，倒也挺有意思。1970年竣工的青弋江上游的这座陈村水库，修建的初衷只是为了利用水力进行发电，谁曾料想其结果竟造就了如此美丽的湖光山色。奇妙的美景、人间的奇迹，总是超越建设者和创造者的意想，令人大喜过望！

别看太平湖如此年轻美丽，其实这里有着深厚的文化底蕴，这一点恐怕同样也会出人意料。

就在太平湖大桥的北端大约1000米处，有一个黄土岭恐龙蛋化石发掘地，1995年修建合（肥）黄（山）公路太平湖路段时，人们发现了100多枚白垩纪晚期的恐龙蛋化石，这些恐龙蛋存在的年代距离今天，有几千万年之久！

还有，考古专家在太平湖南岸众家山的新石器遗址，发掘出大量的石刀、石斧、石矛、石网等地下文物，充分证明了太平湖地区早在5000多年前就已有人类的存在和活动，并且已经达到相对较高的文明程度。

说得近点，以陵阳山为中心的道家文化及其神仙文化，可以看作太平湖传统文化的重要内涵。据《周书异记》记载，轩辕黄帝曾经带领容成公和浮丘公等人来黄山炼丹修道，太平湖一带就是诸多神仙的旅居之地。难怪有人说过这样的话：黄山的神水与九华山的佛水汇集成了太平湖的仙水。

说得更近一些，太平湖东部曾经是皖南新四军的活动范围，麻川河一带曾经是新四军后勤机关的驻地；三门村湖面曲径通幽，两岸悬崖峭壁，这里留有新四军领导者和指挥者周恩来和叶挺的足迹。所有这些都会引起人们感慨而又敬慕的历史情怀。

时至今日，游人们慕名来到太平湖，一旦踏上龙窑寨和太平镇的土地，就可以看到具有500年历史的古龙窑，看到原模原样、原汁原味的徽派建筑，观赏到从新时器时代直至清朝的各类出土陶制物品，品味到各种各样表达形式的周易文化。

如今的太平湖风景区，根据有关部门的测算，总面积是315平方千米，水域面积88.6平方千米，湖面的东西长达48千米，南北最宽处有6千米，最窄处仅150米左右。太平湖的平均水深40米，最深处70米，总蓄水量达24亿立方米，是安徽省面积最大、湖水最深、跨度最长、生态最佳、景色最美的高山峡谷型湖泊。

人们说太平湖生态最佳，绝非虚言。太平湖在控制流域面积达2800平方千米的范围之内，森林覆盖率95%以上，是全国平均水平的5.2倍。景区内覆盖着松、柏、檀等上百种树木，郁郁葱葱，鸟语花香，空气负氧离子的浓度长期稳定在每立方厘米20000个以上，是北京、上海、杭州等各大城市的数十倍，是一座名副其实的天然氧吧。在这样优越的植被条件下，太平湖的水体质量当然也是一流水平，常年保持着国家一级标准。纵目远望,水天相接,满目清澈,只见山绿树绿水绿,湖水澄碧幽深,俨然是一片世外仙境。

太平湖的景色有口皆碑。整个太平湖景区以共幸开发区作为旅游接待中心,其他还有广阳、黄荆、三门等几大景区。广阳景区距离共幸湾不远。这里湖面宽广,色如翡翠,一片纯净,青山绿水相映成趣。山村屋舍倒映水中,犹如水中灵动的楼阁,呈现一幅自然水墨画。湖区西侧,太平湖大桥横跨水面,为湖光山色增添一景。黄荆景区为太平湖的精华景区,星罗棋布的众多山岛,鹿岛、猴岛、蛇岛、黄金岛,大小不同,高低不等,错落有致地点缀于澄碧水面之上,似断似连地漂浮在万顷波澜之间,仿佛是一座座海上仙山,令人遐想联翩。三门景区山环水绕,绿树掩映,有着"平湖三峡""九寨风光"等绝佳景致。"水似绿罗带,山如碧玉簪。"游船沿线斗折蛇行,湖畔山色迎面而来,大有"山重水复疑无路,柳暗花明又一村"的奇妙之感。

太平湖黄金岛

再看湖畔盛开的山花,深红大紫,夹杂着白色的油桐,还有悬崖上村舍的青瓦白墙,从竹林中穿至湖边的石板小桥,加上连绵远山和蓝天白云,倒映在澄清如镜的水中,显得生机盎然。这正是:青山绿水看不尽,一曲一回一层天。在这里可以见到江南特有的乌篷船、小木船、独人渔舟和漂流的竹筏,一篙一桨,划破碧绿透明的湖水,漾起层层轻柔细浪,加上沿岸山花绿树与水中倒影相互映衬，游船如在绿林花丛中轻盈移行，真是无法形容的奇妙。

在船老大们的慧眼看来，太平湖还有一个著名景点"睡美人"。中心湖区北岸，几座连绵的山峰，酷似妙龄美女的头、胸以及腿，整体形态惟妙惟肖，甚至眉、眼、鼻、嘴、颈都十分逼真。普普通通的山峦被点化成"睡美人"，契合了人们的审美心理，也丰富了渔民的幸福生活。

旅游学专家们也已发现，从高空俯瞰，太平湖呈现为两条龙，龙头、龙身、龙尾，形体完整，腾挪有致，尤其是龙须、龙眼、龙嘴、龙爪，形象逼真，动态传神。他们称太平湖是"双龙之湖"，整体景观可谓是"双龙飞腾"。

如此看来，太平湖的景观文化正在发育成长，太平湖还是一块正待雕琢的翡翠——这不正是太平湖的魅力所在吗？

（二）藏在深山中，引得世人醉

太平湖从诞生之日起，就受到专家、学者、作家、诗人和社会各界的高度关注，他们为太平湖的美景流连忘返，为太平湖的发展呼吁呐喊，太平湖的知名度和美誉度由此与日俱增。

中国音乐文学学会曾在太平湖上举办过年会，当代著名词曲作家乔羽、曹勇、阎肃、王立平、孟卫东等人，相继为太平湖谱写词曲。郁钧剑、范琳琳、蔡国庆、宋祖英等诸多著名歌唱家，也都为太平湖激情高歌。

1980年，40多位著名的诗人、作家和记者泛舟太平湖，他们情不自禁地赞叹道：这真是"藏在深山人未识"的"秘灵隐秀"啊！他们觉得，太平湖上游与下游曲折有致，中游开阔壮观，集太湖山水和漓江风情于一身，同时又兼有西湖的妩媚、三峡的神奇……

著名作家魏巍为太平湖题诗说："依偎黄山下，却似漓江水。山青水更绿，悠悠魂梦美。"著名作家袁振也即兴题咏："山比五岳秀，水比太湖碧。西子见此湖，也应把头低。"著名诗人毕朔望游览之时诗思泉涌，妙语连珠："天池无此亲切，太湖无此幽深。三峡无此青翠，漓江无此烟云。富春无此高寒，西子无此胸襟。乾隆无此眼福，江南无此水程。"这段赞美之辞引发人的心灵共鸣，厦门大学的吴立奇先生唱和道："无此何其多，多在此湖中。东引黄山来，西招九华峰。到此填一角，犹嫌湖太空。人道太阳大，略与鱼肚同。人工胜天公，宝藏应无穷。"

太平湖是一个多姿多彩的风光世界，园林艺术大师、同济大学陈从周先生认为"天下五湖无过此"，并题词赞美太平湖为"天下第一湖"，并发表文章阐述太平湖的超群绝伦之美。

更有不少社会名流推崇太平湖这颗东方的明珠，将它比作欧洲著名的日内瓦湖。

1986年10月，中国社会科学院、清华大学、北京旅游学会、《旅游时代》杂志社、新华社、《光明日报》《北京日报》等专家、记者联合组成"黄山世界公园考察团"，实地考察了黄山风景区、太平湖、樵山神仙洞、黄山龙裔公墓。他们在《黄山世界公园可行性考察报告》中写道："太平湖是一个广阔而迷人的水域，面积14万亩，东西长达80千米，横卧在黄山市的北面。它是山水相互衬托的自然风景区，既有气势雄伟的层峦叠嶂，也有平坦舒缓的秀丽山冈。在弯曲狭窄的水道两岸，有'三峡'风光，有'漓江'秀色，还有'瘦西湖''桃花源'的景观，山环水绕，妙不可言……"

赶上改革开放、全面发展的大好时代，太平湖虽然成名比较晚，但是发展却很快。

1979年，世纪伟人邓小平徒步登上黄山，发表了"黄山谈话"，揭开了中国旅游大发展的序幕。也正是那一年，陈村水库改名为太平湖，从此有了全新的身份定位和不可限量的发展前途。

2000年，安徽省提出"抓两山一湖，促全省旅游，带安徽经济"的发展战略，太平湖的战略地位空前提高，与黄山、九华山同等重要。

2001年，经中国水利部水利风景区评审委员会批准，太平湖与十三陵水库等一并成为首批"国家水利风景区"。

2005年，太平湖风景区在《中国地理》杂志社主办的首届"中国最美的地方"评选活动中荣获第八名。

2006年，国家旅游局公布一批国家AAAA级景区名单，太平湖榜上有名，从此便以国家AAAA级景区的资质投入高速发展的中国旅游业。

2007年，在全国第一次"中国热点旅游胜地"大型推选活动中，太平湖成为社会各界公认的"中国热点湖泊旅游胜地"。

2010年，国家环境保护部公布了"全国环境优美乡镇"和"国家级生态村"名单，黄山区太平湖镇名列其中。

2014年，通过国家湿地公园试点验收专家评审会评审，太平湖景区正式成为"国家湿地公园"。

区位优越、生态绝佳、风光优美、品质高雅的太平湖，已经拥有国家AAAA级景区、国家湿地公园等项资质的太平湖，被誉为"水中黄山""黄山情侣""皖南阳朔""中华翡翠""东方的日内瓦湖""世界明珠"的太平湖——正像一颗新星冉冉升起，必将闪耀更加绚丽的光彩。

五、原始天地牯牛降

在祁门县与石台县交界之处，坐落着皖南第三座高峰。在这高山之巅，矗立着一块奇异的巨石，传说是由一头从天而降的牯牛变化而成的，并与老子骑牛西去的故事相关，人们因此而称这座高山为"牯牛矼"。

（一）此等神奇景，古曰西黄山

牯牛降，古称"西黄山"，山岳风光与黄山一样以雄、奇、险、秀著称，境内有36大峰、72小峰，有36大岔、72小岔。《江南通志》记载："西黄山有三十六垣，与歙县之黄山相峙，其最高者牯牛大岗可望匡庐。"可见，牯牛降自古与黄山齐名。

如今，作为国家AAAA级旅游风景区，牯牛降分为五大景区：主峰景区、奇峰景区、双河口景区、龙门景区和观音堂景区。

牯牛降主峰牯牛大岗，海拔1727.6米，相对高差1694米，似牯牛顶天而立。登临极顶，南望群山连绵，黄山诸峰尽收眼底；北眺长江如练，蜿蜒西去，美不胜收。主峰面向东南，远观有巨大的睡佛以山为榻，斜仰于众峰之上；稍近则有一组景点：犁充、犁箭、犁尾、牛头。在巨牛的腹脊之间，由西南向东北依次有凤凰松、鹦鹉石、飞来石、迎宾神龟、大头鼋、太白金星等。东南侧的大峡谷中，巨大的"排刀峰"拔地而起。主峰北侧分布着高山草甸、原始森林以及各种珍禽异兽。

奇峰景区由西库、中库、东库、高山田园风光、银杏林、观孝寺、七井泉等景点所组成。当地所谓"库"，实指山谷。奇峰又称"灵山"。旧时曾有"观孝寺"，有求必应，非常灵验。民谚曰"先有观孝寺，后有池州府"，可见观孝寺至迟建于宋朝。

双河口又称双龙谷，进入双龙谷景区，沿着石板步道，走过长涧口、椅子圈、双河口，可以观赏自然真实的山野。双龙谷不仅自然景观优美，人文历史也非常厚重，这里曾经是晚明抗清英雄吴应箕抗击清军南下的大后方。

龙门景区是最早开发的景区，景点有严家古村、龙门潭、四叠飞瀑、鸳鸯潭和情人谷等。严家村居住着东汉严子陵的后裔。村中有老磨房、古祠堂，有写着红军北上抗日直至"大跃进""文革"等各个时期标语的"标语墙"，自然人文景观俱佳。龙门潭水碧谷深，怪石遍布，古木如盖，有百丈岩、滚石滩、栖贤洞、隐月池、南国小长城等景点。四叠飞瀑如雪似玉，曲折回环，直挂崖壁，似从天落。情人谷环境优美，是情侣眷属的好去处。

观音堂景区主要山峰有大历山、小历山、骆驼峰、雪花尖，主要景点有仙女潭、黄龙潭、大演坑、小演坑、仙人聚会，风景集"雄、险、奇、幽"于一身。这里是傩戏和目连戏的发祥地，是徽剧、黄梅戏的盛行之地，也是新安医学的发源地。

牯牛降的风光蕴涵了丰富的文化内涵。景区的奇松怪石、云海松涛、日出晚霞、佛光晕影，神奇诡秘，令人赞叹。人们多以松、峰、雾、水、佛光为"五绝"，赞赏牯牛降的神奇魅力。

牯牛降牯牛湖

首先是松的活力。牯牛降的松姿态奇特,绝不逊色于黄山名松,而浩瀚的牯牛松林海,似又远胜黄山。牯牛松漫山遍野,郁郁葱葱,树冠如华盖,干枝似虬龙,或怪兽张牙舞爪,或仙女广袖轻舒,有的游龙走蛇,有的凤凰展翅,千姿百态,各显神奇。你看那"连理松",原本是两株,日久天长,长成一体,"在天愿作比翼鸟,在地愿为连理枝",人类美好的愿望得到如此生动美好的印证。"探海松"长在危崖之上,主干挺直,枝丫曲折,探出崖外很远,那力道和执着令人遐想无限。在突出的岩石上,一松兀立如同雄鹰,那神情恰似一幅国画鹰石图。令人叹为观止的是"蟠龙松"。长在石磴上的千年古松,高不到1米,九枝十八丫却都长达数米,枝干长满金黄色苍苔,远望活像一条金甲巨龙盘于石上。

其次是峰的奇特。牯牛降以峰为体,花岗岩奇峰林立,绝壁千仞,怪石嶙峋,造型美观,鬼斧神工,触目皆是大自然的杰作。有的石林耸峙,石笋罗列;有的纤巧秀丽,如雕如刻;有的重叠如罗汉;有的中空如天桥。"飞来石"巨大圆溜,立在另一巨石之上,中间仅一点支撑。"天狗望月"石有圆圆的头、长长的嘴,支着前腿扭头向天,还有两块巨石叠成底座。其他如乌龟拜寿、石蛙跳天门、二仙弈棋、王母梳妆、中华石、渡仙船等,无不因势象形,惟妙惟肖。

上海豫园三穗堂前,一块巨石,呈"山"字形,正面镌有"海上名园"4个大字,背面一行小字:"此石取自黄山祁门牯牛降。"可见牯牛降石深受园林界喜爱。

第三是雾的变幻。牯牛降天气一日数变,可谓"山中一日游,十里不同天"。晴时苍崖吐烟,雾霭升腾,云雾缭绕,绵延不绝,变幻万状,瑰丽神奇,一会儿似玉带,缠绕于峰峦山巅;一会儿似白絮,铺泻在峡谷缓坡。有时云带万里,蔚为壮观。伸出雾层高高的山尖,如同蓬莱瀛岛,人间仙境。若是山风激荡,则云涌雾奔,如大海怒涛,汹涌澎湃,变化万端;有时阳光普照,为云层镶上道道金边,金碧辉煌,琼楼玉宇,景象奇绝。

第四是水的多彩。牯牛降雨量充沛,溪流纵横,溪水常流不断,潺潺流水,从山顶淙淙而下,遇有石壁断崖,飞泻直下形成一道道水瀑,大的如银河落九天,空谷轰鸣,水汽升腾;小的似白练轻垂,涓涓细流,如泣如诉。十步一小瀑,百步一大瀑,飞瀑相连,蔚为壮观。溪流碧绿清澈,时深时浅,时缓时急,在山间林里穿行,每遇石凼平地,则形成一个个大小不一的清潭,晶莹剔透,异彩纷呈,如同一块块翡翠。每至雨季,潭瀑相映,山色朦胧,如一幅幅墨染的山水图画。牯牛降的水从浅绿到浓绿,从淡蓝到深蓝,从乳白到漆黑,随着时光的推移和溪水的流动而变幻无穷。

最后是佛光的神奇。佛光是阳光照耀云雾表面,经过衍射和漫反射形成的一种自然奇观。牯牛降佛光清晰规整,显现次数多、时间长。每当雨过天晴,云雾汇聚之时,阳光穿云透雾,洒向山谷,云海上常会悬起一轮五彩光环,光芒四射,艳如花盘,缤纷柔和,仿佛一台缓缓滚动的佛辇,若隐若现,妙趣横生。通过阳光的作用,若游人奔跑跳跃,光环中的佛影也随着举手投足,配合默契,实为奇观。

(二)生物大观园,天然真氧吧

因为具备绿色、自然、原始、低碳这样四大特色,牯牛降被生态学者称为"绿色自然博物馆"和"野生动物种群的基因库"。

作为国家级自然保护区,牯牛降景区不可能像黄山、庐山那样完全加以开发,目前仅龙门景区、观音堂景区有了适度开发,其他景区都还没有正式开放。恰恰因为如此,牯牛降有了特殊的魅力，那就是尚未开发的天真感觉和原始韵味。

据中国科学院考察探险协会考察，"西黄山"牯牛降是黄山向西延伸的主体山脉，是黄山、羊栈岭、方岭一线的西向延伸，它们共同成为长江水系与新安江水系的分水岭。大约在8.5亿年前，雪峰造山运动使牯牛降的主体抬起，结束了海侵历史；在距今约2亿年逐步形成的中生代印支运动中，牯牛降的北部抬起，与先前形成的主峰融为一体，并有花岗闪长岩体侵入，后来经过燕山运动、喜马拉雅山运动，牯牛降最终成为与黄山相连接的一座壮丽的大山。

牯牛降地处扬子板块与华南板块结合部位，地质内涵丰富，有多期侵入的复式花岗岩岩体，构成景观奇特的花岗岩峰丛地貌，有流水淘蚀形成的花岗岩洞穴，有泉、潭、瀑布等水文地质景观，有对中国南方地层演化具有重要科学研究价值的地层剖面，是一座天然的地质博物馆。

由于牯牛降山区成陆历史悠久，地形变化复杂，至今还能发现大量第三纪和第四纪早期的古老生物种类，如第三纪以前的子遗树种杉木、红豆杉、三尖杉等，更不用说著名的"活化石"银杏。由于生态系统完好，牯牛降蕴藏的生物种类极其丰富。据不完全统计，这里有各类植物230科726属1348种，其中包括国家重点保护的植物13种。这里的山野丛林之中，隐藏着一个喧嚣而繁盛的动物世界，野生动物种类繁多，其中脊椎动物就有271种，属国家一级保护的有金钱豹、云豹、梅花鹿、黑麂、白颈长尾雉、黑鹳等多种，属国家二级保护的有22种。特别是蛇，这里简直就是一个蛇的王国，首次考察就发现38种，品种之多，国内罕见。因此，牯牛降被称为亚热带边缘的生物天然基因库，被生态学者称为"绿色自然博物馆"，还被列为"中国青少年科学考察探险基地"。

牯牛降自然保护区，地层古老，生态优越，山高林密，人迹罕至，保存着较为完整的天然森林植被，是我国东部中亚热带常绿阔叶林带的重要典型地区之一。区内森林覆盖率高达98%，空气清新，含有大量的负氧离子和芬多精，大有清心洗肺的保健功效。每立方厘米中负氧离子含量高达25000个，高于正常值8倍以上，故有"天然氧吧"之称，被誉为"森林浴场"。

1988年5月,牯牛降成为国务院批准的安徽省第一个国家级以森林生态系统和野生动物类型为主的自然保护区,自然保护区总面积6700公顷,最高峰海拔1727.6米。

2004年2月,牯牛降自然保护区又被国土资源部录入国家地质公园名录。

2010年9月,牯牛降被国家旅游局正式批准为AAAA级旅游景区,同时又被32个国家驻华使节公推为"中国原生态首选旅游目的地"。

第三编 徽州村落

概述
沧桑千年，魅力无限

青山绿水白云边，黛瓦粉墙桑梓田。秦晋相传千古梦，徽州处处是桃源。

鸟瞰徽州大地，山峦起伏，溪流纵横，一座座粉墙黛瓦的乡村，点缀于苍翠无垠的松涛竹海之中，错落有致，韵味无穷。这就是千百年来徽州人根本所在、情怀所系的徽州古村落。

2000年11月30日，西递、宏村作为徽州古村落的典型代表，率先列入联合国世界文化遗产名录。千载深山人未识，一朝传名天下知。从此，徽州古村落声誉鹊起，吸引了全球的目光。

西递、宏村何以列入世界文化遗产名录？

徽州村落，风光宜人

联合国的评语如是说:"中国皖南古村落西递、宏村,是人类古老文化的见证,是传统特色建筑的典型作品,是人与自然结合的光辉典范。""这两个村庄的建筑与街道布局体现了中国相当长的一段历史时期中社会、经济的发展情况。它们的街道布局、建筑与装饰、整体房屋及上下水系系统都是独一无二的。"

徽州一府六县,号称古村五千。门前溪流无岁月,村后林木有春秋。这些古村都从遥远的时代跋涉而来,经历过千年的风雨洗礼,积淀了深厚的徽州文化。

如果追溯起来,徽州最早的村落,应该是古代山越人的原始定居型村落。1958年屯溪奕棋附近发现发掘的土墩墓群表明,西周时期这里已经有了山越人的聚落。

粉墙矗矗,鸳瓦鳞鳞

秦汉以后，为避战乱，北方世族迁入徽州，创建了避世隐居、适合生存的移民型村落。随着迁入宗族逐渐增多，宗族人口逐渐增长，移民型村落逐渐遍布于徽山徽水之间。

隋唐以后，农耕经济和耕读文化携手并行、长足发展，徽州村落日益凸显其特有的田园风格和牧歌情调，质朴、淳厚、恬静、安宁，成为世间少有、外人向往的"桃花源里人家"。

明清时期，徽商崛起，富甲天下。他们还归故里，兴建堂屋宗祠、水口园林，徽州村落因此空前兴旺。"所居成聚，所聚成都""粉墙矗矗，鸳瓦鳞鳞"，烟火万家，"宛如城郭"。当时人们惊叹：四海之内，"未有如新安之盛者"！

今天我们可以看到，一座徽州古村落，就是一部二十四史，就是一部百科全书！

"程朱阙里"篁墩就是一大典型。

篁墩初名"姚家墩"，属于姚氏始居地。东晋时期，新安太守黄元积葬此，子孙以此为家，更名"黄墩"。随后太守程元谭的子孙亦居篁墩，明代翰林学士程敏政改"黄墩"为"篁墩"。无论以程氏为主，还是以黄氏为主，篁墩都有1700年的历史，何况黄、程两家之前还有姚氏！

篁墩村口的一座牌坊早已坍塌，所幸坊额所刻"程朱阙里""洛闽溯本"八个大字保存完好。仅此八个大字，就让我们看到篁墩在徽州文化史乃至中国文化史上曾经有过的夺目光彩。

程颢、程颐兄弟都是宋代理学宗师，篁墩是他们的祖籍所在。程颢常用一颗印章，自称"忠壮公裔"。忠壮公即篁墩人程灵洗。南朝时期，遭遇"侯景之乱"，他聚众保境，深得民心。后因战功卓著，死后谥号"忠壮"。

凑巧的是，理学集大成者朱熹的祖籍也是篁墩。朱熹说过："吾家先世居歙州歙县之黄墩。"朱熹平生自称"新安朱熹",生前曾经回篁墩祭奠祖坟。

难以置信的是,篁墩还是戴震的祖居地,村中现已发现戴氏祖墓。戴震《族支谱序》说,戴氏"本居歙之篁墩"。戴震世居休宁隆阜,妇孺皆知,谁知他的祖籍也在篁墩!"前清学者第一人"戴震,朴学造诣世所公认,他的哲学思想则以反理学而著称。

一座古老的篁墩,牵扯的历史如此纷繁复杂,积淀的文化简直深不可测!

再说"望族的故乡"龙川,一样非同寻常。

东晋大兴元年(318),胡焱以散骑常侍镇守歙州。他看中荆林里的山水形势,认定是个"来龙飞凤"之地,大有"执笏拜相"之吉,于是举家迁此,期望未来家族更加兴旺发达。

果然不负胡焱所望,龙川历代不乏达官显贵。唐宋两朝曾有9人任官,明清时期曾有10名进士,户部尚书胡富、兵部尚书胡宗宪、都御史辽东巡抚胡宗明,个个赫赫有名。无怪乎村中仕科牌坊参差林立,朝暮相守,彰显着龙川人科举仕宦的荣耀。奕世尚书坊作为"恩荣"显赫的标志,矗立于龙川南岸,坊主就是胡富和胡宗宪,胡宗宪可是明朝抗倭第一功臣!

与奕世尚书坊隔水相望的是胡氏宗祠。胡氏宗祠始建于宋,现属国家级重点文物保护单位,门楼匾额高悬,题曰"江南第一祠"。整座祠堂装饰精工,徽派三雕,传统彩绘,缤纷杂陈,美不胜收,精彩的木雕饰品多达600件,俨然一座"木雕艺术厅堂"!

最后看看"徽商故里"潜口,这里道地是"人文村落、风雅家园"。

传说阮真人追随黄帝,曾在这里修道成仙。传说大诗人陶潜曾在此地隐居,旧有"渊明故里坊"矗立千载。这里有轩皇坛、玉皇阁、观音殿、法镜台、灵官殿、云岭寺、真武殿、七星庵、双忠庙、龙王亭等大批古建遗址。这里有全国重点文物保护单位、国家AAAAA级旅游景区"潜口民宅",分别以"明园""清园"展示着"徽商故里"的风貌神采。

在这徽商故里,一座宋敕明建的汪氏金紫祠,展现着诗书兴族、商贾致富的发展图景;一座独资修建的水口巽峰塔,昭示着注重生态、关爱桑梓的人文情怀;一座世人景仰的恩褒四世坊,彰显着祖孙承传、乐善好施的大仁大爱。牌坊题额"恩褒四世",表彰的是"善举极多"、人称"两淮之最"的盐商汪应庚祖孙四代。他们的"富而好仁",直令那些"为富不仁"的奸商无地自容!

在这徽商故里,诗文与古建交相辉映。贾而好儒,斯文勃兴。"潜口汪氏以诗著名""散在天涯者皆名著一时"。潜口诗人的交游之广、创作之富,令人震撼!《阮溪诗征》《水香园觞咏集》《汪氏正诚堂先人遗诗辑存》……既折射出徽商闯荡四海的艰难人生,又焕发着徽州文化绚丽光彩的诗性魅力。

毋庸置疑,徽州古村落是徽州文化最具原生态和直观性的物化遗存,是徽州文化形式最典型、内涵最丰富的活性载体,其中保存着太多太多的历史记忆,传递着太多太多的文化信息。

然而,风雨无情,时代变迁,传统村落面临严峻挑战,徽州古村落的保护更是刻不容缓!

为此,人们编纂《徽州五千村》12卷,记载了550多个具有代表性的徽州古村落。

为此,人们编撰《徽州古村落文化丛书》40册,载述了40个最具影响力的古村落。

为此,《方村志》《郑村志》《千年仁里》《西溪文化志》,六七十部村史相继问世。

为此,"百村千幢"保护工程启动,101个古村落、1065幢古民居,得以切实保护和利用。

所有这些,体现着当代社会的历史共识,体现出人民政府的文化担当。如此紧迫地收藏徽州古村落,如此倾心地保护徽州古村落,根本宗旨就是——守护古徽州的"筋骨肉",传承徽文化的"精气神"!

一、千丁之族,未尝散处

徽州古村落的显著标志,就是一村一姓,聚族而居。汪姓汪村,程姓程村,凡有某姓,必有某村。这个人文特征,来源于千年徽州的北方移民,决定于徽州氏族的宗法体制。

(一)相逢哪用通名姓,但问高居何处村

春秋战国时期,徽州地处"吴头楚尾"。当地山越人,居万山丛中,日出而作,日落而息,刀耕火种,自给自足,"依山险阻,不纳王租",正所谓"帝力于我何有哉"!一首民谣道出了旧时山民简单的生活诉求,披露了他们自由的心灵世界:"手捧苞芦粿,脚踏硬炭火,天高皇帝远,神仙就是我。"

然而,由于历史狂潮的推涌和生态优势的吸引,北方移民大量涌入徽州,打破了土著山民的封闭与宁静。

徽州山水秀丽,生态绝佳,但是交通不便,环境封闭,在战争频繁的中国历史上,成为现实世界的"人间仙境",成为避乱安居的"世外桃源"。每逢中原遭遇战乱而急剧衰败之日,便是

北方人口纷纷南下迁入徽州之时。

两晋之间遭遇"永嘉之乱",迁入徽州的有程、鲍、俞、余、黄、谢、詹、胡、郑等9个氏族。唐代末年为避"黄巢之乱",迁入的北方氏族更多,陈、叶、孙、洪、罗、舒、姚、张、赵、戴、冯、李、朱、刘、曹、王、吕、江、许、廖等有26个。两宋之际因为"靖康之乱",中原氏族追随朝廷南迁,入迁徽州的又有柯、宋、周、杨、蒋、刘、马、孔、徐、韩等十几个姓氏。

其实在这三次移民潮之前,吴、方、汪三姓已经于两汉时期相继定居徽州。

北方宗族闯入徽州以后,如何应对土著的"文化排外"?如何克服自身的"水土不服"?他们毫无例外都以集体选址、集中居住的方式,团结族人,确保安全,组织生产,谋求发展。徽州由此出现大批以血缘为纽带、以姓氏为标志的宗族聚落。

在中原移民文化与土著山越文化不断碰撞、反复磨合的过程之中,历任刺史和太守都曾致力当地的社会教化和文化开导,其中当数隋末唐初汪华的功绩最为卓著。汪华在治理歙州时期,始终以"保境"为旗帜,以"安民"为宗旨,依靠徽州全体民众,共同抵御外敌入侵,化解了土著与移民的矛盾,实现了山越文化与中原文化的融合,为徽州文化的全面振兴奠定了基础。

先有汪华时代的社会融合、文化奠基,后经李唐王朝的"贞观之治""开元盛世",歙州亦即徽州在中唐时期就被称作"富州"和"大州"。

不言而喻,徽州文化经过长期的整合和融合,中原移民文化最终成为主流,中原移民聚族而居的生活方式也就作为徽州村落的典型特征延续后世。

"吾邑万山中,风俗最近古。村墟霭相望,往往聚族处。"作为聚族而居的人文表征,徽州古村落往往都以宗族姓氏冠为村名,彰显着各个村落的宗族脉络和历史渊源。方村、汪村、程村、朱村、许村……凡有一姓,必有一村,几乎所有的宗族都曾用过姓氏冠名村落。

聚族而居、千年不散,是徽州的一个独特的现象。棠樾鲍氏、呈坎罗氏、潜口汪氏、雄村曹氏、月潭朱氏、商山吴氏、善和程氏、渚口倪氏、文堂陈氏、庆源詹氏、西递胡氏……这些村落之名与大族姓氏紧密相连，几乎构成一种同义对应的联合词语，长期流行于世。

翻翻清朝的一些诗文，聚族而居的徽州习俗就是一个热门话题。

程且硕《春帆记程》一书说："徽俗：士夫巨室多处于乡，每一村落，聚族而居，不杂他姓。"

赵吉士《寄园寄所寄》一书说："新安各姓聚族而居，绝无他姓搀入者，其风最为近古。"

沈奎《黟山杂咏》有诗句说："朱陈聚族古风存，一姓从来住一村。"

方西畴《新安竹枝词》说得更有意思："相逢哪用通名姓，但问高居何处村。"

以村落为"表"，以宗族为"里"，地缘性的村落与血缘性的宗族表里统一，不仅为宗族文化的发展奠定了坚实基础，而且成为博大精深的徽州文化的发展源头。

（二）村落其表，宗族其里

远离北方故土，失去家族基业，迁徙徽州的中原氏族，如何凝心聚力、振兴家运？作为徽州村落的内涵建设，宗族文化系统工程全面展开。

一是编纂族谱。族谱是宗族历史的记录，对于宗族至关重要。"姓氏之统于是乎出，宗祖之绩于是乎彰，自姓之绪于是乎传，宗法于是乎立，礼义于是乎兴。"要使子弟了解血统、尊崇祖宗、维护宗法、奉行礼义，不能不重视族谱的编修。

徽州修谱的热衷程度，世所罕见！

今以方氏为例。西晋太康五年（284）就有《方氏家谱》问世；唐贞观六年（632）《方氏族志》撰成；北宋嘉祐八年（1063）、南宋建炎四年（1130），修成《白云源谱》和《拓源谱》；明洪武年间，新编《马源罗田谱》；清康熙年间，各支纂修《敦睦祠谱》《成性祠谱》《桂林支派谱》，构成庞大的谱牒体系。清乾隆十八年（1753），集12支派谱牒之大成，一部20卷的皇皇巨著《歙淳方氏柳亭山真应庙会宗统谱》问世，方氏持续千年的修谱激情至此达到高潮。

中国现存各类谱牒，徽州族谱数量最多。上海图书馆收藏族谱1200多种，徽州占三分之一。经过千年沧桑巨变，现在国内馆藏的1000多种徽州谱牒，足以显示古徽州族谱的编修之盛。

徽州谱牒名目繁多、种类齐全，或为一门之谱，或为一族之谱，或涉一村，或涉一县，内容虽有侧重，但是都以体现血缘与地缘关系为主旨，服务于宗族血缘与地缘的历史界定。程敏政所编《新安程氏统宗世谱》，汪道昆所编《汪氏十六族谱》，无非如此。

"隋唐世家，历历可考""百世之远，谱牒昭然"。徽州家谱全面反映徽州宗族的社会生活，成为徽州宗族最为详尽的历史记忆，为徽州宗族社会的构建提供了基本的精神支撑，也为徽州社会风俗的形成发挥着重要的导向作用。

二是修建祠堂。追远报本，莫重于祠。坟墓是祖先体魄所藏之地，祠堂则是祖先魂灵栖息之所。为了强化宗族的认同感和凝聚力，宗族要求族内成员孝敬祖宗。孝敬祖宗，一要编修族谱，以明祖宗的来历；二要修整坟墓，以安祖宗的体魄；三要修建祠堂，以安祖宗的神灵。所以在古徽州，宗祐有百世之谱，奉先有千年之墓，会祭有万丁之祠。

婺源游山村的董氏，建造祠堂23座：董氏总祠嘉会堂、著存堂、荫槐堂、继思堂、树德堂、叙伦堂、听彝堂、庆远堂、种德堂、勤治堂、叙庆堂、敦义堂、崇德堂、怀德堂、光烈堂、永思堂、保和堂、光裕堂、崇义堂、贞训堂、贞和堂、双节堂、志礼公堂等。

徽州区的岩寺、潜口、呈坎都曾有过30多座祠堂。遗存至今的潜口金紫祠和呈坎罗东舒祠，都是徽州宗祠代表作，备受世人关注。

徽州境内，祠以千计。"祠堂连云，远近相望"，也就成为徽州古村落直观可感的一大特色。

宏伟壮观的宗族祠堂普遍作为宗族聚居的显赫标志，矗立在村落的中心或者显要位置，以它相对族谱所特有的物态化和直观性，长年向族人和世人显示着宗族的荣耀和威严，构筑并渲染了徽州宗法制度的社会氛围，不断强化人们的宗族意识和宗族观念。

棠樾村的祠堂就位于村头。这里有敦本堂、世孝祠，相隔不远,并列南向;另有清懿堂,俗称女祠,坐南朝北。这三座祠堂与邻近的七座牌坊相互辉映,构成棠樾独特的人文景观。

瞻淇村的汪氏总祠坐落在村落中心,是全村祭祖之所。八座支祠则依照血缘关系,均衡分布在前村、后村,似与总祠不即不离、顾盼生情,体现出整个宗族的同村共处、和谐统一。

祠堂是供奉祖宗牌位、举行祭祖大典的神圣殿堂,是宣扬族规家法、实施宗族自治的重要场所。正是在这种不同寻常的建筑之中,村落居民参与了祭祀、诉讼以及喜庆、公益活动,见证了宗族的祸福荣辱和村落的治乱兴衰,久而久之,他们都会意识到祠堂与自己的生活、命运密切相关,都会自然而然地把祠堂看成自己的精神王国、人生归宿。

三是筹集族产。族产也叫祠产。"祠必有祭,祭必有田。"祭田最初就为祭祖而设置。随着祠堂功能扩大、活动增多,祭田用途也就更广,祠田、祀田、公田、学田、义田,名目不一,都属祠产,都由祠堂管理。

徽州宗族的祠产种类繁多、相当丰厚,除了祠堂、祭田之外,还有庙宇、墓地、山林、池塘、房屋、粮仓以及银两。

族产取之于族、用之于族,除了祠墓祭扫、祠宇修葺、维持宗族的祭祀活动之外,通常还用以主办义塾、修缮义舍、辟置义冢,用以赞助教育、救济贫困、修桥筑路、完善公益设施以及迎神赛会、演戏娱众。

庄重虔诚的追远报本之祭,严峻可畏的族规家法之施,加上温情脉脉的慈善公益之举,宗族祠堂在聚族而居的基础之上,最大限度地凝聚了人心,充分体现了收族、睦族的功能,进而实现宗族自治和宗族振兴的目标。

另外,掌管宗族祠产、组织宗族活动,一位德高望重的族长断不可无。族长在宗族中的地位不可动摇,宗族对族长的要求自然也就很高。《济阳江氏统宗谱》写道:"凡为族长者,年必高,行必尊,尤须公而不私,正而不偏,廉而不贪,明而不昧,宽而不隘,耐而不烦,刚而不屈。七者兼备,乃能胜任。若名实相远、怀私徇情、唯唯诺诺而不能服人者,众共退之,别立齿德俱尊者为族长。"

（三）五百年前是一家

聚族而居的生活方式，造就了徽州古村落特有的历史风貌；而宗族规模的不断扩大，又势必引起聚落格局的巨大改变。

今天走进婺源江湾，可以看到三个不同的历史区域，逐次展示着村落的扩展历程。

从后龙山脚下到南关亭一片，是江湾人聚族而居的原始区域，人称"古江湾"。当年四面建有防御寨门，分别称作"东和""西安""南关""北钥"，保安意识和封闭状态都显而易见。

古江湾南面，从南关亭到外边溪，是清朝以前拓展、旧时最为繁华的"老江湾"。一条老街不算太宽，但却店铺并立，略无间隙。培心堂、饮苏堂、日生堂……老门板、老柜台、老货架……明清风貌隐约可见。

老江湾向南，外边溪至梨园河一带，是今人所建"新江湾"。扑面而来的是商业信息和当代时尚，再也无法感受"东和""西安"的宁静，再也无法寄托明清老街的乡愁。

宗族裂变，村落演进，更加普遍的现象是子孙迁徙、一族多村。

岁月如流，家族人口不断递增；山河依旧，村落扩展空间有限。始祖之村、始迁之地，无法容纳持续发展的宗族，后世子孙先后分迁各方再建新村，一族一地、一姓一村的村落，不断扩散为一族多派、一派多村的格局。

徽谚有云："开门三面水，十姓九家汪。"据《休宁名族志》记载，休宁汪氏居地多达46处。如果依据汪氏正脉宗谱，也还可以描述出汪华后裔的分布：汪华长子健，子孙世居歙县唐模、岩寺、郡城西、休宁阳湖、黟县宏村……三子达，子孙世居绩溪尚田、歙县富溪……七子爽，子孙世居绩溪登源、婺源还珠、大畈、梧村……

家族的裂变随机随缘，子孙的分迁绝非随意。一个家族形成许多分支，创建许多新村，他们照样是聚族而居、宗法齐家。为了铭记宗族本源、标明宗族血统，第二轮、第三轮以至若干轮分迁的居地，往往坚持姓氏冠名，方氏迁出的不少新村还叫方村，程氏迁出的不少新村还叫程村，于是徽州出现不少同名村落。

比如婺源王氏扩展的新村新名，既有林塘王村、段莘王村、严田王村、枧田王村，又有银峰王家、潋溪王家、花园王家、西源王家、阆山王家，还有一类是王家村、王俞村、王家坦、王岭下……如此种种，正如俗话所说，五百年前是一家。

为了铭记宗族本源，标明宗族血统，迁出家族往往在新的居地修建有标志性建筑，借以证实与祖居地的血脉渊源。

许氏高阳桥就是标志。南宋淳祐五年（1245），许绍祖出继程氏，成为唐模许氏一世祖。明嘉靖三年（1524），唐模许氏赴许村参与修谱以续族脉，又在唐模修建廊桥，名曰"高阳"，明示许氏郡望。

许氏高阳桥是后族不忘先族，汪氏三源桥则是前族关照后族。

潜口金紫祠前有护栏石桥一座，题名"三源桥"，下设三个桥拱，意思是指汪氏信行族、丛睦族与潜口金紫族，虽然族分三支，但是本源归一，都属越国公汪华后代。

相对于修建标志物来说，修建支祠当然更为关键。新村修建支祠，老村集中祭祖，这是最为有效的收族方式。

黄氏尊篁墩为徽州黄氏之故里，黄氏宗亲总会一年一度齐聚篁墩，举行祭祖大典。"每年二月二十日，风雨不移，合族十六派共支下四十名齐至黄墩，各具本等衣冠行祭。"这是明万历二十年（1592）黄氏族长在篁墩祭典上议定的规矩。

"年年三月三，山泉去烧香。汪氏十六族，叩头祭先王。"歙县汪氏十六族以唐模汪思立为始迁祖，以山泉汪氏溯本堂为总祠，标祀日期定于三月初三。每年到了这一天，全县汪氏后裔风雨无阻云集山泉，举行总祠的祭王拜祖仪式。

子孙播迁四方，年久难免失联，因而必须续修家谱。朱熹曾告诫说："三世不修谱，当以不孝论。"为了防止失联，便于续接辈分，族谱预先编有"行辈歌"。

《南屏叶氏族谱》所载"行辈歌"："祖志思文永，廷荫善元日；万枝荣宗启，懋尝自新芳；玉树宜培厚，桂林定毓良；克昌怀美德，世济肇嘉祥。"这首歌一唱就唱出整整40代人。

《西递明经壬派排行》的"行辈歌"长达百字，若以20年为一代进行计算，这就管到整整2000年——收族之用心何其苦也！

宗族裂变，村落演进，有着不同情况、多种类型。或者相邻两族，合并一村，像歙县郑氏郑村和汪氏西溪初为近邻，终为一体。或者一村数姓，此进彼退，像歙县章祈，因为汪氏迁入改名瞻淇村，而章氏迁出，新建孝女村。"先有孝女，后有瞻淇"，一句老话反映出变迁的真相。

多姓共处，有主有次，此起彼伏，自然发展，这种复合型村落，历史一般较长，规模普遍较大。像篁墩、岩寺自不用说，且看唐模。唐模程、汪、吴、许四姓都由人生因缘聚于一村。汪氏受室于程，吴氏入赘于汪，许氏依姑而居，旧时四姓沾亲带故、同村共处，后来随着日月交替、人事变更、村落发展、结构重组，唐模终于成为百姓同居、共谋发展的大型村落。

二、天人合一，蕴涵玄机

人居环境科学认为，人居环境作为人类生存和进化的基础，反映着人与环境之间的关系。对于徽州古村落来说，"天人合一，无限玄机"，首先凸显在徽州祖先的选址活动和创建过程之中。

（一）风水之说，徽人尤重

徽州古村落的选址和草创，大多由宗族始迁祖或再迁祖率领族人共同完成。他们在寻求居住环境、选择定居地点的过程中，总是本着宗族责任感和历史使命感，不辞辛劳，四处踏访，多方考察，反复斟酌，可谓是千秋大业，慎之又慎！

他们在选址创建之时，着眼宗族的根本利益和长远发展，追求三个方面的远大目标：一是人丁兴旺，二是财源茂盛，三是人文发达。而在实际考察和确立村址的过程中，他们总是从宜居和养生两大层面，具体衡量四个基本条件：一是生存条件；二是发展空间；三是安全保障；四是审美品位。

他们在普遍考察基础上初步选定村址之后，还会根据情况，采用多种方法，综合考量宜居程度。

第一是关注野生动物的栖息状况，从中获取重要的生命信息,一旦发现那些"神兽""神鸟"的栖息之地,便相信那是神灵给予人类的暗示,是上天赐予安身立命的理想之所。歙县有家始祖,发现一群"神鸡"总在某地孵蛋育雏,于是就在那里创建了村落,最初村名"孵鸡干",今名雅化而为"富子干"。

第二是种植奠基的特种苗木,借以预测村落的发展前景。徽州境内许多千年古树,不少就是当年选址奠基的标志。唐模一棵1200多年的古银杏,就是为选址建村种下的迁基树,堪称是座富有生命活力的绿色纪念塔,见证并续写着村落发展的历史。

第三是全面进行风水勘测,谋求大吉大利的风水宝地。现存徽州族谱和方志典籍之中,有着勘测风水、择址定居的大量文字。据《西溪南吴氏世谱》记载,唐咸通元年(860),"浙东寇起",四方骚动,始祖吴光精通风水,避地择居,卜地有三:一曰莘墟,地刚而隘,山峭而偏,居之者主贵,但不利于始迁;一曰横渠,地广衍而水抱,居之者主富,然而后世子孙不够蕃盛;一曰丰溪之南,土宽而正,地沃而厚,水聚而回,后世必将大昌,于是视为宝地,定居于此。

前人所谓"风水宝地"的典型格局,可用六字加以概括,"枕山、环水、面屏"。按照我们今天的理解,所谓"枕山、环水、面屏",就是村落背后有青山可靠,贴近村落有绿水环抱,村落前方最好还有秀山平林,放眼望去就是一道天然画屏。

依山傍水,别有风韵

清人赵吉士《寄园寄所寄》说过："风水之说，徽人尤重之。"根据记载，明清时期全国共有24名堪舆名流，徽州就占10名之多。风水师必备的罗盘，休宁万安所产最为著名，曾获巴拿马万国博览会金奖。

徽州人为什么特别注重风水理论、堪舆技术？原因很多，简单地说，一方面确与理学家朱熹等人的倡导密切相关，但是更为重要的原因应该是，徽州人不愿辜负得天独厚的大好山水，执意追求村居环境的最佳境界。

从理论上说，风水理论源于周易学说，尽管在流行演变之中，增强了玄秘色彩，混合着迷信成分，但却反映着传统哲学"天人合一"的整体观念，体现了人与自然和谐相处的思想主张，蕴涵着质朴而又精妙的环境理论。外国学者就曾指出："中国风水实际是地理学、气象学、生态学、规划学和建筑学的一种综合的自然科学。"

从实践来看，徽州古村落讲究风水而慎于选址，就是注重地质、水文、日照、风向、气象、景观等自然因素的综合考察，就是坚持趋吉避凶、避祸纳福的价值取向，就是追求一个最为理想的生存环境和发展空间。

实地考察当今遗存的徽州古村落，我们不能不为村落居民所处优越的生态环境所倾心，不能不为他们祖先选址奠基的眼光和理智所折服。

像项氏居地桂溪村，"西南诸山，林壑深茂"，前后文笔峰，"层峦拥翠，溪流环绕"，村居如画，何其清新！像洪氏居地金山村，"山磅礴而深秀，水澄澈而萦回，土地沃衍，风俗淳朴"，又是一番宜居景象。

凡是慕名前往龙川观光的人们，一旦置身山清水秀、清新宜人的环境之中，谁不感到赏心悦目、神清气爽？谁不为之精神一振、怦然心动？胡适的老家上庄，周边有黄柏山、竹峰山、天马山、凉伞峰三面环绕，村前有常溪河水长年流淌，枕山带水的自然环境何等清幽、何等秀美！

（二）水口水街水文章

山是人生的基础，水是人生的命脉。无论是依山傍水，还是背山面水，在选定村落环境之后，徽州人特别注重水的调适和利用，注重整个村落的水系建设。在徽州村落的人居文化中，水文化是一篇浓墨重彩的大文章。

徽州村落的水文化有三大载体最具特色：一是水口，二是水街，三是水圳。

水口调适是否合理，在徽州人的心目中，关系到一个家族是否兴旺，一个村落是否发达。为了涵养一方水土，为了优化人居环境，为了强固村落根基，为了抗御自然风寒，为了抵制人性邪恶，为了培育宗族文化，为了实现人文昌盛，徽州人总在村落的进出口处，借助天然的山水形势，培植大量的林木花草，增修桥、堤、亭、塔、楼、阁、台、榭，创造出独具景观特色、富有文化底蕴的水口园林。

今天踏访徽州古村落，所见古桥、古树、古亭、古塔，都是古村水口的遗存之物。徽州水口园林，保存最为完好的是唐模檀干园。唐模又称檀干，檀溪穿村而过，溪水出村的地方，矗立着秀美的八角古亭，这是水口建设的第一要件。水口亭的附近，数百年的林木，高大参天，绿荫蔽日。水口亭背后，"同胞翰林"牌坊迎面而立，又为水口增添一道"关锁"。进入檀干园内，碑、桥、堤、舫安置精巧，亭、阁、台、榭错落有致，更有三个湖面涟漪迎风、优美动人，这就是名闻遐迩的"小西湖"。湖上一副楹联写得绝妙："喜桃露春浓，荷云夏净，桂风秋馥，梅雪冬妍，地僻历俱忘，四序且凭花事告；看紫霞西耸，飞布东横，天马南驰，灵金北倚，山深人不觉，全村同在画中居。"

说过水口，再说水街。

在徽州，凡有溪流穿村而过的村落，两岸屋舍都会面水而建，自然形成村落水街。村落水街往往有店铺并立，有长廊覆盖，有群桥相通，呈现出山村水街风雅独特的人文景观。透过山村水街的人文景观，我们可以真切地感受到人对水的珍重、水与人的和谐。

绿水青山,水口风光

灵山水街虽然不见平坦宽阔,但却特别婉曲动人。一条水街上下五道水坝,形成五个不同水位,极其方便日常用水。每逢传统节庆和庙会活动,人们用木板铺盖整个街溪,木街与石街相并而行,由后而前贯通全村,一幅清明上河图就在两山一谷中铺展开来,令人叹为观止。

要论徽州水文化,宏村当然数第一。宏村的水系水景观驰名中外,举世无双。联合国世界旅游组织的专家称赞说:"宏村是非常和谐地利用当地自然山水,在儒家文化和徽州当地文化思想影响下的东方传统村落的人居环境的代表,是独一无二的。"

宏村水系由四个部分构成:一是在村西的水溪修筑石坝以抬高水位;二是长达几百米的水圳导引溪水穿行全村各户;三是村中开掘一方月塘用以蓄水;四是村外修建一座南湖扩大蓄水容量。利用这套完整的水系设施,溪水由西进村,经过九曲十八弯,汇入村中月沼,然后走家串户,最终注入南湖,浇灌良田。整个水系设置精巧、功能齐备,为村民创造了理想的生活环境,为生产提供了极大的便利。

徽州人重视水系建设,除了保证日常用水和田园浇灌,还有一个目的就是预防火灾。徽州古民居的整体框架和屋内装修全是木柱和木板；加上居住密集，房屋相连，一旦发生火灾，全村遭殃。徽州人的消防措施很多，但是无论如何，消防的关键在于水源。历史上，宏村汪氏不止一次遭受火灾，他们永远不忘惨痛的教训，不懈地兴建引水工程，终于创建了卓越无比的村落水系，为子孙后代奠定安全之基、幸福之基。今天我们看来，宏村水系的创建成功，不仅实现了饮用、浇灌和消防等实用功能，而且还在改善生态、调节气候的同时，创造了如诗如画的宜居环境。

（三）村居如画若天成

徽州古村落坐落在山水之间，沿着山势，顺着水势，因地制宜，就境造型，格局比较灵活，没有固定模式。各个村落在开创之初，或者扩建之时，都有一个整体规划，否则不可能有这样的效果：框架如此完整，功能如此完备，布局如此合理，风格如此统一，个性如此鲜明。

整体规划首先考虑的是村落框架，村落框架要与山水环境相互照应，与地形地貌和谐统一，创设自身独特的形态风貌，同时也自然地彰显人文的理念，寄托人文的理想。

唐风清韵，悠悠水街

雷岗山下的宏村形态像头牛，登源河畔的仁里形状像条鱼，槐塘全村像条龙，雄村整体像只凤，昌溪古村位于佳山秀水之间，就像一只展翅欲飞的彩蝶……所有这些张扬着个性和活力的仿生形态与地物象征，使村落与山水亲和无间、浑然一体，其中包含着人们对生命的感悟，寄托着宗族对发展的期望。

公众场所的合理安排是整体规划的考虑重点。

徽州古村落都是聚族而居，宗族制度根深蒂固。对于宗族来说，祠堂是祭祀祖宗的圣殿，是凝聚宗族成员的核心，是商议和处理宗族事务的主要机构，所以在整个村落的建设序列中，必须突出祠堂的中心地位。今天我们从人居文化层面上看，作为村民聚会交往的公共场所，祠堂坐落在村落的中心位置，也就极大地方便了村民的集中疏散和日常往来。

况且祠堂的大门之外，一般都还留有较大的空地，而且全都铺上大块的石板，这为村民提供了一个更为宽敞、更为自由的公共空间。每逢过年过节、人来客往，这里也就成为村民欢聚娱乐的中心，地戏杂耍、舞龙舞狮等民俗活动往往都在这里精彩上演。

当然，大型戏剧表演，专门戏班唱戏，还有固定戏台，人称"万年台"。徽州古村落的古戏台，有的就在村落中心，与祠堂结合一体。像祁门现存的11座古戏台，全在祠堂的框架之中。有的与村头庙宇建在一起，像黎阳的汪公庙戏台、潜口的海公庙戏台，都将演戏与庙会结合起来。千百年来，这些古戏台为村民上演过无数的精彩，带来无穷的欢乐。

虚实结合的整体布局，为村落赢得最佳的空间效果，营造出村落的系列景观，突出了村落规划的田园主题。徽州古村落普遍都有系列景观，这些景观各有优雅的题名，配有诗篇流传。宏村原有的"八景"是西溪雪霭、石濑夕阳、月沼风荷、雷岗秋月、南湖春晓、东山松涛、黄堆秋色、梓路钟声。呈坎的"八景"有永兴甘泉、朱村曙光、灵金灯现、汐峰凝翠、鲤池鱼化、道院仙升、天都雪霁、山寺晓钟。其他还有上庄"八景"、黄村"八景"、墈头"八景"、渔梁"八景"、海阳"八景"、许村"十二景"等等，不胜枚举。所有这些村落景观都由自然与人文交融而成，既寄托着格调高雅的人文情怀，又体现出自然风光的无限魅力。

村落系列景观的出现，离不开村落选定的山水环境，离不开水土调适的良好基础，当然也离不开内外照应、虚实相生的村落规划。村落景观再一次在审美层面上，体现出"物我交融、天人合一"的理想境界。

我们从现存的徽州古村落不难看出，徽州人的祖先慎于村落选址，巧于山水调适，善于空间规划，精于房屋建筑，乐于美化装饰。他们在成功创建理想家园、成功创建经典村落的同时，实际上也就创造了内涵丰富、魅力无限的人居文化。

徽州古村落造就和积淀的人居文化，之所以具有无限的魅力，关键在于它以"天人合一"为理想，以适应环境为原则，有着非常实用而又相当科学的具体内涵，包含着人类丰富的生存智慧和生活体验，体现着难能可贵的环境意识和生态观念。徽州先人在他们环境选择的思想理念中，体现着顺应自然、亲和山水的自觉意识；在他们环境调适的价值尺度上，又坚持了关爱自然、物我共荣的伦理守则。比如拿水口园林和村落水系来说，那么恰到好处的水土调适，那种因地制宜的环境创设，我们与其说是匠心独运、巧夺天工，不如说是徽州先人与自然造化心有灵犀而高度默契！

三、村落经典，人文奇迹

"山重水复疑无路，柳暗花明又一村。"一条石板小道的前头，一片水口园林的背后，总有一座如诗如画的徽派古村落，给你带来几分惊喜、几分温馨。

西递、宏村、呈坎、许村，都是传统村落的经典之作，每当我们步入这些村落，都会得到非同寻常的文化熏陶和审美享受。

（一）西递：桃花源里有人家

"黟邑小桃源，烟霞百里宽。地多灵草木，人尚古衣冠。"就在黟县小桃源的霭峰脚下、西溪源头，坐落着西递古村。200多年前，有诗道："青山云外深，白屋烟中出。双溪左右环，群木高下密。曲径如弯弓，连墙若比栉。自入桃源来，墟落此第一。"

21世纪之初,西递、宏村成为世界文化遗产地,联合国遗产委员会评价说,"这两座传统村落,保持了惊人的乡村住宅区域风貌""其街道形式、建筑和装饰,以及房屋与广泛的水系相结合,是独特的遗存典范"。

近些年来,无数专家和四海宾客前来西递考察观光,热情推崇西递为"中国明清民居文化博物馆",赞叹村里古民居"布局之工,结构之巧,装饰之美,营造之精",世所罕见。

其实,深入西递,不仅可以欣赏到徽派建筑的艺术风格,还能感受到源远流长的乡风民俗,体验到博大精深的徽州文化。

西递古村奠基于北宋时期,发展于明朝中叶,鼎盛于康乾时期。

西递胡氏有着不同寻常的来历。唐天祐元年(904),梁王朱温胁迫朝廷迁都,皇后于途中生下一个男婴,因为担心遭遇不测,悄悄将他藏匿民间。天缘凑巧,宦游北方的婺源人胡三,收养了这个生不逢时的李唐皇儿,易姓为胡,取名昌翼。天祐四年(907),朱温篡位,昭宗李晔全家被害,唯有昌翼一人幸免。

后唐同光三年(925),昌翼考中明经科进士。胡三将他的生世遭遇如实相告。昌翼感激胡三的养育之恩,从此决绝仕途,隐居考水,著书立说,人称"明经翁"。他的子孙也就一直姓胡,谱称"明经胡氏"。

独立村口,西递牌楼

寒来暑往，斗转星移。北宋熙宁十年（1077），明经子弟胡士良，由考水迁居西递，掀开西递胡氏900余年的历史篇章。清康熙元年（1662）至道光三十年（1850）的将近200年间，西递胡氏达到鼎盛时期。

西递有副著名的楹联："读书好营商好，效好便好；创业难守业难，知难不难。"居民普遍以贾代耕，外出经商。一个华丽的转身，带来奇迹般变化，造就了古村落的兴旺发达。

西递商贾代表人物胡贯三，经营的36家典当、20余家钱庄，遍及长江中下游的各大商埠，所有资产折合白银500多万两，实际财力位居江南六大富豪之列。

徽商经济的发达，推动了教育的发展。以商助教，以文入仕，以仕护商，官商相济，成为徽州社会全面发展的强力引擎。胡贯三与曹文埴的深厚友谊，可以为此作出透彻的诠释。

胡贯三经商成功之后，便资助曹文埴白银千两进京考试，后又不惜巨资为他多方斡旋。曹文埴由此得以平步青云，官至户部尚书。儿子曹振镛又因家学渊源和仕途背景而官至军机大臣。

曹文埴对胡贯三感恩戴德，任官期间多次回访，临终之际，嘱咐儿子善待胡家。当朝一品大臣曹振镛，竟将女儿嫁给胡家为媳。

胡贯三与曹文埴的交往、与曹振镛的结亲，对于西递胡氏的发展产生重大影响。胡家子弟先后入朝为官。胡尚熷官至礼部尚书，胡尚经官任杭州知府，胡积成任户部员外郎，胡文铎为候选中书……

当然，徽州人才辈出并非始于明清。宋元时期，西递胡氏已有多名精英著称于世。西递"七哲祠"之所谓"七哲"，即指胡氏七位知名先哲，其中五位大儒见于当今《中国人名大辞典》。七哲之中的胡伸，宋时与汪藻齐名，人称"胡伸汪藻，江南二宝"。

到了明清以后，西递胡氏进入仕途、享有功名者更多，其中实授官职者115人，禀生、贡生、监生多至298人。清光绪年间，参与"公车上书"的举人，安徽总共8名，西递就有3名。

时至今日，西递妇孺皆知者，当数光大门第的胡文光。胡文光初任万载知县，深得民心；继任胶州刺史，兼理海运，后任荆王长史，人称"荆藩首相"，明万历六年（1578）建成村口一座牌楼，今被列为省级文物保护单位。

以水口、牌楼、祠堂和民宅为景观形态的村落建设，实际也都反映了徽商经济的繁荣。

我们穿行西递的古街、古巷，浏览古风馥郁的民宅、祠堂，也就如同穿越了时空，看到明清时期的西递。这里正在全面展示着民生诉求和世俗风情，正在精彩上演着仕宦人生和财富传奇。

走进村落中心的胡氏宗祠敬爱堂，走进矗立各处的明经公祠、霭如公祠、七哲祠、仁让堂、追慕堂，你就如同走进西递胡氏的历史博物馆，读到一部宗族发展的历史篇章。尤其是那座粗犷古朴、雄伟壮观的敬爱堂，总在直观地演绎着古代徽州的宗族文化，激情地昭示着徽商经济的昔日辉煌。

敬爱堂

步入"走马楼"凌云阁、"接官厅"迪吉堂、大夫第及其彩楼，步入惇仁堂、履福堂、笃敬堂、膺福堂、仰高堂、西园、东园，步入瑞玉庭、桃李园、笔啸轩、青云轩以及临溪别墅兰舫斋，你就置身于前人遗留的文化宝库，可以尽情地欣赏徽派建筑的艺术奇葩，潜心地体悟徽州先民的歌哭悲欢。

所有这些历尽沧桑而弥足珍贵的文化遗产，往往都关联着一些名宦和富商的姓名，而几乎所有名宦的成功又都有着徽商的背景。我们相信，没有徽商经济的鼎盛，也就没有徽州古村落的繁荣。

（二）宏村：谁引碧泉到百家

徽州文化多遗产，古典民居显异光。一脉承传唐模后，宏村崛起美名扬。

北宋真宗时期，唐模汪仁雅迁居奇墅，成为黟北汪氏始祖。南宋绍兴年间，黟北汪彦济徙于宏村，家族日渐兴旺。经过相继800年的创造和建设，宏村以其传统文化的深厚底蕴和天人合一的独特魅力，成为悄然升起的一颗明星，吸引了中外世人热切关注的目光。

2000年，作为徽州古村落的杰出代表，宏村与西递一道被列入世界文化遗产名录。

2001年，宏村被国务院确定为第五批国家级重点文物保护单位。

2003年，宏村与西递同时又被评为中国十大古镇。

从此，宏村声誉如日中天，成为海内外人们心驰神往的旅游胜地。

进入宏村，人们就像穿越了时间的隧道，徜徉于古街古巷，出入于古宅古祠，无处不是古色古香，无时不觉古风馥郁。

全村保存完好的明清建筑137幢，像乐叙堂、望月堂、敬修堂、根心堂、树志堂、培德堂、敦本堂、务本堂、承志堂、承德堂、三立堂、乐贤堂、树人堂、居善堂、松鹤堂、德义堂、振绮堂、敦厚堂、慎余庭、桃园居、碧园以及南湖书院……这样大量的古民宅、古祠堂，积淀着深厚的宗族文化、徽商文化、科举文化，以及弥足珍贵的建筑工艺和人居文化。

翻开村落平面图来看，人们都以为全村以月沼为中心，其实真正的中心是汪氏总祠乐叙堂，全村民宅和祠堂围绕着汪氏总祠四方展开。总祠门口护栏之下便是月沼，大门一开即见碧水满池如月环拥，其情其景耐人寻味！总祠两侧便是望月堂和敬修堂，一左一右相互扶持。环绕月沼而立的支祠和民宅，有培德堂、敦本堂、务本堂、根心堂、树志堂，恰如众星捧月，簇拥着汪氏总祠。由此中心四向展开的大片建筑群，又有方格网状的街巷纵横交错、相互沟通，结果便使全村家家户户、边边拐拐，都与总祠及其月沼连成一体。村落与宗族的表里统一，在此表现得毫发无遗。

在宏村，人们可以看到徽州的经典民居、徽商的豪宅大院，像清末大盐商汪定贵的宅院承志堂，堪称一流的徽商豪宅，一砖一瓦无不炫耀着昔日徽商的鼎盛和辉煌。承志堂背倚雷岗山，前接上水圳，外观便显出起伏跌宕之气势。整个堂宅，占地面积2100平方米，建筑面积3000平方米，七个楼层，九个天井，厅堂、书房、经堂、厨房、庭院、花园、池塘、水井、地仓，一应俱全。堂宅的建筑格局，讲究正与偏、内与外的空间层次，体现着宗法伦理的传统观念。堂宅的建筑装饰，精雕细刻，不惜工本，富丽堂皇，美轮美奂，反映出徽商巨贾的人生追求。

在宏村，人们还可以看到独特的水园民居，浓郁的诗情画意魅力四射。树人堂、居善堂、松鹤堂、德义堂以及碧园，都是著名的水园庭院。门口碧泉长流，院内池水盈盈，居家可倚栏观鱼，开门即随手戏水，徽州乡村的闲居情调可谓臻于极致。

比如德义堂，宅内东西两边都有花园，园中花开四季、果木扶疏，而一入宅院大门，水榭栏杆围着一口方池，池与外圳暗通，池水清幽，池鱼灵动，画机撩人。

再如碧园，典型的水榭宅院，门前一泓泉水流过。引泉入庭院，院内掘鱼池，池沿置栏杆。池畔长石如台，列置花草盆栽，外侧更有乔木数株、花坛数座、透窗数幅，错落相映成趣。

水园民居的生机源于水圳活水，源于祖先创建的人工水系。

闻名中外的宏村水系历经多少代人的期盼和努力终于建成于明朝。

元朝中叶，汪玄卿等人已有开掘月沼的设想，并将设想写进汪氏宗谱。

明朝前期，汪思齐等人为此作了具体勘察，并且制定出整体施工规划。

永乐元年（1403），汪升平捐资万金凿通主干水圳700多米，分支水圳500多米，完成上段引水网络，奠定全村水系的坚实基础。

永乐三年（1405）至永乐六年（1408），月沼开掘历时四个年头。竣工之后，水窟泉涌的地下水与水圳引进的地面水，阴阳和合,并蓄一池,泱泱汤汤,蔚为大观。

明朝后期,汪氏族人再次想到历代传说的主张,认为"新溪绕南之北畔,有良田百亩",如果能在月沼所蓄"内阳水"的基础之上,再凿一大池塘,用来蓄存"外阳水",则对村落发展、子孙发达更为有利。

宏村月沼

明万历三十五年(1607),由汪奎元主倡,大小族长16人集资的南湖开凿工程启动,历时三年完工,掘通洞、泉、窟、滩90处,湖水面积足有18000平方米。南湖建成,有下段水圳引月沼之水汇入湖中,再由暗渠明圳流灌田亩,然后排入双溪河。整个村落水系至此圆满完成。

南湖周边砌石立岸,湖面呈一弯弓形状。弓背湖畔有堤有岸,分为高低两层,红杨垂柳,绿树浓荫,构成一道秀美的风景。弓弦湖畔平铺石板整齐划一,北侧便是粉墙黛瓦、屋舍比肩,倒映水中,形影清晰,绰约多姿,泛起多少诗情画意。湖中笔直的石堤直贯南北,犹如张弓待放之箭。堤中画桥有石拱连通两面湖水,整个水面一平如镜,远山近树,相映成趣,令人流连忘返。

宏村水系——徽州乡村一绝,桃花源中奇葩。有诗赞曰:

"青山绿水本无价,谁引碧泉到百家?洗出粉墙片片清,映红南湖六月花。"

(三)呈坎:呈坎双贤里,江南第一村

古村呈坎,历史文化积淀深厚,人文景观遗存众多。1995年安徽省政府确定呈坎为历史文化保护区。同年,呈坎罗东舒祠被列为全国重点文物保护单位。2001年呈坎古建筑群又成为全国重点文物保护单位。一村两"国保",九州称无双。

列为"国保"单位的呈坎古建筑群,包括5处公共建筑和15幢古建民宅,其实,呈坎保存完好的宋、元、明、清徽派建筑不少于140处,尚未列入全国重点文物保护范围的古建筑还有很多,数量可观,类型多样,特色鲜明,分布集中,价值极高,呈坎因此而享有"中国古建筑之乡""中国古建筑艺术博物馆"之美誉。

呈坎村景

人们走进这座古建筑博物馆,都会感到精彩纷呈、目不暇接。像环秀桥头的木构亭,灵山岭的石构继善亭,罗长铭宅的天井鱼池,罗季颖宅的雕甍镂栋,汪润秀宅的陶瓷水枧,罗会坦宅的三层楼圆洞墙,土库楼的楼厅垂篮吊柱和彩绘,罗会炯宅的石牌楼门罩和须弥座,罗会炳宅的木牌楼门罩和高大的石柱客厅以

及独木旋转楼梯……还有分布村落各处的钟英楼、一人巷、铁皮门、美人靠、遮羞板、月梁、棱柱、彩绘、石雕、木雕、砖雕……亮点多多，看点无数！

在呈坎古建群中，宋朝的长春社、元朝的罗会泰宅、明朝的罗东舒祠，被推崇为三大杰作。

长春社建于中兴年间。整个建筑前后三进，原有100根柱，现在可见94根。"长春大社"匾额，原为苏东坡手书。这种祭祀土地神的宋朝建筑，现在徽州已属仅存实例，具有极其珍贵的文物价值。

罗会泰宅，俗称"老虎洞"，古朴恢弘，宛如古堡，门楼砖雕则又精美异常。整个建筑底层高6米，两层梁架，斗拱硕大。楼层铺有防火地砖。水圳从厨房经过，用水消防极其便利。

罗东舒祠，系前罗家族一座支祠，占地5亩，气势恢弘，江南无双。整个祠堂集徽派建筑艺术、三雕艺术和彩绘艺术之大成，令人叹为观止。

所有这些包含着农耕文化的传承、徽商文化的辉煌，更以古村落人居文化的集合形态，昭示着影响至深至广的宗族文化和山水文化。

三国时期，这里已有人居。"先有吕金孙，后有二罗程。"现在遗存的吕家井、金家井、孙家巷、皇冠前，都是先民生活的遗迹。

唐朝末年，天下大乱，南昌柏林罗氏堂兄弟罗天真、罗天秩来寻避居之地，看见此处"有田可耕，有水可渔，脉祖黄山，五星朝拱"，认为"可开百世不迁之族"，于是"择地筑室而居焉"，成为呈坎罗氏始祖。

呈坎是个典型的畈山结合型村落，但是村落的结构布局与众不同。据说明弘治年间人们依据"阴阳和谐、天人合一"的八卦理念，曾经实施大规模整合改造，前面有河，中间有圳，后面有沟，加上星罗棋布的99口水井，成功建构了全村生活用水和消防用水体系。与此同时，人们巧借地形地貌，仿照太极图式，房屋建筑放射延伸，形成两圳三街九十九巷。所有街巷或通非通，或连非连，纵横交错，曲折有致，玄妙无穷。初到此处的人都有同一种感受："呈坎街巷似迷宫，不懂八卦走不通。"

其实，八卦格局的呈现，环境选择和风水调适，都还只是客观基础，归根结底，宗族意识是决定因素。在徽州古村落中，宗族的地位不可动摇。看看呈坎，前罗家庙、后罗家庙、罗东舒祠、长春社屋，占据了村落的核心部位；而且，祠庙坐落在北，社屋坐落在南，这种"北宗南社"的模式，更深刻地反映出罗氏宗族的崇祖意识。

呈坎罗氏经过世代发展，逐渐成为徽州名门望族。

宝纶阁

早在宋朝，呈坎便"以进士发科，嗣世宦业赫赫，为歙文献称首"。吏部尚书罗汝楫，其子理学名家罗颂、史学名家罗愿，一家三英，名闻天下。朱熹称赞罗氏兄弟是"经纬之才""双峙名贤"，曾题赠一联："呈坎双贤里，江南第一村。"自宋以来900余年间，呈坎涌现的高官、巨贾、名道、高僧、诗人、书画家、史学家、教育家、医学家、实业家……各类精英300多人。

还有一个统计，呈坎历代匾额多至上千，故以"古匾之乡"闻名遐迩。仅从现存30多块匾额中列举若干，我们即能感受到呈坎罗氏在历史上的影响之大。

例如700余年前，元朝光禄大夫、上柱国平章中书李孟于至大四年（1311）题赠国子监祭酒罗绮的"大司成"匾额。例如640余年前，明朝翰林院学士、太子赞善大夫宋濂于洪武二年（1369）为罗颂、罗愿兄弟题写的"文献"匾额。有专家说，北京故宫博物院所藏历史最长的匾额只有500多年,呈坎这两块年代久远的匾额非常宝贵。

例如明万历年间大书法家董其昌为罗东舒祠所题匾额"彝伦攸叙",长55米,宽23米,可谓硕大无朋的民间古匾之王。

例如清朝两广总督林则徐题赠的匾额,一曰"累世簪缨",一曰"观察河东",折射出呈坎罗氏的政治地位和社会影响。

当然所有的历史终究成为历史,庆幸的是,历史给我们留下了一座蕴藏丰厚的文化宝库。

人们来到这里,伫立于环秀桥上,漫步于潨川河畔,穿越于石板街巷,流连于古建筑群,徜徉于罗东舒祠,沉思于长春社屋——可以饱览扑朔迷离的山水环境和田园风光,可以兴味盎然地对两圳三街九十九巷作巡察探幽,可以尽情欣赏徽州古建筑的艺术奇葩,可以深刻体认徽州宗族发展的文化命脉和思想精髓,可以触摸一把中国农耕社会延续数千年的土地情结……

(四)许村:昉溪一脉长,堂堂居北乡

"徽州六邑而称富庶,歙之最。歙之名乡虑数十,昉溪为最。"

许村水口,亭傍牌楼

昉溪即许村。梁武帝时，新安太守任昉居此垂钓，人称"昉溪"以为纪念。南宋时期，村中许氏日盛，定名许村。

当地方言，"许""水"同音。或许与此相关，许村在"水"主题上大做文章，也大获功效。他们的大手笔有三：一是水口设置，二是水利建设，三是水土保护。

徽州村村有水口，许村水口有三层。

第一层水口为"内庭之门户"，位于昉溪与升溪"二水合金"处，建有高阳桥、大观亭，五马坊、双寿承恩坊，植有杨柳林。第二层水口位于"灵峦环璋"的古山之下，建有永济亭、水口庵、文昌阁，筑有拦河竭堤，种植大片枫香树。第三层水口作为"外庭之门户"，位于"狮象互峙"的"东西石壁"处，这里不仅有座降妖镇魔、护佑全村的明王庙，还有石壁山上规模不小的寺庙群。三层水口，"关锁"重重，营造了一个安宁宜居的生态环境。

许村的第二篇水文章是水利建设。升溪、昉溪以及富资水上筑有一层层拦水堤坝，用来减缓溪水流速，调整溪流水位，以便水源利用，保障农田灌溉。你看，升溪上有一座打头竭，昉溪上又有迎祥竭、琵琶竭和小竭，富资水上更多，溪口竭、庙前竭、青山竭、水塔竭、小玕竭等五座竭坝依次排列。这些竭坝至今依然发挥着不容小觑的功用。

许村的第三篇水文章是水土保护。南宋乾道年间，洪水泛滥，许村毁田无数。元朝初年的垦荒也曾导致严重后果。从此许村后人特别注重植树育林、治山理水。他们致力三件事：一是种树栽竹，从上昉岭到中昉岭，形成绿化带，用以防御山洪。二是开掘山塘，用以蓄洪，兼以防旱。上昉岭至下昉岭，有24口山塘遗存，至今为人所利用。三是圈定龙葬山，禁止毁林筑坟，防止水土流失。"里绿""杉树坞"一类土名，还能看到前人治理的成效。

其实许村不只许氏一族。许氏从唐末迁入以后，逐步完成由"中原移民"到"徽州望族"的转变，最终成为村中第一大姓。

许村许氏的发展经历了两个阶段。

南宋到明初的300多年，是徽州社会稳定发展的历史时期，也是许村许氏稳步发展的重要时期。这一时期，许氏"耕读并重，以农养家，以学兴族"。在"广垦荒野，植粟饱腹""造地千亩，得粮万斗"的基础上，许氏创立著名家塾双桂堂，延聘名师教授子弟，修建两座藏书楼枕漱亭和友山楼，文风昌盛，闻名遐迩。

明成化至清道光近400年间，是徽商经济发展的鼎盛时期，也是许村许氏发展的鼎盛时期。这一时期，许氏"儒贾结合，以商兴文，以仕强族"，诞生了大批富商，经营范围遍及大江南北。明嘉靖年间，许村已是"四山环合如城，宅第栉比鳞次""里生日繁，赀业充盛""胜地非常，他乡难再"。

时至当代，许村的古建遗存极其丰富，文物价值难以估量！

许村所建祠堂40余处。现存的有：明嘉靖十五年（1536）金川门惇睦堂，嘉靖十八年（1539）邦伯第敦本堂，万历四十三年（1615）邦宪第惇伦堂；明末始建、民国重修四义祠昭德堂；清嘉庆十七年（1812）祥里门敬爱堂；明末始建、清光绪四年（1878）重修道润公祠敦义堂；南宋末年初建、明嘉靖年间重建大宅门云溪堂。

许村现存牌坊有：许伯升五马坊，原建木坊，明正德三年（1508）重建石坊。许世积双寿承恩坊，明隆庆三年（1569）修建。汪德章、汪伯爵三朝典翰坊，明崇祯十四年（1641）修建。许琯薇省坊，明嘉靖年间修建。许可玑之妻程氏彤史垂芳坊，清嘉庆十九年（1814）修建。许俊业的继妻和小妾双节孝坊，清嘉庆二十五年（1820）修建。郡伯门祠堂前大郡伯第坊，始建于明末，于清光绪年间重建。

许村现存古桥有：茅舍永安桥，单孔石桥；正岭正岭桥，清同治六年（1867）所修单孔石墩木桥；昉溪前溪木桥；杨家田八十桥，清康熙六年（1667）所修单孔石桥；升溪继述桥，民国三年（1914）所修三孔石墩木桥；升溪高阳桥，元朝始建双孔石墩木桥，明弘治年间改为石拱桥，明嘉靖三十二年（1553）修建亭榭，清康熙五十八年（1719）修建桥廊；富资河上世德桥，为明建三孔石拱桥；富资河青山桥，清康熙六十年（1721）所建三孔石拱桥。

1996年，许村被评为安徽省历史文化保护区。2006年，许村十五幢建筑被定为国家级文物保护单位。2008年，许村镇被评为全国历史文化名镇。2014年,国家文物局将许村列入"中国传统村落整体保护利用项目"第一批名单。

芝麻开门,宝藏面世。徽州文化的又一座历史金矿,必将吸引海内外惊异而艳羡的目光!

第四编

徽州建筑

概述
粉墙黛瓦,如诗如画

清康熙五十七年(1718),侨寓扬州回歙县岑山渡省亲的盐商程庭在《春帆纪程》中描绘了故乡的景象:"乡村如星罗棋布,凡五里、十里,遥望粉墙矗矗,鸳瓦鳞鳞,棹楔峥嵘,鸱吻耸拔,宛如城郭,殊足观也。"

至今,在新安江上游这片峰峦奇秀、水流清碧、林木葱翠之地,特别引人注目的依然是清新优美的粉墙黛瓦、风格独具的民居建筑。这些民居的造型、色彩、布局,都有着统一的格调和风貌,形成自己独特的建筑体系,被称为徽州建筑,又称徽派建筑。它不仅具有实用

徽州建筑

价值，而且具有很高的科技、艺术研究价值和旅游观赏价值，是博大精深的徽州文化的重要载体，蕴藏有丰富的历史信息和文化内涵，成为留存至今的珍贵的文化遗产。在徽州建筑的形成过程中，人们充分利用徽州优美的山水环境，秉承中国传统哲学"天人合一"的理念，追求"人地和谐"的理想境界，使建筑物体与自然山水融而为一，体现出"人居环境"的最佳效果。

徽州建筑是中国封建社会后期汉文化圈建筑派系中的一个重要流派，一直保持着融古雅、简洁、富丽于一体的独特艺术风格。它以其所保留的传统工艺、独特的风格和卓越的成就，为中国建筑历史写下了浓墨重彩的一页。

徽州建筑遗存丰富，被誉为露天开放的古代建筑博物馆。历年来，大量的古建筑被公布为各级重点文物保护单位，2000年由徽州建筑群组成的西递、宏村古村落被列入世界文化遗产保护名录，徽州古建筑技艺也被列入世界和国家非物质文化遗产名录，徽州建筑已成为人类共享的宝贵财富。

关麓八大家

经历千年风雨，遭遇几度兵燹，徽州建筑曾经蒙受巨大的损失。如今作为地面遗存的珍贵文物亟须精心保护。黄山市"百村千幢"古民居保护利用工程，自2009年启动实施到2012年底，累计投入资金44亿元，完成了101个古村落的规划编制，实施了83个古村落和1065幢古民居的保护利用工作，社会认租、认领、认购古民居293幢，打造了事业、产业方面的新型业态19类600处，建成了湖边古村落、秀里影视村、黎阳故邸等13处集中保护地。

2014年，黄山市在巩固"百村千幢"古民居保护利用工程五年成果的基础上，开始实施徽州古建筑保护工程，重点采取八项措施，即：摸清底数，造册建档；明确责任，分级保护；分门别类，合理利用；建章立制，规范管理；对接市场，良性互动；丰富业态，放大效益；科技支撑，人才培训；加大宣传，营造氛围，从而把古城、古镇、古村、古街、古民居、古祠堂、古牌坊、古书院、古戏台、古码头、古塔、古桥、古亭、古道、古井、古碑——统称"十六古"——全面纳入保护范畴，加快推进徽州古建筑保护利用工作提质增效、转型升级，让珍贵的徽州古建筑再放光彩、焕发生机。

一、历尽沧桑，神韵长存

徽州古代建筑自新石器时代以来，经历过漫长的发展演变过程，如今我们所见的主要是明清时期的建筑遗存。这些遗存至今的徽州建筑代表着徽州古代建筑的最高造诣，是一份无法估价的文化遗产。

徽州建筑究竟有些什么特色，这些特色又是如何形成的呢？必须从徽州的历史地理和社会发展的角度来进行探析。

（一）占得好山水，自成清华居

徽州原是古越人的聚居地，因为处于崇山峻岭之中，所以历史上称之为"山越"。山越人的居住形式，从适用山区生活实用功能出发，采取的是类似于现今云南、贵州"吊脚楼"式的"干栏式"建筑，既可防止野兽侵袭，又可防止潮湿山野形成的瘴疠之气。这种建筑类型在徽州山区至今仍以"看山棚"甚至"茅厕"的形式遗存。两汉、唐末和两宋之际，中原士族三次大规模迁入徽州，不仅改变了徽州的人口数量和结构，也带来了先进的中原文化。中原文明与古越文化的交流融合，通过建筑形式直接体现出来。原居民的干栏式房屋，多以竹为骨架，茅草盖顶，时间一长，便干燥开裂，只得拆除重建，颇为费事。唐初，歙州隶属江南西道。据《新唐书·韦丹传》记载，时任江南西道观察使的韦丹，见"民不知为瓦屋"，便采取鼓励政策和优惠政策，亲自劝导、督促，在民间推广砖瓦结构的住宅建筑。而早期的徽派建筑仍保留有干栏式的特征，楼下矮小，楼厅宽敞，楼上厅室是日常生活起居的主要场所。后来，因为砖墙的安全性和排水系统的通畅，以及室内木板装修的防潮作用明显，徽州居民的建筑才逐步演变为楼下高大宽敞、楼上相对简易的形式。这种演变一直到明末清初才基本稳定下来。

徽州建筑的发展变化，与徽州的自然、经济和精神条件密不可分。

徽州多山，林木资源丰富，为木构架形式的房屋建筑提供了优良的建筑材料。南宋罗愿《新安志》中就有记载："山出美材，岁联为桴，下浙江，往者多取富。"同时，山多石材也多，许多来徽州定居的人首先要看地形、环境、水流，此外还要看建筑材料。历史上歙县、休宁之间的篁墩古村，在历次中原移民活动中，都曾起到中转站的作用。其附近的花山、烟村一带的石窟群，重要的功能便是采石。黟县西递明经胡氏始迁祖胡士良在相中了西递"山多拱秀、水势西流、土地肥沃、泉水甘甜"之外，还特别发现该地"产青石而如金"。正是西递地方特产黟县青大理石，打造了一个风格独特的西递古村落。青石板路、青色门框、青色台阶、青色花台、青色天井、青色八字墙体、青色屋柱、青色石雕漏窗，使西递成了青石建筑的艺术博物馆。而歙县东北部的杞梓里，所用建筑石材则全取自于当地的特产"昌源石"，色泽淡雅大方。

徽州山多地狭，在人口不多的时代，尚可躬耕自给，尽享桃源之乐。随着人口日渐繁衍，产出与需求的矛盾逐渐暴露出来，直接刺激了徽州商业的发展。南宋建都临安以后，徽州因其地利，新安江流域的水运日益活跃起来，徽商也逐步形成强势。徽商财雄势大，他们在把大量利润用于生活享受之外，便在家乡大兴土木，营建住宅、祠堂、牌坊、书院等，促进了当地经济的繁荣，也影响了建筑的风格。徽商所引发的村镇大规模建设，使徽派建筑更趋于文化性、装饰性，在黛瓦粉墙的外观里面，包含了丰富的文化内涵，使徽派建筑工艺发展到一个新的水平。

从精神条件来说，徽州自古被誉为"东南邹鲁""程朱阙里"。徽州人特别推崇朱子，以朱子家礼来管理家族和社会。作为宗族社会，徽州人聚族而居，宗祠林立。祠堂与住宅建筑明显不同，总祠、支祠和家祠的建筑风格也不一样，各类祠堂建筑丰富了徽派建筑的内容，体现了徽派建筑卓越的工艺水平。而徽州盛行风水理论，风水理论指导下的精神意识对徽派建筑艺术和风格的形成也有着很大的影响。同时，明清时期徽州文风昌盛、教育发达，更加丰富了建筑的内容，提高了建筑的艺术水平。在大量保存完好的古民居建筑中，无论是建筑雕刻装饰还是室内陈设，都体现了较高的文化素质和文化需求。一座座耸立在大路旁和村口的石牌坊，不但是古徽州精神文明的物化表现，还将徽派建筑的结构造型、石雕工艺通过不同类型的牌坊建筑表现得淋漓尽致。徽派建筑正是以浓郁的文化气息别开生面，形成了独特的建筑艺术风格。

（二）明堂开天井，巍巍马头墙

徽州建筑的风格特色，可以从外观、布局、梁架、采光、山墙、装饰和陈设几方面来看。

淡雅的外观。徽派建筑无论是祠堂还是民居，一般都是青瓦、白墙，给人以一种淡雅明快的美感，无论是在田园，在山林，还是在城郊，在河滨，那一簇簇青灰色衬托下的洁白建筑群，把大地装扮得更为秀美。这种青白相间的色调确实是重复的、众多的，然而，重复得不觉其厌，众多得不觉其繁，反而渲染了徽派建筑的基本风貌，给人以深刻的整体美感、鲜明的整体印象。

灵活的布局。徽派建筑多依山临水，自然布局，借助山水自然形势，不强调一定的几何形式，更没有固定的模式。依山者因山而建，临水者沿水而筑，建筑群与周围环境巧妙结合，形成了优美的乡村风貌。徽派建筑的个体平面比较简单，一般都以天井为中心组成方形或矩形。但这种平面在整体组合上，却有着极大的灵活性，可以因环境不同，组成各种不同群体平面空间。在立体空间方面也有较大的灵活性，主房与辅助房在层数上常有变化，房屋的进深也多有不同，形成了不同高度的山墙面，加之房屋随地形自然起伏，从而形成了丰富多彩、错落有致的群体空间形象。

奇巧的梁架。徽州多木材，以木构架为主体的徽州民居在用材方面得到充分展示。无论是"抬梁式"还是"穿斗式"的梁架结构，都具有明显的地方特征。用料硕大，特别是横梁，因其粗壮，俗称"冬瓜梁"；又因其形如新月平卧，雅称"月梁"。横梁

梁构

的选型中部略微起拱，两端雕出花纹，明朝为扁圆形，清朝为圆形，中段常常雕刻成多种图案，通体显得异常恢宏壮美。立柱用料也颇雄大，或圆或方，向上多有收分，显得雄而不笨。明朝屋柱常做成具有优美轮廓线的棱柱形，屋柱与石础之间垫有木。清朝做法不再垫木，但是注意在屋柱与石础接触处开出利于通气的小木槽，以防止屋柱基部因不通气而受潮、霉变、腐烂。

独特的采光。外观封闭紧凑，内部通融开放，是徽州民居建筑格局中的又一显著特色。这种内部的通融开放是通过设置室内天井和庭院来实现的。走进徽州古村落，即可品味不同方式开启的天井空间。一般来说，三开间结构都有一天井组合，由三开间基本结构组成，相对三间共一天井，相背三间也即"脊翻两堂"则前后各设天井。大户人家往往三开间纵向相连或横向相通组成深宅大院结构。

天井

徽州民居主要的房间位于南向，而东西向只是很次要的开间较小的辅助房间，一般为廊屋、楼梯间和储藏间等。正因为主次分明，所以民居的天井多为窄条形。与之形成鲜明对比的是祠堂建筑大厅前的天井或庭院多为正方形，而且空间很大，使族人聚会时仍然保持空气的流通。民居天井庭院除了采光、通风、承接和排除屋面流下的雨水外，还是建筑空间的补充，是与建筑相渗透、融汇的部分。徽州民居由于天井窄小，且为高墙深院，所采光线多为二次折射光，这种二次折射光很少天然眩光，光线柔和，给人以静谧舒适之感。人们生活在古民居的厅堂内，白天可以享受阳光的关爱，夜里可仰视空中闪烁的星星，足不出户却与自然融为一体。天井庭院因为具有集聚屋面雨水的功能，徽州人称之为"四水归堂"，亦有肥水不外流之寓意。

天井不但寄托徽州人聚财的愿望,还起到"聚人"的作用。天井庭院是家庭内向的共享空间,天井内是家人共同活动的地方。同时,天井还是联络楼梯、过道及前后其他天井房间的交通枢纽,与厅堂共同组成了徽州民居的核心部位。

别致的山墙。徽州建筑最引人注目的是马头山墙的造型。这种建筑形式是将房屋两侧的山墙升高,超过屋面及屋脊,并以水平线条状的山墙檐收顶。为了避免山墙距屋面的高差过大,采取了向屋檐方向一层层渐次跌落的形式,既节约了建筑材料,又使山墙面高低错落,富于变化。这种马头山墙,民间俗称为"风火墙"("封火墙"),始于明朝。明弘治十六年(1503),何歆任徽州知府,当时徽州府城火患频繁,因房屋建筑多为木制,损失十分惨重。何歆经过调查研究,提出封火隔离的方法,以政令形式强制推行,即每五户人家组成一伍,共同出资,用砖砌成"火墙",阻止火势蔓延。这种"火墙"因能有效封闭火势,阻止火灾蔓延,便被称为"封火墙",得到广泛推广。后来的徽州建筑工匠们又对封火墙进行美化装饰,使其造型如高昂的马头,"马头墙"便成为徽派建筑的重要特征之一。为褒扬何歆的德政,明正德元年(1506)徽州府官员和民众集资树立了一块"徽郡太守德政碑",至今还珍藏于歙县新安碑园内,为徽派建筑特色的形成和发展提供了实物依据。

马头墙

精美的装饰。徽州建筑群体的外观朴素简洁,用著名古建专家郑孝燮的话说,是深谷里的幽兰,朴实无华,清新隽永,耐人品味。建筑部件、构件的精心装饰,更增添了建筑物的美感。与皇家建筑、官邸建筑不同的是,徽州民居建筑一般不加浓漆重彩,而是在门楼、门罩、柱础、梁架、窗户、隔扇、栏板等部位配置各种精美的雕刻,形成一种清丽高雅的建筑装饰风格。

雅致的陈设。徽州民居比较重视室内陈设,它是整个宅院建筑的有机部分,是居民文化生活的表现。室内陈设的突出部分是厅堂。一般布置在整栋建筑的中轴线上,多设上下两层,上层为陈设祖宗牌位祀祖处;下层为生活起居、迎亲会友的地方,也是注重文采重点装饰之所。正壁上高悬匾额,下挂中堂字画。堂前设有供案,案上所置之物,多为"东瓶西镜",中间摆一座钟,寓意为"终生平静"。案前摆有八仙桌及太师椅,厅堂两侧设茶几及座椅,座椅后壁挂有名人字画。厅堂的柱面则多悬挂抱柱楹联,楹联内容体现出主人的人生信念和处世哲理。

履福堂厅堂陈设

（三）上梁盖瓦时，欣然闻古风

徽州人安土重迁，特别讲究家居，在民间建房习俗上也得到体现。徽州各地建房习俗有所区别，这里以歙县习俗为例。

歙县旧俗，竖木架屋称竖屋，又称做屋。首先要看风水选址，宅基要地势宽平，局面阔大、方正，枕山襟水，或左山右水，而且辜砂理想。"辜"指前方山陵，"砂"指左右两侧山陵，左为上砂，右为下砂。辜不能距宅太近、太高，以保证住宅前方开阔。上砂要高、长、大，形成屏障。屋右有更高的建筑则为忌讳，屋的本身布局也应右边低于左边，俗话说："只可青龙（左）高万丈，不可白虎（右）高一尺。"门前忌大路直冲，忌在祠堂、寺庵前面和井基旁边建宅，忌靠河堤、竭坝之下建宅。房屋朝向旧俗忌正南，因南方属火，火克金，不利徽商求金聚财。为避一些朝向禁忌，往往采用扭转门向（即屋的朝向与门的朝向不同）的办法禳解。

勘过屋址风水朝向之后辨土测气。风水师（俗称地理先生）通过研磨、过秤、嘴尝泥土以辨土质，俯身贴耳听明地下水的流向以测地基气脉。又挖坑掘土，并碾土还坑，次日坑土隆起，则认为脉足气旺为吉地，反之则凶。挖到吉坑的东家还会把测土坑砌好盖好，保存下来，希望旺气充盈于屋，以佑家运。

选定屋基便可择定吉日吉时祭土地、打屋脚，如果因天气或其他不可抗拒因素，不能如期动工，便要想方设法"圆期"。如在择定的吉日吉时由砖工在东边墙脚落上三块"骑马砖"，如此处置后，无论延至何时动工都视为佳期。下屋脚的第一块石头称为镇宅石，要大小适中、石质坚硬，安放在堂屋正中。下镇宅石时，地理先生或把作师傅要祝赞语。

木屋架注重大梁粗柱。东家要请木匠师傅进山选树，选定之后焚香烧纸祭过"老郎"才能下锯砍伐。屋梁大多选用百年老松树，房柱用得较多的是杉木，大户人家则用楠木、银杏、柏树、梓树、梧桐、香椿树等珍贵名木，讨"百子同春"彩头。梁忌用檵树，柱忌用枫树，俗有"头不顶罪（檵），脚不踏疯（枫）"之谚。

月梁

　　竖起梁架，意味新屋落成，因此竖柱上梁仪式极为隆重。这一天，亲朋好友携带爆竹、红烛、楹联、礼金到屋场道贺。岳父家要加送一对"金花"，有的地方岳父家要送陈谷烂麦。歙南还流行担箩礼（面和肉），东家用上梁包回礼。木匠提前做好上梁槌一对，以备上梁时上榫头敲击，又做八棱百子锤若干并染成红色，棱面上写"寿比南山""福如东海""五子登科""状元及第""长命富贵""长命百岁"等吉词，备上梁时撒送儿童。歙县东乡上梁时燃烛点香，爆竹齐鸣，慢慢吊梁上架，木匠师傅站在梁上，边撒彩纸，边祝踏梁赞，然后洒酒于梁，取红毛鸡公，用铁凿杀死洒血于梁，谓溅血梁，又手拿五谷袋撒五谷，其间都念赞词。歙县"水南"一带，还给主梁披红挂绿，两端插金花，摆设供品，点燃蜡烛，由木匠师傅穿上东家提供的新布鞋，站立正梁中间敬酒、撒五谷、念赞词。众人拉着吊梁的粗绳，将正梁徐徐上架，师傅说一句赞词，众人喝一声"好"，一直将正梁上榫位。梁上贴横幅"紫微高照"，两旁屋柱贴对联："竖柱正逢黄道日，上梁恰遇紫微星。"上梁当天要盖好瓦。东家晚上大摆宴席，款待前来道贺的亲戚朋友，木、砖、石、竹、铁各行工匠及地理先生，谓之屋檐水落地收工福。

　　等到新屋封墙毕，称圆工。要择良辰将五彩三角旗从屋场一直插到来龙山顶，将大肥猪也抬到来龙山顶，请僧道念经后，杀猪师傅等人拖住猪耳朵，沿着山脊，一直拖到新屋，鞭炮齐鸣，杀猪师傅一刀将猪宰杀（不得捅第二刀），东家急忙用大碗盛血，洒至门柱，和尚念经祭门神，此谓呼龙安宅，仪式完毕请圆工酒。

建房做屋请酒也有讲究。首先要设开工宴，又称开工福，收工有收工福，又称圆工福。宴席安座，各有规矩。

安居乐业，关乎民生。在古徽州，建房做屋的确是人生大事。

二、粉墙矗矗，鸳瓦鳞鳞

徽州建筑是徽州文化空前鼎盛的集中体现。徽州建筑既是实用的，又是艺术的。无论是实用还是艺术，徽州建筑都有自己的独到之处。

（一）开合得体，自是宜室宜家

徽州民居建筑结构精巧，主要特点有：一、以木构架为主，内部分隔也是木板、木屏门、木隔扇。墙不承重，柱基础较为简单，能在不同的山地、丘陵、河边简单处理。二、为了适应防火的需要，围护结构均为厚砖墙出山成为马头墙式，白灰粉刷，入口正门略有装饰，屋面为青黑蝴蝶瓦。三、采光均以内天井为主，很少向外开窗，或者仅在楼上对外开小窗。四、内装饰的木格扇有各种花纹，窗盘木雕、梁雕、梁撑雕及砖雕等。居室一般为木板平顶，有些大厅用望砖而不用平顶。

徽州民居的基本定式为大厅、穿堂、四合、三间，这四种基本定式在具体实施中通过用廊、附房等连接组合成灵活多变的住宅或住宅群体。

一是大厅式。这种大厅，在徽州民居中主要用于礼节性活动，如迎接贵宾、办理婚丧大礼等，平常也作为起座活动，它往往成为整套住宅的主体部分。大厅多为明厅，三间敞开，两根圆柱显示了大厅的气派，也可用活动隔扇封闭，便于冬季使用。一般大厅设两廊，面对天井。但大厅的变化中又分为正中入口设屏门，日常从屏门两侧出入，遇有礼节性活动，则从屏门中出入。

大厅的变化式有时有边门入口，则天井下方设客房，以招待来客居住，或者由正门入口，设二厢房。

二是穿堂式。穿堂又名回厅，位置均在大厅背后，与大厅紧连，为由大厅进入内室的过渡建筑。大部分为木地板，小三间与大厅背向，入口则由大厅正面隔屏的两侧门进入。一个明堂两个小房间，可供客人居住，也可供家中人居住。这种穿堂较正式三间为小，有天井采光。

三是四合式。这种定式大多是人多的家庭居住，也可说是两组三间式相向而组合，可分为大四合与小四合两种。大四合式：上厅与下厅相向，中间是大天井，上厅是三间式，但地坪较高，为正厅堂，下厅亦为三间式，但进深可略浅，地坪较上厅低，上下两侧以厢房连接，活动隔扇，楼梯间有设在厢房的，也有设在上厅背后的。内部木板分隔，外墙均为砖墙出山马头墙，天井则根据地形可大可小，也有的在上厅背后再设厢房、小天井。这种大四合式上下厅均有楼层，层数可达三层。小四合式：上厅三间与大四合式相同，下厅则为平房，也更小，进深浅，一般中间明堂不能构成正厅，而只能作为通道，两个房间供居住，天井较小，楼梯均在上厅背后。

四是三间式。这是民居中最基本的标准式，一明两暗，带厢房或不带厢房，有楼或无楼，楼梯在明堂背后，两房分隔均用木板，窗向天井，厢房用活动木隔扇，房门有的向明堂，有的向厢房，一般可以设两个房门随便使用。这种建筑分布最广。在三间式的基础上也有五间式，但为数甚少，而且只能采取"明三暗五"的方式。

以上四种定式，在具体建筑中只是尺寸大小稍有不同，一般都是标准做法，装饰则视经济条件而定。在民居中运用这些定式，由于主要为内天井采光，所以拼合灵活，各住宅之间可以紧挨相连。

以上列举，仅是徽州民居的一般概况。当然，还有很多套三间、四合式的连接，有些大户人家竟号称有100个天井，可见其住房之多，但也基本是以这些定式为主体的拼合。

为什么这些标准定式能有如此多种灵活的拼合呢？其主要原因是它们的基本组成因素为三间式。大厅属大尺寸的三间式，穿堂属小尺寸的三间式，四合属两套三间相向组合，都是内天井采光，可以不受相邻建筑影响；有高高的马头墙，不受防火间距的限制，这样运用便很自由，能因地形而异，高低错落，丰富多彩地构成建筑群。这些民居的布局方法，具备标准化的灵活运用和独特的风格。从结构处理方面看，立柱承重、基础较简便，一般只用柱础，内部分隔也自由，是村镇住宅的一种良好形式。

（二）风貌特异，只缘独具匠心

徽州建筑除了灵活运用的标准结构定式外，还有各种特殊的建筑格式，像过街楼、五凤楼、马头墙、五岳朝天、美人靠、天井、格窗等，只要你到过徽州，这些格式就会给你留下深深的记忆。

过街楼是徽派建筑的一种特殊建筑格式，一般建在房屋正厅之外的街道上空，依托街道或巷弄两旁的屋墙，架木铺设楼板筑成，颇为雅致。纵向街道两侧，楼的下半段砖墙砌在楼板上，上半段为可装可拆的槽板。过街楼在形制上属大屋的附属建筑。每逢红白喜事，拆下过街楼上段墙板，由喇叭鼓手立楼上奏曲，主人在屋内可依据过街楼上吹奏的不同曲牌，得知客人身份，确定迎接的礼节。还有的是报时值更之所。

五凤楼原为皇宫建筑，明清时期被徽州建筑用于祠堂门楼建造。其特征是屋顶轮廓线为像鸟翼般展开的曲线，建筑学上通称为翼角。五凤楼共有五对十个翼角，犹如五对欲飞的凤凰，所以称为五凤楼。唐朝就有五凤楼的记载，这种建筑形式，由于建造难度太大，又耗费金钱，宋以后极其少见。但在徽州，为了寻求建筑的巍峨气势和凤凰丰富的吉祥内涵，人们不惜工本，倾力建造五凤楼。不过不再有楼，只存顶的形式。由于这是皇家宫殿的建造形式，徽州五凤楼一般也只在建造宗祠时作为祠堂的仪门构建，既增加祠堂的威仪，又寄寓宗族人才辈出的含义。

马头墙指高于两山墙屋面的墙垣，其构造随屋面坡度层层叠落，以斜坡长度定为若干档，墙顶挑三线排檐砖，上覆以小青瓦，并在每只垛头顶端安装搏风板（金花板）。上面再安各种式样的"座头"，有"鹊尾式""印斗式""坐吻式"等数种。

五岳朝天是封火墙的一种造型，高于屋顶超过屋脊，砌成马头翘角的阶梯形，一般正面封闭高墙都采取均衡对称的形式，左右高，中间低。随着徽州民居建筑密度的日趋增大和房屋高度的增加，为加强民居的消防功能，封火墙逐渐增高。尤其是进次多而深长的高大楼房，随着屋脊的伸延变化，马头墙被建成三叠式、五叠式、七叠式等，由于其尺度合适，高低错落有致，形状变化多样，给人以外部造型上的整体美。其中五叠式封火墙造型，形似五座山峰，人们称之为"五岳朝天"。

美人靠是徽州民宅楼上天井四周设置的靠椅，也建于回廊或亭阁围槛的临水一侧。徽州古民宅往往将楼上作为主要憩息和活动场所。古代闺中女子不能轻易下楼外出，寂寞时只能倚靠在天井四周椅子上，遥望风景或窥视楼下的迎来送往，故雅为"美人靠"。此椅靠背外突，超出天井四周的栏板，临空悬飞，又称"飞来椅"。

天井是指徽派建筑中房屋和房屋（或围墙）围合成的露天空地。徽州民居除少数"暗三间"外，绝大多数房屋都设有"天井"。除其实用功能外，天井的设计还同徽州经商习俗有关。水为财之源，经商之人忌讳财源外流，屋前脊的雨水顺水枧纳入天井之中，名为"四水归明堂"，以图财不外流的吉利。

格窗指徽州民居沿天井一周回廊为间隔空间所用木格窗，其功能有采光、通风、防尘、保温、分割室内外空间等作用。格窗的主要形式有方形（方格、方胜、斜方块、席纹等）、圆形（圆镜、月牙、古钱、扇面等）、字形（十字、亚字、田字、工字等）、什锦（花草、动物、器物、图腾等）等。图案多采用暗喻和谐音的方式表现吉祥的寓意。格窗还采用蒙纱绸绢、糊彩纸、编竹帘等方法，增加室内透光。

（三）吾爱吾庐，风雅伴烟霞

徽州教育发达、文化兴盛，反映在村落建筑上，则显得文化气息特别浓郁，园林情调特别丰富。徽州传统村落，既有宏村大盐商所建的豪华住宅"承志堂"，也有西递仕宦返乡所建的以庭院园林著称的"西园"，还有小巧玲珑的"临溪别墅"，凡此种种，从不同层面反映了徽商夸耀富有、退隐官宦的闲情雅致和读书人虽居陋室而格调高古的不同心态。

徽州古村落民居的题额，除一部分为通用的吉祥性词句如"紫气东来""钟灵毓秀"之类外，大部分均结合宅主的自我情趣，或状景，或抒情，各具特色，直抒胸臆，也有寓意深刻者。如西递胡文照在仕途得意于家乡建屋时便题"作退一步想"，为公共通道让出地界。此外，如"桃花源里人家""井花香处""吾爱吾庐""亦园""半闲""浣月""枕石小筑""笔啸轩"等，均体现了较深的文化层次，使情、景融合，起到了画龙点睛的作用。

徽州民居中的大量楹联，以其文字简洁、思想深邃，形成了强烈的文化氛围。楹联大致可分为格言、明志、状景三种类型。格言类楹联是传播礼教和家训的，多用于祠堂、民居大厅；明志类是户主用于表达自身情趣的，多用于民居的厅、堂；状景类则是引导家人或客人对环境的理解和联想。如西递"敬爱堂"内悬联云："天经地义，惟伦叙伦明，肫肫慈孝友恭，纯心安止；帝典王谟，以钦终钦始，秩秩修齐平治，大道率由。"西递"履福堂"有一联："几百年人家无非积善，第一等好事只是读书。"西递"笃敬堂"有一联："读书好营商好效好便好，创业难守成难知难不难。"黟县关麓村问渠书屋有联云："青柳留芳韵，渊鱼察妙机。"大量的楹联往往是主人的座右铭，如："清风明月本无价，近水远山皆有情""能吃苦方为志士，肯吃亏不是痴人""漫研竹露裁唐句，细嚼梅花读汉书""欲高门第须为善，要好儿孙必读书"。楹联大多由木、竹雕刻而成，长、宽尺寸与悬挂的位置相协调，形制上根据需要，厅、堂正中为长方形，两侧则因柱式可为长方形，也可为包柱半弧形。漆工很讲究，书法也很见功力，有不少还出自名家之手，如郑板桥、董其昌、李鸿章等。

三、徽匠独造，技艺高超

人们谈论徽州建筑总会提到"古建三绝""营造三绝""徽州三雕"等徽州特有的常见词语，它们不仅涉及徽州建筑的特色内涵，还集中反映了徽州建筑的独特工艺。

（一）徽派古建筑，三绝妙天下

所谓"古建三绝"，指的是徽州建筑中的三大主体：民宅、祠堂和牌坊。

祠堂有宗祠、支祠、家祠等不同类型，建筑方面也有严格区分，不能随心所欲。

宗祠为一族总祠，一般为三进，第一进称仪门，第二进称享堂，第三进为寝室。仪门又称门厅、过厅，祭祀时鼓乐之用。享堂是举行祭祖礼仪和宗族议事的场所。寝室用于供奉祖先牌位。现存比较典型的宗祠有黟县宏村镇万村韩氏宗祠爱敬堂、西递胡氏宗祠敬爱堂、屏山舒氏宗祠余庆堂，祁门县渚口倪氏宗祠贞一堂、历溪王氏宗祠合一堂，歙县呈坎罗氏宗祠、北岸吴氏宗祠、大阜潘氏宗祠、昌溪周氏宗祠，休宁县黄村黄氏宗祠进士第、古林黄氏宗祠，绩溪县龙川胡氏宗祠和婺源县黄村黄氏宗祠经义堂等。

首先，呈坎罗氏宗祠突破一般宗祠规制，较之一般宗祠前面多一个门套，门套上旧时悬有"贞靖罗东舒先生祠"木牌，用以纪念先祖元初处士罗东舒不肯仕元的骨气；其次，在仪门至享堂、享堂至寝室之间多出两个庭院，庭院两侧设有边厅，用以陈列族人业绩；第三，相传主持修建此祠的罗应鹤明万历时任监察御史和大理寺丞，甚得皇帝宠信，经常得到朱批御札，于是便在寝室之上多建一层，用于存放供奉圣旨及其他御赐珍品，故寝室匾名题为"宝纶阁"；第四，庭院左边园门上题"内侧"二字，另设一小型明堂和厅室，用于置放女性祖宗牌位。罗氏宗祠的建筑风格体现了徽州宗族社会对"忠""节"观念的重视，对族人的激励和对女性的尊重。宗祠建于明万历三十九年（1611），仪门前面有8根方石柱耸立，门楼高大，16个木莲花托住檀梁，屋脊用特制的花砖压顶。过了仪门是庭院，地面清一色花岗岩石板铺砌，中间为通道，两边是花圃。边厅是一色明式杉木方格窗棂，临天井庭院处均有通道，护以一色黟县青石板栏杆，雕有花卉禽兽。享堂前边6根方石柱巍然耸立，接着则是30根圆木大柱支撑其间，柱基均为方形花岗岩。出享堂，又是一个庭院，过庭院即为寝室，也就是通常俗称的"宝纶阁"。宝纶阁是整座祠堂的精华部分，由9楹外加置阁梯2楹共11开间组成，前檐有讹角石柱10根承斗拱、雀替、梁头、驼峰、脊瓜柱、平盘斗等木构件，用各种云纹、花卉图案组成，雕刻玲珑剔透。台基上石柱、望柱、栏板、阶级上的垂带、抱鼓石，均刻有姿态殊异的辟邪浮雕及狮子圆雕等图案，典雅工丽。寝殿间的梁架彩绘图案，以青绿、土黄为主调，间以橙、赭、玫瑰红等为对比色。梁枋两端多画角叶，中段多做包袱锦，内缀各种花卉图像和几何纹样，绚丽多彩。呈坎罗氏宗祠是徽州宗祠建筑中的代表作，现为全国重点文物保护单位。

　　支祠是族中一个支派的祠堂，在建筑规模上绝对不允许超过宗祠，一般只有享堂和寝室两进。现存代表性支祠有：黟县南屏叶氏叶奎光支的"叶奎光堂"、西递胡氏壬派胡应海支的"追慕堂"、徽州区潜口汪氏敦本堂支的"曹门厅"、歙县棠樾"鲍氏支祠"等。

　　黟县西递追慕堂始建于清乾隆五十九年（1794），系西递胡氏荣祖公后裔二十三世胡应海公祠。该祠门楼翘角，大门两侧置巨型石狮和旗杆墩各一对，木栅栏横设三元门，廊下石阶三列与门相对，八字门楼用两块巨大的黟县青石制作，风格独具，精美壮观。追慕堂坐西朝东，为两进三间结构，总建筑面积351平方米。前进大厅、祀堂石柱粗犷，撑托着圆拱形屋顶，气宇轩昂。环绕天井四周的屋檐被18个四层的斗拱高高挑起，使大厅宽敞明亮。后厅为一台式三间建筑，两侧有石阶，石阶中间为一大青石鱼池，在台阶下仰视享堂，给人一种威严而神秘的感觉，突出了祭祀的气氛。

龙川胡氏宗祠

家祠为一家之祠，通常与宅居相连，规模更小，非族中名绅或高官、富商不得建。

除了宗祠、支祠、家祠外，徽州还有一些特殊形式的祠堂。如行祠，专祀某名人，立祠处又不是名人故里，所以称行祠，屯溪前园村旧有程灵洗行祠；女祠，专门供奉女性神主，棠樾村有鲍氏女祠清懿堂；专祠，专门祭祀某一方面德行显著的神主，棠樾村有"世孝祠"。

再说牌坊，是徽州古建的一个特殊品牌，甚至是徽州古建的一种人文招牌。

徽州一府六县原建有牌坊不下千座，仅歙县就有250余座，至今仍有近120座保存完好。作为一种文化现象，在全国首屈一指。牌坊按功能分为门坊、功德坊、旌表节孝坊三类。门坊或称街坊，多立于街巷口，如歙县郑村的"贞白里"坊；功德坊或称科举及第坊，如歙县城内的"大学士"坊，黟县西递村口的"荆藩首相"坊，徽州区唐模村头的"同胞翰林"坊，歙县雄村的"四世一品"坊；旌表节孝坊，如歙县许村的"双寿承恩"坊，歙县棠樾村的"节劲三冬"坊。牌坊常建于庙宇、祠堂之前，或村头水口处，或跨街而立，骑路而建，与其他建筑物和自然环境在一起，组成优美的文化景观。

许国石坊题额

徽州牌坊按建筑材质分为木牌坊、石牌坊和砖砌坊。明朝以前的牌坊都是木质结构，由于木质结构不耐久，出于纪念的永久需要和防止火灾的发生，木牌坊逐渐被坚固耐久的石牌坊所取代。木牌坊硕果仅存的是歙县城内斗山街上明朝的"旌表江莆叶氏节孝之门"和昌溪村清朝中叶建造的"员公支祠"坊。

"员公支祠"坊又称昌溪木牌坊，位于歙县昌溪乡昌溪村。建于清朝中叶，四柱三楼，下部石质用抱鼓石支撑，一字形的四根石柱上架置重构成木枋。上部木质，有月梁、额枋。斗拱置于额枋之上，顶为重檐庑殿式，高甍垂脊，八角翘起，小青瓦，圆檐滴水，檐板红漆雕花。该坊构造规模虽小，但充分体现了高超的徽州民间建筑艺术。

砖砌坊多结合门楼一起建造，以歙县城内清光绪年间集中表彰徽州府全部孝贞节烈的牌坊为代表。该坊位于徽城镇新路街，旌表明清以来徽州节烈妇女。

徽州石坊都是仿木结构，其中的斗拱、梁柱、屋顶等细部做法，还保留着许多当时的木结构建筑特征。石坊有门楼式、冲天柱式和四面式三大类。早期石坊采用两柱三楼形制，至明弘治年间开始出现四柱三楼式，很快又被更高大的四柱五楼式所取代。明朝后期出现的四面式，是徽州石坊造型上的一个重大突破，只有徽州存在。第一个实例是建于明嘉靖四十四年（1565）的歙县丰口进士坊，形似石亭，四面均作两柱三楼门楼式，形象丰满，比例良好。

位于歙县城内的许国石坊是丰口进士坊的发展，成为徽州石坊杰出的代表作。许国石坊，又名大学士坊，俗称八脚牌楼，坐落在县城内阳和门东侧，跨中和街而立，建于明万历十二年（1584）。许国，歙县城东人，嘉靖四十四年（1565）进士，先入翰林院校书，历任侍郎、尚书，晋升少保兼太子太保、文渊阁大学士，经嘉靖、隆庆、万历三朝，成为朝廷位居次辅的重臣。万历十二年（1584），许国参与平息云南叛乱的决策，受到皇帝的高度赞赏，在皇帝的"恩荣"下，许国于是年回到家乡，建造了这座标榜功勋的宏伟牌坊。许国石坊结构严谨，布局合理，形制为国内罕见。整座牌坊由前后两座三间四柱三楼和左右两座单间双柱（与前后两坊合用）三楼的石牌坊组合而成，呈四面八柱口字形立体结构。南北长11.54米,东西宽6.77米,高11.5米。建坊所用石材,全部采用新安江下游淳安茶园镇所产的优质青石。石坊梁柱粗硕,重的石料每块达四五吨,方柱断面下大上小,而且重心逐渐向中心微偏,使石坊结构紧凑、安稳固实。许国石坊的雕饰艺术巧夺天工,令人叹为观止,石雕图案类似徽州民间的建筑彩绘。梁枋两端浅镌如意头、缠枝、锦地开光,中部菱形框内为深浮雕,有巨龙飞腾、瑞鹤翔云、鱼跃龙门、威风祥麟等寓意吉祥、喜庆的图案。直柱中段为散点团花式锦纹,上段为云纹锦地,缀以姿态各异的翔鹤。柱础外侧的台基上,雕置蹲驻与奔赴等神态各异的大狮子12只,有的大狮还抱弄小狮,形态生动活泼。台基左右侧皆镌有各式獬豸图案。整座石坊的雕刻,可以说集工整、精致、细腻、古朴、豪放为一体,堪称徽州石雕工艺中的杰作。石坊的四面有"大学士""少保兼太子太保礼部尚书武英殿大学士许国""先学后臣""上台元老"等擘窠大字,字体工整端庄,雄浑凝重,是明朝著名书画家董其昌的手笔。

牌坊集中的典型代表是歙县的棠樾牌坊群。棠樾牌坊始建于明弘治之前。明清时期,当地鲍氏家族在村落入口处的建筑物和祠堂前,陆续建起了七座牌坊,构成一组群体,矗立在村口弯曲宽阔的青石板甬道上。这组牌坊群,由两头向中间按"忠、孝、

棠樾牌坊群

节、义"依次排列，呈半弧形展开，自西向东依次为鲍灿孝行坊、慈孝里坊、鲍文龄妻汪氏节孝坊、乐善好施坊、鲍文渊继妻吴氏节孝坊、鲍逢昌孝子坊、鲍象贤尚书坊，充满了传统礼教色彩。以一个家族的历史延伸为背景，将多座牌坊集于一处，使之构筑成规模宏大的牌坊群，在国内也是绝无仅有的。这些牌坊雄伟高大、古朴典雅，是棠樾古村落发展鼎盛时期的产物，已被列为全国重点文物保护单位。

民宅是徽州古建的主体，也是徽州人居文化的宝库。

徽州民宅结体多为多进院落式（小型者多为三合院式），体现了徽州人"聚族而居"的特点。一般均坐北朝南，倚山面水。布局以中轴线对称分列，面阔三间，中为厅堂，两侧为厢房，厅堂前方称天井，采光通风。院落相套，造就出纵深自足性家庭的生活空间。民居外观整体性和美感很强，高墙封闭，马头翘角，墙线错落有致，黑瓦白墙，色泽典雅大方。装饰方面，青砖门罩、石雕漏窗、木雕楹柱与建筑物融为一体，使房屋精美如诗，成为徽式宅第的一大特色。

宅第建筑均为砖木结构，以木构架为主体，形成梁架和屋柱结合在一起的房屋基本框架，内部分隔也是木隔板、木屏门、木隔扇。屋柱基础较为简单，能在不同的山地、丘陵、河边灵活处理。木构架用墙体围护，墙体不承重，为了适应防火功能的需要，围护墙体均高出檐口成为马头式山墙。墙体或为扁砖，或为空斗砖砌成，外用白石灰粉刷。屋面用青色小瓦覆盖，屋脊和山墙顶部直排小青瓦，以备检漏时所需。采光均以内天井为主，很少向外开窗户，或者仅在楼上对外开小窗，起到通风的作用。大门多有装饰，根据不同地位和等级，分别有门楼、门罩、门楣等不同形式。内装饰主要体现在木结构上，除屋柱外，都能雕刻装饰。

徽州现存有大批著名宅第，程氏三宅、承志堂都是其中的经典之作。

程氏三宅指位于屯溪区柏树街东里巷6号、7号、28号三座明朝程氏民居，现为全国重点文物保护单位。三宅均属封闭式砖木结构两层楼房，分前后两进，其屋面盖蝴蝶瓦，四周墙体封护，东西马头山墙起伏呈三级封护至脊顶，前后檐墙砌成凹形，高低落差在1米左右，是以天井采光、通风、排水为一体的独立建筑。6号宅为五开间，占地面积477平方米，其中院落及附属建筑225平方米；7号、28号宅三开间，占地面积分别为154平方米和187平方米。为增大堂屋开间，三宅底层均用抬梁式构架，浑厚月牙梁穿入金柱，丁字拱插入大梁两端柱内，与梁平行，支撑梁架。粗大的屋柱落在等腰八角形石磉上，磉面横垫一块5厘米厚覆盆式木，木盆口与磉石断面相吻合。次间、稍间的棂窗障水板素装，槛窗棂空制斜方格，左右配以精致雕刻，诸如飞禽走兽、宝瓶花卉等图案。活动窗扇边呈拱形，格心制方格眼，既能遮挡视线，又方便拆装，具有疏朗空漏之效果。楼层井檐上装活动排窗，外挑的垂莲柱四方抹角（称讹柱），内侧装置飞来椅，椅脚置豹爪形；外侧上端插拱两跳，托住檐檩。支撑外挑垂莲柱的斜撑置鹅颈状，即"S"形，下端插入金柱，形成合度的传力结构。宅第虽不如王公府院那样富丽堂皇，但其厅堂内井檐之花板、楼梯之栏杆、莲花柱之斜撑以及棂窗、大梁等木雕、彩画，还有门楼上富于变化的石刻、砖雕艺术，都实为罕见。其建筑的高雅、秀美、庄重等特色，显示了徽州古朴灿烂的文化和徽商的雄厚资本，被国内外专家誉为明朝民居之瑰宝。

承志堂

承志堂位于黟县宏村上水圳，为徽商汪定贵的住宅，全宅布局合理，结构完整，有"民间故宫"之称。承志堂坐北朝南，始建于清咸丰五年（1855），主体建筑为砖木结构，有136根柱，60道门，60扇窗，寓意六六大顺。有9个天井，7座楼阁。前后两进，通面阔40米，通进深52米，占地面积2100平方米，建筑面积3000平方米。整个建筑包括正厅、后厅、吞云轩、排山阁、鱼塘厅及厨房、院落等建筑，其正厅、后厅为回廊三间结构，全屋共有内房28间，有天花彩绘，并有描金，极具历史价值和艺术价值。1998年被黄山市人民政府公布为市级重点文物保护单位，1998年被安徽省人民政府公布为省级重点文物保护单位。

（二）天工兼人巧，营造见高妙

徽州的山水自然环境被利用、建设成为独具特色的水口园林。而在墙外青山、墙根流水的民居建筑内部，利用有限空间营造了庭院园林。为了使庭院园林更具特色，又发展了徽派盆景艺术。水口园林、庭院园林和徽派盆景，形成了徽派建筑环境营造的"三绝"。

在徽州，几乎所有古老村庄的村口，都有着人工刻意营建的痕迹，或一丛树林，或一座石塔，或一幢庙宇，这就是在徽州村落整体建筑格局中有"门户"和"灵魂"之誉的水口。徽州人崇尚风水，风水理论认为"水口乃地之门户"，当"一方众水所总出处也"。徽州处万山间，各个村落四面皆山，形成较封闭的完

唐模水口园林

整空间，水口也就自然而然地成为村落的咽喉，关系到村落人丁财富的兴衰、聚散。风水认为水即是财富，为了留住财气，除选中好的水口位置外，还必须建造桥台楼塔等物，增加锁钥的气势，扼住关口。水口很多树木布局也是基于风水"障空补缺"的理论之上的。风水在水口上处理改善了村落的环境及景观，形成"绿树村边合，青山郭外斜""全村同在画中居"的村落总体环境特征，使水口成为村落园林。此外，水口还具备防卫、界定、实用、象征、聚会、导向等功能。

明清时期徽州著名的村镇水口有唐模水口、万安水口、潜口水口、岩寺水口、槐塘水口等。

唐模水口在徽州区唐模南面村口。石板大道中，傍溪建有一两层八角亭，为水口亭。亭北不远为水口园林"檀干园"，号称"小西湖"。湖内荷花遍布，建有水榭亭台。园内半环形土岗，大树成荫，环境幽雅。檀干园以池台花木之胜，书法石刻之精，驰名遐迩。相传清初唐模许氏有一位拥有三十六处当铺的富商，事母至孝，其母听说"上有天堂，下有苏杭"，便想去杭州西湖游览，因山川阻隔，年老体衰，不便成行。于是该富商不惜巨资在唐模挖塘垒坝，筑楼建亭，模拟西湖景致建造一个小西湖，以娱老母。该园占地十余亩，园内"三塘相连"，有三潭印月、湖心亭、白堤、玉带桥、镜亭等胜景，并与周围山水、田野、村舍融为一体，形成一种独特的徽州水口园林风格。

庭院园林在徽派民居建筑中的出现，是徽州建筑文化方面的一大特色，它使单调的、封闭的民居增添了活力。为了丰富封闭的民居建筑内部环境，表达人与自然融洽的心理活动，徽州民宅在庭院园林的营造上面下足了功夫。即使在今天走进百年老宅，只要见到庭院中或天井中姿态各异的山石和翠绿的植物点缀其间，便感觉到了无限生机。民居往往利用置于前庭、后院或楼两侧的庭院巧妙设置小巧玲珑、布局紧凑、即步可吟、充满诗情画意的庭园小品，其代表作为黟县西递村的"西园"。在一些村落，庭院园林中引入了水，使园林更加活泼，更具有情趣，如宏村的"德义堂"。

西递西园系清道光年间四品官胡文照的故居。由八字砖砌门楼入口，分前、中、后三园，中间隔以漏窗，设拱券砖门石刻门额。园内有花卉翠柏、假山盆景、石几石凳,一巨大鱼缸,由整块"黟县青"凿成。后园一对石雕漏窗,左为松石图,右为竹梅图,构图生动,雕工精湛,为石雕中的精品。后院门额有砖雕"井花香处"四字,入内有石栏水井。其最具特色的是园与园之间通过用青石做框,以青砖砌成长方形漏窗,相连通的圆月形、秋叶形、八边形门洞,使得整个庭园景物处在"隔而未隔,界而未界"之间,墙上的松梅石雕,达到虚实结合、情景交融的境界。

德义堂建于清初,房屋坐南朝北,面向水圳,进入院门后,即是一临水小榭,朴实的美人靠,上悬小巧匾额"临渊",池水与门前水圳相通。水池右侧,有一精巧券门通后院,券门眉刻"含翠",满月形的石窗,手臂般粗的猕猴桃藤,加上环池而摆设的各类盆栽,步移景换,令人叫绝。透过花园石窗,窗外景致诱人。园中石凳、石桌摆设别致。老屋前墙为十六扇花格窗,木窗线条明快简洁,这座以花园水榭为主题的民居,空间设计在宏村古民居中独树一帜。

德义堂水榭

徽派盆景是以徽州命名的盆景艺术流派。它以歙县卖花渔村(又名洪岭)为代表,包括绩溪、黟县、休宁等地民间制作的盆景。徽派盆景始于南宋,鼎盛于明清,久享盛誉,为中国盆景传统流派之一。徽派盆景起源于歙县卖花渔村,这里山峦叠翠,溪泉悠悠,是花木生长的理想环境。据资料记载,这个村庄开创盆景栽培艺术距今已有1000余年的历史。在长期的实践过程中，又得益于徽州的自然地理条件、经济条件和文化艺术条件，形成了徽派盆景的独特风格。

徽派盆景造型技艺独特，被誉为"无声的诗，立体的画"，具有浓郁的地域特色。其主要特点为"苍古、奇特、自然、刚劲、庄重、幽雅"。构图师法自然，主次分明，巧拙并用，藏露得宜。主干造型突出拙朴、古态的沧桑感；枝叶剪截重在灵巧、秀气，往往以拙求巧，以巧衬拙。每一件作品通过富有匠心的处理，形成上中下、左中右不同的艺术视点，给人以有机、统一、和谐的整体美感。盆景主要造型有：游龙式、扭旋式、三台式、迎客式、圆台式、疙瘩式、劈干式、枯干式、悬崖式、提根式等。其中，游龙式梅桩是徽派盆景的代表式样，讲究整齐美、对称美和庄严美。

（三）世人叹精美，徽州有三雕

徽州三雕指徽州建筑上广泛运用的具有徽派风格的木雕、砖雕和石雕。徽州三雕的历史源于宋朝，至明清而达极盛，主要应用于民居、祠堂等类建筑物的装饰以及家具、屏联等工艺品的制作。徽州三雕在风格上一般可分两个阶段，明末以前的雕刻朴拙古雅，多平雕和浅雕，缺少透视变化，主要借助线条美感获得近于平面的装饰美。入清以后，雕镂渐呈细腻，多深浮雕和圆雕，具有镂空效果，层次繁复，给人以玲珑剔透的精美感。

徽州三雕的题材广泛，内容丰富，有传说故事、民情风俗、名人逸事、宗教画像、戏剧人物、现实生活境况和花鸟虫鱼、飞禽走兽及各种纹饰图案。这些类型的雕刻作品充分发挥了所属建筑的特点而各呈其态，又根据所用材料的不同各蕴其韵。构图上，三雕艺术深受新安画派、徽派版画、剪纸和徽派盆景的影响，比较注意构图变化和透视效果，内容上也注重整体性和情节性。技法上实行多样化，高浮雕、透雕、层雕和镂空雕，根据不同情况加以运用。有的浑厚沉雄，神威逼人；有的质朴简练，工写兼得；有的灵活有趣，主体突出；有的层次分明，远近有序，富有强烈的空间效果。章法布局上吸取了中国画、园林建筑、盆景、版画等手法，如木雕就采用了立轴、横幅、手卷、扇面、屏风、楹联等样式。

徽州三雕具有鲜明的时代特征。明朝三雕风格朴素粗犷，颇有古拙浑厚的金石韵味。形式以浮雕和一层浅圆雕为主，景与物前后紧贴，画面内容单纯，人物重复多，强调对称而缺乏层次变化，富有装饰性。清朝，尤其是乾、嘉以后，三雕风格则趋于细腻繁琐，注重情节和构图，主要部分透雕层次加深，章法布局上吸取了绘画中立轴、横幅、扇面、手卷式的表现手法，讲究精雕细刻。

木雕

徽州三雕具有明显的地方特色，富有浓厚的乡土气息，主要表现在：三雕作品中的山水，大多是徽州地区有代表性的景观，如常见的黄山松涛、白岳飞云、新安归帆等；三雕中的植物多是徽州地区典型植被，如松、竹等；三雕中的戏剧画面多是徽剧演出的场景，甚至连一些三国的故事雕刻，也都徽剧化了；三雕作品中耕织渔樵一类劳动生产的场景，如担柴、翻土等，都是徽州地区典型生产方式的反映。

徽州三雕具有浓厚的装饰性。三雕在建筑上的功能主要就是装饰性，根据美化建筑的需要，三雕艺人们对熟悉的物景、题材，在创作中以丰富的想象力，加以变化、夸张，充分利用制作条件及物质材料，以求得对美的追求和寄托。如戏剧、文学、民俗方面的题材，构图手法很像舞台布置，景物、道具和人物活动，均有特写之感。对人物和环境表现，手法均很简洁，常使用象征、夸张的手法，为突出重要部分，往往人大于房屋、人大于山。徽州三雕的装饰性还表现在把不同类别、不同时间、不同地点，甚至生活中根本不相容的东西，撷取各自优美的部分组合在一起，借以表达作品的感情思想和境界，以满足人们对美的追求。同时，三雕艺人们还大量运用象征图案，借用谐音，通过某一具体形象获得象征效果，如：用蝙蝠和桃子拼成图案，象征"福寿双全"；用莲花和鱼组合在一起，象征"连年有余"。

徽州三雕还具有很强的绘画色彩。三雕作品借助于点线造型，背景多加山水、树木、鸟兽，具有很强的绘画性。形成这种风格主要是受新安画派和徽州版画的影响。刻工中有许多人精通书画。同时，徽州有书画家和工艺匠师合作的传统。

木雕在旧属徽州各县分布之广，全国屈指可数，宅院内的屏风、窗槛、栏柱，日常使用的床、桌、椅、案和文房用具均可一睹木雕的风采，几乎是无村不有。明朝初年，徽派木雕已初具规模，雕风雅拙粗犷，以平面浅浮雕手法为主。明中叶以后，随着徽商财力的增强，炫耀乡里的意识日益浓厚，木雕艺术逐渐向精雕细刻过渡，多层透雕取代平面浅雕成为主流。入清以后，对木雕装饰美感的追求更强，涂金透镂，穷极华丽，虽极为精工，有时反而失于繁琐。徽州宅第木雕取材以柏、梓、椿、桧、榧、银杏、杉树为主，家具木雕则以红木、乌木和楠木为贵。木雕题材以江南民间吉祥图案、宗教人物、戏曲故事、山水、花鸟虫鱼等为多，少数由著名艺术家参与的木雕，在选材上显示出较为鲜明的文人绘画情调。著名木雕建筑有黟县卢村的志诚堂。

志诚堂位于黟县宏村镇雉山村，雉山村又名卢村，故志诚堂又称作卢村木雕楼。木雕楼始建于清咸丰年间，占地约200平方米，其主体建筑志诚堂以精美木雕而著称，系两楼三间砖木结构，其梁垫、雀替、挂落、裙板、隔扇无不精雕细刻。其木雕采用了混雕、线雕、剔雕、透雕等精湛工艺。志诚堂正厅的板壁，天井四周连花厅的梁柱，厢房的门窗、槛台等都饰有精美木雕。每块画面都饱含着中国传统文化，从儒家思想到佛家经传、道教教化，从三国故事到二十四孝和神话传说，从文人典故、琴棋书画到民俗活动，样样俱全。行刀用凿，手艺精湛，从大小喜鹊身上根根可数的羽毛，到如黄豆大的人物面上的喜怒哀乐，都刻得活灵活现，清晰逼真，可谓木雕中的精品，被誉为"木雕艺术的民间殿堂""徽州木雕第一楼"。

石雕在徽州城乡分布很广，类别亦多。徽州石雕题材受雕刻材料本身限制，不及木雕与砖雕复杂，主要是动植物形象、博古纹样和法书，而人物故事与山水较为少见。在雕刻风格上，浮雕以浅层透雕与平面雕为主，圆雕整合趋势明显，刀法融精致于古朴大方，没有清朝部分木雕与砖雕那样细腻繁琐。石雕精品比较常见的是宅居的门罩、院墙的漏窗和各种石牌坊。

黟县西递村西园中有一对石雕松石竹梅图漏窗，高0.7米，宽0.5米。"松石图"漏窗上，两株奇松斜立于嶙峋怪石之上，十分刚劲有力；"竹梅图"漏窗上，弯竹梅影，婀娜多姿，静中有动，画中有诗，构思高超，虚实有致，刀法遒劲，造诣高深，堪为石雕精品。

石雕窗户

徽州砖雕艺术始于明朝。砖雕图案具有浓郁的民间色彩，较为常见的是戏曲故事和花草动物，诸如"古城会""打金枝""梅、兰、竹、菊"等。砖雕堪称民间艺术的一朵奇葩，艺人在见方尺余、厚不及寸的砖坯上雕出情节复杂、多层镂空的画面，令人产生精妙无比的美感。作为古徽州一种重要的建筑装饰艺术产品，砖雕在徽州城乡随处可见。徽州砖雕不同时期风格各异，明朝稚拙粗犷，金石味和装饰味很强；清朝细巧精美，逼真度大大增强，技术难度很高，从远景到近景，最多的有九个层面，足称玲珑剔透。

徽州区潜口镇蜀源村清朝民居思恕堂，是由5幢不同朝向的主建筑及单披厢房、内天井、小院落、夹巷、通道组合而成的一建筑群体，各幢始建年代不一。其正堂大门门罩装饰的精致砖雕，为扬州瘦西湖景致，画面山水花木、楼阁亭桥、人物器具布局巧妙,线条细腻,是徽州建筑中砖雕艺术的精品。

与三雕齐名的还有彩绘。徽州建筑彩绘艺术,内容包括徽州传统古民居外墙、屋角、门罩、窗罩、室内天花板等处的书画、图案彩绘,徽州古祠堂、古庙、古亭等建筑墙壁上的各类彩绘书画。这些壁画彩绘,或历史人物故事,或山水花鸟走兽,或祥云瑞草仙芝如意吉祥图案,或宣扬中华儒学伦理传统道德,或进行释、道教化,或寄托百姓对生活的美好愿望和追求,内容极其丰富。徽州建筑彩绘艺术历史悠久,有许多绝世精品,如歙县王村小溪院(桂溪寺)存有明朝绘画大师丁云鹏的20多幅佛像画,歙县冷水铺圣僧庵内明朝黄柱留下的水墨山水松烟图,呈坎宝纶阁内美轮美奂的彩绘图案,屯溪程氏三宅内的彩绘图案,黟县西递、宏村、关麓等古村落古民居墙壁和天花板上尚存的各种彩绘,祁门西乡古祠堂古戏台上的彩绘等。徽州建筑彩绘,既有大师级的杰作,更有无数不知名的草根徽匠留下来的艺术珍品,是群众基础相当广泛的民间艺术。

砖雕门楼

第五编

徽州商帮

概述
徽行天下，称雄八方

古徽州丛山环峙，高台城垒，很少有平原旷野，陆路相对比较封闭。山区的茶、漆、竹、木等物产丰富，山水明秀，历来是较好的宜居之地，但是山多田少人众，生存不易。宋室南迁后，江南商品经济进一步发展，加上明清实学思潮"新四民观"的影响，大批徽州人敢为天下先，走出山区，经营四方，以就口食。以血缘、地缘为纽带，结伙成帮做生意，由"寄命于农"转向"寄命于商"。

明成化、弘治之后，徽州人"十三在邑，十七在天下"。"做生意"已经普遍地成为徽州人的生活习俗。徽州人下苏杭，驻扬州，驰骋两淮遍江南，运河通达到京城，关里关外显身手，溯江而上入川陕，闽粤海上有声名，经商的"足迹几遍域内"；他们发扬"徽骆驼"精神，含辛茹苦，开拓创业，成就了"无徽不成镇"的历史辉煌。徽商跻身盐、典、茶、木业和各种商业领域，经营的行业无所不包。歙县的盐商，休宁的典商，绩溪的徽菜，祁门、婺源的茶叶，尽显徽商的豪迈。徽商经营资本巨大，"藏镪百万""千金之子比比而是"。

徽商在经商所到之地，普遍建立徽州会馆，制定经商规条，以朱熹儒学理念为经商的指导思想，倡扬"以义为利"，讲货真价实，讲诚信戒欺，奉行"宜他人而得利"，坚守为商之"大道"，把赚钱发财的商"道"努力做成"仁者爱人"、实现人生价值的人"道"。贾而好儒的徽商以众帮众，相互扶植，积极融入当地社会，善于凝聚力量，特别热心社会公益，富有社会担当，在16世纪国际贸易乍兴的时候，又勇敢挑战海洋，参与世界贸易，据夷岛，称"徽王"，展现了时代弄潮儿的勇气。

明清以降，徽商或祭酒，或总商，百业恒通，快意驰骋，纵横捭阖。曾执商界牛耳数百年。以了不起的文化自觉，在创造中国经济发展奇迹的同时，特别热心地倾情于文化教育事业。崇文重教，促成了徽州文化在中华各个领域的历史辉煌。

咸、同太平军战乱，江淮、苏浙兵火连连，徽州人口十亡七八，徽地财富十室九空，徽商惨遭重创。近代以来，民族资本内外交困。在社会转型时期，不少徽商识机思变，或"飘广东，发洋财"，或创

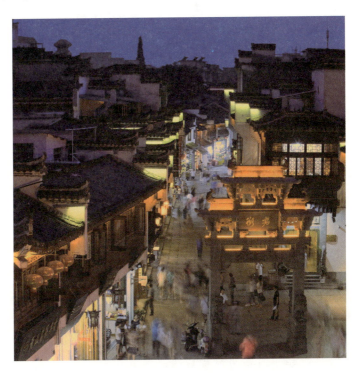

屯溪老街，商业繁荣

实业，兼买办，顽强崛起，竭力再展徽行天下雄风。民国而后，社会长期动荡，徽商起起落落，其商运随国运而存续。

徽人经商，多是小本经营，肩挑贩运，学徒起家。他们的资本积累方式，不同于西方资本主义起始阶段的那种亦商亦盗、残酷榨取，也不同于西方资本主义在开辟新大陆时进行种族灭绝的血腥掠夺。徽商靠抢抓商机开拓经商领域，靠诚实守信建立良好的营商环境，靠地缘人缘建立畅通的商业网络，靠贾而好儒扩大事业影响。

徽商的经营，有长途贩运、囤积、质剂、获取商贸专利、组合资本等多种方式。利用地域差、时间差辛劳赢利，善用"孙子兵法"运筹帷幄，出奇制胜。徽商的经营管理注重正己正人，注重人际调节，注重契约管理，注重规范化、人性化。

徽商最大的特色是"贾而好儒"。讲究"以义为利，义先利后，以义取利"，特别重视商业理性的提升，特别重视为商中的"做人"，特别重视文化的作用。徽商多以血缘、亲缘、地缘为维系纽带，以众帮众，不搞内讧。徽商善于发挥文化优势，以商助学，以学考官，以官护商，官、学、商三位一体，良性互动，叠相为用。徽商突出社会担当，热心社会公益，慷慨捐资奉献。徽商塑造了一代中华儒商的形象，形成了让世人瞩目的"徽商精神"，产生了影响巨大的"徽商文化"，锻就了彪炳千秋的中华商魂。

徽商显示了"徽骆驼"们智慧、创造力和主观潜能的巨大发挥。促成了徽州文化在明清时期的全面发展，达到新的历史辉煌，使徽州文化成为中华传统文化在特定时段的典型代表。徽商促进了两淮、江浙城镇化的进程，广泛影响了江南社会的习俗和民风。徽商为徽州人才的培养和成长创设了一个新平台，形成了徽州人才"长于内而成于外"的格局。徽商勇敢挑战海洋，和国际接轨的尝试，给大国崛起之路提供了有益的历史启迪。

中国徽商的精神,"重商、好儒、担当、奉献":崇文向善、务实求真;勤俭努力、艰苦创业;敢为人先、开拓进取;重义诚信、有道经商;审时度势、出奇制胜;以众帮众、协力同心;仁心济世、爱乡爱国。中国徽商以"徽骆驼""绩溪牛"名世,正是中华民族"自强不息、厚德载物"精神的生动体现。

一、徽人徽商徽骆驼

(一)二字箴言,惟"勤"惟"俭"

"徽骆驼"之所以成为徽商的代称,是因为徽商的日常营生最为节俭、最为刻苦。

明嘉靖年间婺源人李祖玘,经商富裕后,仍保持贫困时的节俭习惯,日常粗衣淡饭,还比不上一般贫苦人家。他所住的房子极为简陋。一件布衣穿了几十年还是新的,谁沾了一下这身衣服,他还要不断地擦拭,生怕被污腻,一双新布鞋,也总是穿着见客,客人走了,就脱下来放着舍不得穿。

明成化、正德年间,歙县溪南的江才,明朝末年,休宁汉口的赵相,

胡适题词"努力做徽骆驼"

清同治、光绪年间，祁门渚口人倪尚荣，等等，都是克勤克俭、艰辛创业的"徽骆驼"代表。

歙人汪玩，随父兄到楚、蜀、吴、越、闽、粤等地经商。廉朴为本。虽岁入千金仍力求节俭，一件衣服穿了十几年，手肘处都磨破了也舍不得丢。劳作洗衣，粗茶淡饭，坚守勤俭遗训。

明朝歙县人许尚质辅佐父亲贩木，深入四川、云南、贵州深山老林之中，攀走在悬崖峭壁与大壑深谷边沿，踏行在冰雪之上，多次遇险，差点送了性命。晚年回乡清简淡泊，不事奢华，坚持劳动，平日粗茶淡饭，穿着简朴，出行也不坐车马。他常常告诫子弟：创业艰难，守成不易。

清咸丰、同治年间，徽商典业大挫。苏州太仓沙头镇，徽商"长生""日茂"两典铺金银被清扫一空。咸丰六年（1856）六月，徽州本土徽商"隆泰典""敦和典"先后遭抢。咸丰十年（1860）正月，歙县石门镇的土匪张金、吴六纠集100多人，凡遇店铺、典栈，无不讹财诈物，成百上千地抢夺洋钱，得意而还。遭受浩劫之后，徽人典铺大多或毁或歇，大江南北百家徽州典铺只剩下一两家。

总之，徽商徽骆驼初打天下，几乎都是勤俭起家，历尽艰辛。顾炎武有言：徽商俭甲天下，所以富亦甲天下。

（二）一贾如不利，再贾至三贾

徽商驰骋商海，从小本经营开始，执着努力、百折不挠，一次不成，接着再干；二次失利，仍不罢手；第三次再求翻身。

明朝歙县人江遂志往北方经商，因得罪税官被搜刮一空；再往江西经商，商船又被大风刮坏，货物全失；逃命回来，他决计破釜沉舟，集家中全部资产，于金陵、两淮及扬州之间，业盐起家，后来终于成为著名的大盐商。

明朝歙县人鲍直润业盐，屡营屡亏，他将家中所有田产质押，转购浙江江山销售的盐引。家人认为风险太大，极力劝阻。鲍直润则认为，以前屡屡失利，不是决策失误，而是假手于人。他觉得浙江江山一带，盐商大多已经离开，居民马上就缺盐。这正是人弃我取、机不可失的好机会。这一次，他果然获得了丰厚的利润。

徽商创业几代人前赴后继。歙县唐模人许道善经商山东,变乱中资产丧失,客死他乡。其子许永京承父之志,告别母亲妻子,接掌事业,劳累十年,伤身病逝。许道善妻子郑长娘果断将自己的资产分别捐赠许源、许渊、许汉三个侄子,鼓励他们再继前人事业。许源、许渊、许汉三人在无为濡须同心协力,勤苦经营,终于成就了大业。

徽商创业最善于掌握商业信息,权衡利弊,出奇制胜,他们的成功如有神助。《三言两拍》甚至把徽商的运筹帷幄编成了神话小说《辽阳海神传》。

绩溪"一犁到塝绩溪牛"的徽商做徽菜,上庄人胡善增、胡铁花等先在上海小东门外合资开设徽州餐馆大铺楼,经营各式徽州面点。烹调传统徽菜,质量保证,风味独特,大受欢迎,生意兴隆。清光绪十六年(1890),继老大铺楼外,又在上海东郊、南郊新开东大铺楼、南大铺楼,徽菜香飘上海滩,享誉一时。

徽商创业还善于铸品牌、出绝活。休宁演川人胡兆祥在安庆开四美酱园,他的儿子胡椿、胡杰与舅舅甘志义开玉美义酱坊,后来又开胡玉美酱园,他们以货真价实、特色配方、大众口味赢得市场,并且在南京、汉口设立支店,在上海设立分销处。民国初年,胡玉美酱园产品荣获巴拿马万国商品博览会、汉口南洋商品劝业展览会奖章。

绩溪余川环秀桥

徽商创业，还靠以众帮众、互帮互助的团队精神。清朝许仲元的《三异笔谈》对此有生动描述。

不少徽商创业，都经历了漫长艰辛的岁月。清道光末年绩溪龙川的胡沇源，十六七岁外出谋生，先在江苏东台县一家茶店当学徒，后辗转到江苏泰州黄桥镇，与徽州同乡洪某、曹某合股开设"胡源泰"茶叶店。在积蓄渐丰之后，胡沇源开始独自办茶庄，先在泰州季家市镇开办胡裕泰茶庄，不久胡沇源独撑胡源泰、胡裕泰两个茶庄，成为龙川胡氏家族第一代茶商。后来经过第二代胡树铭，第三代胡炳华、胡炳衡，第四代胡增麟、胡增鑫、胡增钰、胡增金，坚持不懈地打拼发展，从胡源泰发展而来的胡氏家业鼎盛时共有茶庄和分店12家。

二、世称无徽不成镇

（一）钻天洞庭遍地徽

苏、浙、两淮、沪宁是徽州人经商的主战场。

自宋以至明清，江南大镇南翔、塘栖、吴淞、黄溪、外冈、诸翟、周浦、竹桥、璜泾、菉溪、乌青、王江径、濮院、周庄、平望、盛泽、四安、黄埭和双林市、新市、钱门塘市、新带市、新塍、黄家溪、谢天港、坛丘、周家溪、秋泾桥等，都有徽州人做生意。

江苏有个盛泽镇，明朝初年还是个五六十户人家的小村庄，荒凉不起眼。这里地处长江三角洲和太湖地区的中心地带，地理位置优越，宜稻宜桑。徽商选取这里作为经商中心，广开店铺。到嘉靖年间，盛泽已发展成为有百余家商铺的市镇。清康熙年间，盛泽镇成为著名的鱼米之乡、丝绸之都，号称华夏苏南蕃阜气象第一镇。清嘉庆、道光年间，盛泽镇有48家徽商联合宁商倡建徽宁会馆。后来由于当地不良势力敲剥骚扰，经商环境变坏，许多徽商因之撤出，盛泽镇曾一度衰落。

杭州是徽骆驼走出徽州的第一站。宋朝以降，徽州所需要的盐、糖、海鲜、棉布、京广洋货，从新安江逆水上运。徽州茶叶、木材，以及菊花、蜜枣、中药等土特产顺江而下，从杭州销往四方。闻名天下的胡雪岩胡庆余堂药号和张小泉剪刀铺都是杭州城的徽商名号。还有歙县人吴唐庆的"吴兴大"茶号，单是徽州贡菊一项，一年就收购2000多担，向港、澳批发。抗日战争爆发前，徽商在杭州开设而享有盛名的商店，布业有复昶、元泰、宏裕、高义泰和春生绸厂，茶食糖果业有五味和、天香斋，饮

杭州张小泉剪刀铺

食业有奎元馆，医药业有中美大药房。杭州还有徽州木业公所。杭州的"徽州塘""小江村""徽州弄"都写满徽州故事。

浙江兰溪、上海松江府都是徽商重镇。苏州是徽州布商、丝绸商、粮商、木商、典商聚集之地。淮阴是徽商的重要据点。江苏无锡是徽州布商码头。

至于扬州，明清两淮的盐业中心，历来商贾云集。徽州盐商在扬州占绝对优势，所谓清朝扬州八总商，"歙人恒占其四"。扬州的典当、米、棉等行业也多有徽商经营，因经商而迁居扬州之徽州人更是不少。据记载，历代在扬州经商的徽州人就有马、鲍、郑、巴、江、黄、吴、徐、程等9个家族，有80多位著名徽商。他们资本雄厚，财力丰厚，在扬州大兴土木，盖徽宅，建园林，还积极捐金，治道路，葺废桥，整街肆，修码头。他们在扬州建书院，兴诗社，蓄徽班，演徽剧，印图书，藏古籍，研经史，行医术，大兴文化教育事业，扶植扬州学派，为扬州的城市建设和文化事业作出了很大贡献。有云："扬州之盛，实由徽商开之。"

在历史上，山东临清"十九皆徽商占籍"，徽人往北京、天津城做生意的历史悠久，顺着大运河，徽骆驼把生意往北一直做到关外。

徽商驰骋南北，横贯东西，沿长江的芜湖、安庆、武汉，往上游进发，把生意一直做到两湖、川陕。明清以后，在武汉经营的徽商人数众多，涉及盐、粮、木、茶、棉布、丝织、墨、典当、药业、杂货、酒楼、银楼等多个行业，行商坐贾兼而有之，出现了"新安街""新安巷""徽州街""新安市场"等徽州人社区。清康熙年间，歙县许蘧园首倡捐输，在汉口置买房产，扩充路径，建新安街，开辟新安码头。雍正年间，徽商又在汉口建起高大宏丽的"奎星楼"。武汉徽宁会馆，后称徽州会馆，供奉朱熹夫子，聘请名师教习同乡子弟。徽人住居的新安街逐渐发展成为各类货栈、手工业和商店的集聚之地，形成了汉口著名的"新安市场"。新安市场内的汉正街中段、新安街、大夹街一带，以经营百货、布匹、参燕、银楼、餐馆、茶社为多。小夹街则以经营土产、海味、鞭炮者为多。大火路至长堤街一带，以经营小铁器、竹木等手工业为主。关帝街至广东巷一带，以做木屐、雨伞为主，有34家雨伞、木屐店铺，苏恒泰伞店就是其中一家老店，雨伞、木屐远销全国各地。

绩溪人在武汉的徽菜馆，先后有徽馆杏花天、醉月楼、大中华、新兴楼、新苏、大中国、大江、大上海、中央大酒楼、新上海、四季美、大中元、大中华酒楼等四五十家。

徽商挺进大西南，徽馆最有代表性。抗战期间，从湖北省宜昌市到重庆市，绩溪人开设鸿运楼、大公、乐露春、新苏、大中国、小苏州、松鹤楼等徽菜馆21家。又沿粤汉、湘黔铁路南下，开办新苏饭店，设餐厅32个，又在柳州、宜山、金城江、都匀、昆明等城市开办13家徽菜馆。广西的桂林、鹿寨、柳州、宜山、河池、南丹，贵州的贵阳、独山、都匀，云南的昆明、沾益、曲靖，也都有徽商开设的徽菜馆。

徽商下闽广"发洋财"。广州成为徽州"洋庄"茶叶出口的主要口岸之一。

（二）无远弗至涉海外

明朝中期，一些徽商积极参与挑战海洋的世界浪潮，纷纷投入民间私人海外贸易活动。歙县东关人许谷得其兄长许禾千金资助,"贩缯航海",在大海大洋中闯荡,得利百倍。歙北许村的许松、许栋、许楠、许梓四兄弟,先后下海到暹罗大宜(即今之泰国北大年)、马来西亚满剌加(即今之马来西亚的马六甲)通商,把佛郎机国(即今之葡萄牙)商人从马六甲带到浙江的双屿港、大茅港,并且为他们组织货源,充当国际贸易经纪人的角色,收取高额佣金。歙县人许长江、许本海、许辰江等人,或在海上卖丝织品,百倍获利,或出海远航做生意,和外国人打交道,善于贸易斡旋,经营得心应手,被时人称为良贾。歙县柘林的汪直发现下海洋做生意可以大发洋财,即冲破海禁,打造海舶,偷偷贩运硫黄、丝绵到日本、暹罗(泰国),买船下海,据有双屿岛,从事海洋走私贸易,成为海上武装走私集团头领。这些徽州海商曾在广东的高州制造巨舰,很有规模,能容千人。汪直曾多次向朝廷上书奏请开放海外贸易,遭拒后和徐海武装对抗朝廷,据有日本平户,自称"靖海王""徽王"。"日本36岛之夷"都受其指使,呼他为"五峰船主"。后来明朝廷灭了汪直,血腥阻止了徽州海商"与国际接轨"的努力,错失了中华民族在16世纪崛起的一次机会。

三、贾而好儒真徽商

(一)诚信为尚,童叟无欺

做生意重视货真价实、诚信戒欺是徽商最基本的商业道德。徽州糕品商汪德隆,在原料选用上坚持不做假。做绿豆糕就纯用豆粉,重视油、糖调配,色、香、味俱佳。做洗沙月饼,豆沙重油重糖,要把水分熬干,色泽要求黑中发亮,还特别掺进白糖桂花,即使在炎夏高温条件下都不会变质,每50千克洗沙月饼只用皮子面9千克。绩溪大徽商胡雪岩投资18万两白银在杭州开设胡庆余堂国药号,他亲书"戒欺"和"真不二价"字匾,高挂店内,告诫职工:医药关系百姓性命,万不可欺,"采办务真,修制务精"。胡庆余堂药号所用的药材,都是直接向主产地采购,像高丽参必是从高丽产地采办。胡庆余堂还自设养鹿场,所生产的"全鹿丸",选用梅花鹿为主要原料,每次杀鹿之前,总要组织大队人马抬着大梅花鹿,游街示众,然后公开宰杀。正因为货真价实,诚信戒欺,公开透明,胡庆余堂国药号誉满海内。

杭州胡庆余药堂

有许多关于徽商坚守货真价实、诚信戒欺的生动故事。休宁"胡开文"老店"苍佩室"徽墨自行打假,歙县布商吴南坡做生意诚信无欺,休宁米商吴鹏翔焚有毒胡椒,婺源茶商朱文炽广州卖"陈茶"不欺,婺源汪源茂不昧朋友存金,婺源詹谷受人之托,忠人之事,在徽州广为传颂。

特别是上述绩溪胡雪岩在杭州的胡庆余堂,创制"辟瘟丹",工人要专门"斋戒沐浴",创制"龙虎丸",工人要用木棒在药粉上写"龙虎"两字990遍,顺写一遍再倒写一遍,操作工场紧闭门窗,外人不得入内,务求原料拌和均匀,质量确切得到保证。胡雪岩主张:绝不能在邪道上赚黑心钱;绝不能贪图对别人不利的便宜;绝不能为自己赚钱而去敲碎别人的饭碗;绝不能坑害朋友赚钱;绝不能背信弃义、坑蒙拐骗赚昧心钱;散财行善绝不吝啬;绝不能做守财奴。

胡雪岩定制的金铲银锅　　　　　　　　　　胡雪岩"戒欺"匾

(二) 权衡大道，以义取利

徽商"贾而好儒"，经商取财有道，突出"以义为利"。

婺源粮商詹元甲贩粮便民，本分经商，给公家买粮救灾不吃回扣。婺源程锡庚将贩茶贷金无偿救助灾民。休宁胡伯英的"积厚长信托代办号"在经营中坚持信誉第一，信息第一，服务第一。明嘉靖、万历间，歙县许村人许世积，曾经和同村的许琯合伙，做贩米的生意，在苏州经营米业。许琯做生意鬼点子多，以欺诈手法坑顾客赚黑心钱。许世积不耻与他同道，毅然和他分手。许世积说："用出入不同量的欺诈手法做生意谋利，就是赚成百上千，也不是我的心愿。"有一次，有人亏欠他反而诬告他。官府审明后责令对方加倍偿还，而许世积却大度"义让"，其夫人则在打官司期间，看对方家里揭不开锅，还私下送粮给对方家属解困。许世积夫妇以德报怨、仁慈大度，受人敬仰。好人有好报，许世积夫妇分别高龄101岁和103岁，朝廷恩赐在许村高阳桥头建立的"双寿承恩"石坊至今耸立。

(三) 虽为贾者，咸近士风

徽商积极宣扬儒学教化。棠樾村口除"鲍灿孝行坊""慈孝里坊""鲍文龄妻汪氏节孝坊""鲍文渊继妻吴氏节孝坊""鲍逢昌孝子坊""鲍象贤尚书坊"，大徽商鲍漱芳又慷慨向国家捐粮十万担，捐银三万两，修筑河堤八百里，发放三省军饷，得朝廷褒扬，赐建了"乐善好施"义字坊。"忠、孝、节、义"的传统美德在棠樾牌坊群上得以完满呈现。

徽商酷爱读书，崇文兴教。歙县西溪南盐商吴砚山，年轻时在歙县问政山读书，非常刻苦，无论严冬酷暑，始终坚持如一。后来到扬州从事盐业经营，习惯成自然，仍然好学不倦，往往是白天处理商务，晚上挑灯读书，"经、史、子、集，环列几前"，到老还不肯放下书本。休宁汪东瀛，从小精通考据学和"四书"，广泛地学习儒家经典和诸子百家之说，评说儒理，谈论诗文，声名卓著，众商都拜他为老师。歙县鲍橐，常说"富而教不可缓也"，在乐于周济别人的同时，特别给子孙准备好的私塾，花重金聘好老师教授小孩。黟县范蔚文遵母训捐资万元，在黟县城隍山创办蔚文小学，专收贫寒子弟免费入学，对品学兼优而贫乏者，还出资助其继续学习深造。歙县沙溪的凌珊，重金礼请塾师，亲督子侄功课，每听到子侄们咿呀的读书声就很高兴，否则就生气。凌珊认为：要教儿子勤读上进，将来清白做官，做个好人，不辜负乡人期盼。

许多徽商还积极投身文化事业，刻书藏书。歙县吴勉学是明朝著名书商。所创"师古斋"刻书坊在明隆庆、万历年间名噪一时。祁门出版家、藏书家马曰琯、马曰璐兄弟，在扬州建造小玲珑山馆，广交天下名流，藏书10余万卷，"甲大江南北"。清乾隆朝开《四库全书》馆，征天下图书，徽商马曰琯、鲍廷博和汪启淑家分别献出珍藏图书776种、家藏善本600余种、珍本600余种，全国献书四大家，徽人占三家，其中马曰琯为全国私人献书之冠。

歙县太白楼新安碑园内《余清斋帖》

四、富而好仁好风尚

（一）慷慨捐输，报国爱乡

历代徽商致富之后都有慷慨捐输、报国爱乡、大仁大义之举。

明中叶，休宁商人汪福光，明末休宁人程德乾国乱之时捐金为国。清康熙九年（1670）淮北水灾，歙县岑山渡富商程大典招募船只拯救百姓上千人。到处筑庐栖楼，以供灾民栖身。程氏任淮南总商20年，在朝廷平定三藩之乱时，带领众商积极捐资助饷，获赐五品官服，为众商之冠。乾隆年间，程文正独自捐备公银197万两。程杨宗向朝廷输银6万两。这个程氏家族，从乾隆十一年（1746）至嘉庆九年（1804），由程之韺、程谦六、程可正、程俭德领衔或参与领衔的军饷、河工、赈济、备公四类捐输银达1833.9万两。

明成化、弘治到万历中叶，歙县竦塘黄氏家族子弟，世代业盐两淮致富。他们富而好德，多行善举，对海滨灶丁饥寒者，无住室遮风避雨者，未能婚嫁者，遇灾难欠官课者，都慷慨给予周济。黄锜、黄崇敬等业盐扬州，善于择人任事，济贫扶困，慕义如渴，至老不倦，很有声誉，黄崇敬54岁在淮扬去世，淮扬市民竟为之停市，痛哭不已。

歙县的江村江氏家族，元末明初，江元助朱元璋饷银10万两。江演慨然赈济扬州火灾，又捐金疏浚断流官河，花巨资重开歙县至绩溪县叶坝岭新路。江演之孙江春，凡遇国家大工大役，都率领众商向朝廷捐输巨额银两，佐助朝廷平定金川的军需400万银两，佐助朝廷修黄河的经费200万银两，赈济水灾100万银两。

歙县潭渡黄氏家族，世代业盐，为扬州巨富。倡建盐义仓，防备灾荒，黄光德独立佐助边饷10万银两。黄仁德等人赈济水灾捐银31万余两。黄源德佐助西北军粮100万银两。

歙县桂林洪氏家族，总商、首总洪箴远等，自清乾隆至嘉庆，向朝廷捐输近20次，白银1650万两，谷30万担。

歙县棠樾鲍氏家族鲍漱芳等，为救灾、治河，向朝廷输饷400万两，捐米6万担、麦4万担。

徽商们捐输的一分一厘辛苦积累的真金白银，是他们赤心为国的一腔情怀。

徽商在国家、社会急难时刻挺身而出。明嘉靖年间歙县凌珊在瓜州率众英勇抗寇，保一城平安。

清同治年间胡雪岩捐制加厚加长棉衣28000件，捐钱、物达银20多万两救济兵乱灾民。每年无偿赠送左宗棠军队膏丸散等药品，达10年之久。

黟县南屏人李宗煝，在铜陵捐助白银1.8万两兴工修圩，出资首倡建立招商局码头，设立趸船靠轮，给上下旅客及货物提供了方便与安全；修5千米长石板大道。在大灾之时，他又向朝廷两次捐输赈灾银数万两。救济晋豫饥荒以及燕、齐、苏、皖、粤等地水灾。

（二）乐善好施，仁义昭然

许多徽商乐善好施，尚义弘仁，对社会公益事业倾情付出，把儒家"仁者爱人"的理念作了最出色的发挥。

元末明初休宁商人程维宗，致富之后，建"宅积庄""高远庄""知报庄""家礼庄""尚义庄"，程维宗担任副粮长负催征税粮进纳之责，坚守清廉自律，事必躬亲，连所耗的车马费用都自己承担，一力承担造黄册伙食、纸笔等费用，尽量不给百姓增加负担，花重金，雇佣工人修造水渠，引水灌溉，造福一方百姓，饥荒之年，将130余石小麦无息借贷于佃民。

清朝歙县岩镇人闵世璋致富后，用所得资财做善事从不张扬，有时还假名他人，有时说自己没做那么多，许多善事别人并不知道。里巷行旅之人，指其事而口颂之者不可胜计。

清乾隆年间婺源人俞颖堂在江西从事粮食贩运，一次途经康山，恰遇当地居民失火，烧毁40余家，倾其所有给予资助。

清康熙、乾隆年间，徽商吴之骏，首倡集资修造乡里桥堤，经历了两个寒暑才竣工，还置义田数千亩，以救济族中的贫乏者，设立义塾，焚贷券免债，施医药给乡亲。同村的吴鋗，业盐两淮,经常教导子侄"存好心,行好事,说好话,亲好人",平生行善而隐姓埋名。聘名师教习子辈读书,六子入仕,两子中进士。

歙县潜口大徽商汪应庚是两淮总商,常怀济人利物之心。灾年捐金数万、捐米施粥、设立药局,活九万余人。汪应庚又出五万余金修建府县学馆,以两千余金制祭器、乐器,出一万三千金购腴田为学田,以所收租粟维持日常花费。汪应庚还兴修平山堂蜀冈,栽种松树十万余株;高价买下旁边的民田,另外修造一个池塘;重修蜀冈左右的观音阁、司徒庙,还建造五烈祠、贞节墓等古迹。汪应庚60岁时并不大摆寿宴,避走回乡,并拜祭祖坟先祠,路过武林时,又发愿捐助施舍云林寺,修葺殿宇。

黟县西递村胡贯三,独资建造齐云山脚下的登封桥、黟县霭冈桥,襄助建造黟县渔亭永济桥。还出资修建黟县至歙县、祁门县、休宁县大路9处。胡贯三之子胡元熙与歙县人程祖洛等倡议重建江南最长的桥——歙县河西桥,集银10万两,胡元熙独力承担建设资金,历时7年修成。

清末民国初期著名徽馆经营者张仲芳,捐资在绩溪家乡创办业余技校、民众学校;三次捐款修筑绩溪通往江浙的徽杭逍遥岩栈道,使险峻的羊肠栈道成为平整的石板大路;捐资修造自栈岭至昌化大石门的茶亭及黄茅裹至岭脚的上雪堂茶亭;倾经商40年的大部分积蓄,倡建、捐助徽杭公路;独捐巨资修筑自歙县齐武

歙县棠樾鲍氏"乐善好施"坊(局部)

村到横溪桥的山道,使狭窄的山径变为坦途。上海的徽宁医院创建时,他捐出巨款购置医疗用具、器械,独资购买了医用救命车。他还曾秘密资助在上海从事革命活动的周恩来等革命者。

歙县西溪人汪景晃,经商江苏、浙江、广州、福建,50岁回归故里,即将家业交给儿子,自己专干社会慈善。每年出钱五六万给缺吃者馈送粮食,出钱五万给少衣者赠送寒衣,出钱六七万于暑热天设茶汤以接待行旅之人,出钱两万开义馆解决寒门子弟上学问题,对死而无钱埋葬者,给棺材,安墓碑。87岁高龄还慷慨解囊,捐赈灾民。四十年如一日,乐善好施。其子汪泰安为成全父亲施济一生的心愿,千方百计求取资金,甚至在资金周转不灵时变卖妻子的陪嫁物,以确保父亲行善助人、博施不匮。

绩溪徽杭古道逍遥岩栈道

清末绩溪上胡家人胡寿六,务农兼经商,以诚朴闻名乡里。一生尽力于兴办乡村水利、创立乡村私塾、开辟荆州对外山路等公益事业。募资修成荆磡岭山道10千米,募修竹岭山道15千米。胡寿六和村人一道荷锄挎刀,啃冷馃,喝山泉水,沐风沥雨于山岭溪水间,铺成了蜈蚣岭脚至栈岱头险段的梯形石级,又督建黄泥岭段石砌山路,在建公兴石桥时,终因年迈积劳,病倒在工地上,三天后逝于家中。"一乡善士"让世人动容。

清朝绩溪徽商胡商岩,兄弟4人都热心公益。为了续修家乡竹岭山路,家庭垫款举债维持,后又赴上海、汉口等地向旅外同乡募捐。苦苦操劳7年,修成竹岭15千米山路,共筑石梯路面17000余级。胡商岩躬身公益事业30年,几乎倾其家中所积,还独资或募捐主持修筑借磡岭、栈岭、芦塘岭、浪广岭、灰石岭、小九华和歙东仙茶至绩南界牌岭等处山间道路;应聘督修绩岭、江南第一关和翚岭黄莲栈等道路；资助或主持修建桥、堨、坝、水碓、校舍、图书馆、寺庙、路亭、茶亭、社仓等工程百余处；还捐巨资创办荆山学堂、荆州小学及绩溪中学荆州分部等学校5所；首捐中正职业学校开办费1000元及基金1万元。民国二十七年（1938），其长子胡钟吾任宣城县长，日军入侵时，领导军民抗击日军收复县城，任内因公务应酬、救济难民，工薪入不敷出，负债甚巨。胡商岩即将临溪泰源商店出卖，款项交儿子还债。民国三十一年（1942），命钟吾将家藏的昌化鸡血石章310颗，送交屯溪礼会服务社义卖及樽节寿筵之资6.4万元，全数捐献慰劳抗日军队。胡商岩"乐善不倦"，把"商"做到了最高境界。

　　大徽商发了财，富而好仁，损有余以补不足，更加难能可贵的是有些做小本生意的徽州老乡，赚钱虽然不多，却也孜孜慕义如渴，让人油然而生敬意。清康熙年间，潜口坤沙村有一位自编簸箕贩卖的小贩郑成仙，见村前河上的木桥屡被洪水冲毁，行人不便，便把自己数十年编簸箕所得的积累全部捐出，买石雇工修造石桥。高大坚固的石桥造成以后，百姓为之感动，著名文人许楚将桥名为"簸箕桥"，并作《簸箕桥记》刻碑留念。在歙县上丰村也有一位以编草鞋贩卖为生的鲍姓老人，他几十年淡饭粗茶，节衣缩食，努力积钱，为的是要聚资建造村头河上的石桥。在乡亲们的帮助下，鲍姓老人晚年终于建成了石桥，实现了夙愿。村人为永远记住老人的功德，感恩老人的施惠，将石桥命名为"草鞋桥"，四乡八党百姓亲切地称"鲍公桥"。

五、富商巨贾美名扬

（一）商界称翘楚，实业多精英

　　清康熙、乾隆年间，歙县稠墅盐商世家汪交如和其子汪廷璋都是扬州总商。乾隆南巡，汪廷璋与两淮巡盐御史及其他总商一起接驾，获赐御书"福"字。汪廷璋还入京贺皇太后寿辰，受赏貂皮30张。清雍正、乾隆年间，歙县岩寺郑鉴元，任盐业总商10余年，捐助朝廷军饷万两，入京祝寿，召赴"千叟宴"，获赐御制诗及粟帛。生性节俭，淡泊自如。"于孝义之事，恒乐为之"。歙县江村江氏盐商世家的江演，任扬州总商34年。其子江承瑜任总商28年，纳税额占两淮盐税十分之一，江承瑜子江春任两淮盐业总商40年。乾隆六下江南，江春都参与接待。获封"内务府奉宸苑卿""布政使"等头衔，荐至一品，并赏戴孔雀翎。在江春盐务运转发生困难时，乾隆三十六年（1771），乾隆赏借帑银30万两给江春的江广达盐号。乾隆五十年（1785），再次赏借帑银25万两。江春事业衰败后，乾隆令众商出银5万两将其家产买作公产，其银两赏借给其后江振鸿运营，不需付息；再拨借帑银5万两，照例起息。

歙县棠樾鲍氏盐商世家鲍志道在扬州业盐，家资累至巨万。担任两淮盐务总商达20年，曾倡议"一舟溺，众舟助"，建立了两淮盐商以众帮众的"津贴"制，开创了现代商业保险制度的先河，受到商界推崇敬佩。鲍志道在扬州铺设康山以西至钞关抵小东门砖石路面；建江门义学，供贫穷子弟就读；在歙县与曹文埴等倡议复建古紫阳书院，并请两淮盐运使援扬州安定书院例，岁供库银3720两增加诸生膏火费，还独自捐银8000两发典铺生息，以修复城南紫阳书院；出资建鲍氏世孝祠、修葺敦本堂、增置祀田，捐资修建富资水堨。乾隆巡视江南，鲍志道在扬州接驾，多次率领众盐商踊跃捐输。其子鲍漱芳幼随父亲业盐扬州，动操胜算，声名日著。后被公推为两淮总商，召集众商输饷平定三省叛乱，即集议公捐6万石大米赈济洪泽湖水灾；倡议设粥厂赈济，公捐小麦4万石展赈黄淮水灾，活众数十万人。洪灾之后修坎护堤疏浚，鲍漱芳集众又捐银300万两，自己捐银6万两以接济工用，又捐银5000两助浚沙河闸。其他如修里社、筑水堨、置义学、修道路、广置义冢地、周助婚葬，累资巨万，毫不吝啬。

清朝扬州盐商巨贾"四大元宝"歙县潭渡的黄晟、黄履暹、黄履昊、黄履昂四兄弟，为弘扬新安医学，不惜花费巨资，延请苏州名医、歙县的叶天士来家，和王晋三、杨天池、黄瑞云等人考订药性，在倚山旁开青芝堂药铺，刻有《圣济总录》200卷、《叶氏指南》10卷等。黄履昊捐资购置义田于歙县东乡梅渡和西乡莘墟，以田租周济族中鳏寡孤独。黄履昂将扬州虹桥由木板桥改建为石拱桥。其子黄为浦修筑扬州长堤春柳一段，黄为荃修筑长堤桃花坞一段。

　　清道光年间黟县宏村汪定贵，以九江为中心，东指淞沪，南连浙杭，西至汉口，决胜千里，纵横商场，指挥若定，成为清末民国初期富甲一方的大盐商。其身后在家乡宏村为我们留下了世界文化遗产珍品有"民间故宫"之称的承志堂这座徽商豪宅。

　　特别要讲一讲吴子敬造"吴桥"的故事。清末黟县大徽商吴子敬在上海经商，决心独立捐资，按照上海外白渡桥式样建造钢铁桁架结构的无锡运河桥。有人认为造钢桥花费太大，那个费用，两座木桥都可以建起来了，劝他建木桥，而吴子敬为长远方便百姓计，坚持要造钢桥。同年9月，上海求新铁厂完成设计和工程预算。他即与厂方签订合同，先预付厂方1万元，农历年底再付1万元，其余竣工后结清，工期6个月。第二年6月，建桥工程正式开工，中途遇上战事频发，钢材价格飞涨，材料运输经常受阻，施工进度受到影响。求新铁厂经济上也遇到困难，恳求他将原定竣工后结算的12000余元提前支付，吴子敬二话没说，立即筹款于9月底全部付清。求新铁厂也深为他热心地方公益事业的奉献精神所感动，集中力量，昼夜施工。在大桥即将竣工之时，不料吴子敬却因操劳过度，11月29日在上海寓所得病去世，没能看到他念念在兹的钢桥雄姿。民国六年（1917）二月二十四日，无锡市公所在茧公所为吴子敬这位了不起的徽商举行了隆重的追悼会，当治丧队伍通过新建成的以吴氏命名的"吴桥"时，城中百姓涌向桥前，挥泪焚香跪拜，在桥中央作盛大的"路祭"，感恩这位施惠后世的巨贾。滚滚运河水日夜见证着徽商留给世人的慈善巨作。

（二）纵横商海上，宏图终有成

　　自古以来，商运系于国运。在历史演进大潮中，一些徽商总能审时度势，搏击风云，与时俱进，开拓发展的新天地，成就事业的新辉煌。

　　清朝黟县西递典商胡贯三，14岁便随本家大人外出学徒经商，数十年后成为江南豪富。其家在江西鄱阳、九江、景德镇及休宁县万安等地开有多家当铺、钱庄、布店、作坊等，号称拥有

"三十六典""七条半街"。胡贯三捐5000两白银助修碧阳书院，后其长子胡尚熷又遵父遗愿，以其祖父和弟弟的名义捐银6600两，自己又独捐银8300两，使书院得以建成。另外出资修建黟县至歙县、祁门、休宁大路9处。典商胡元熙是胡贯三的第三子，中举为官，出守浙江，历署衢州、湖州、嘉兴等府，补严州府改处州府、杭州知府兼督粮道。为官清廉，善断疑案，经手大小狱案，平反决断200余起，辞官归里后，喜好文翰，乐善好施。与兄尚熷秉承父志，出巨资捐建碧阳书院，又移常平旧仓，以其址创试院；修葺府、县学宫及祠堂、道路，捐俸周济族中鳏寡孤独残疾人。与歙人程祖洛等，集银10万重修徽州府城河西太平桥，程祖洛卒后，胡元熙独力承担建资，历时7年才完工。

　　清咸丰、光绪年间，绩溪余川村人汪立政，14岁到上海当学徒，24岁在上海开设"汪裕泰茶庄"。30年间，在上海、苏州、奉贤等地开设九座茶店。其次子汪惕予继承家业在上海市区增设茶庄，还在杭州西湖附近购地近百亩，兴建了中华名苑"汪庄"别墅。汪惕予次子汪振寰执掌茶号以后，着力开拓海外市场，增设了进出货加工栈房两处。汪氏祖孙三代经营出色，成为当年上海的"茶叶大王"。

　　休宁人汪宽也，先在上海汪厚庄的祥泰布庄当学徒，30岁被提升为布庄经理，他利用长江三角洲盛产土布的优势，亲自到农村棉农家中考察，以略高于同行的价格大量收购土布，然后在自设的正记染坊中聘请徽州一流的染工进行染色，制造出的布质地细密耐用，色泽鲜艳，永不褪色，穿着舒适，以"祥泰"命名的知名品牌——"祥泰牌"毛蓝棉布，其质量超过了当年市面上风靡一时的阴丹士林布，受到消费者的喜爱，不仅行销全国，而且出口到东南亚和法国。祥泰布庄营业额达到了160万两，一年贩卖的棉布额高达400万匹，雇佣员工120余名，在上海布业中坐上了头把交椅，成为"棉布大王"。汪宽也任上海绮藻堂布公所总董，成为上海布业界的领袖。病逝后，上海布业公所曾为他铸纪念铜像，立于豫园湖心亭东侧。

　　歙县昌溪周邦头周嘉誉在宁波经营徽漆，开设永畿漆号，驰名海内外，成为周氏漆业的开创者，其后周邦头周氏以漆业为主，与昌溪吴氏茶业、潘氏酱业齐名，世有"吴茶周漆潘酱园"

昌溪周邦头周氏宗祠

之称。周氏造漆有独到的家传配方,从四川买进生漆,运到宁波加工,经煎煮,加入桐油、广东豆油,用土布过滤,就成了漆器可用的熟漆。清末民国时期周氏漆业广布宁波、杭州、绍兴、台州、苏州、厦门等地,其中以宁波为最盛,占80%以上,在镇海、柴桥等地也开了分店。周氏漆业多兼营茶叶生意,以漆业为重,占90%以上。最鼎盛时期,全国各地共有周氏漆号店铺108家,蔚为壮观。周邦头周氏近代最大的漆商是周宗良,成为近代著名买办商人和银行家,人称"颜料大王"。周宗良除经营漆业、颜料业外,还投资兴办金融业和房地产业,先后任浙江实业银行、中国垦业银行、中国银行和中央银行董事。他还投资经营工矿企业,有汉口既济水电公司、华商轮船公司、康元制罐厂、公和纺织厂、振丰毛纺织厂等。独资经营的有宗泰进出口行、镇东机器厂等,与人合资的有信余汽灯号、如生罐头厂、宁波恒孚钱庄(后为银行)等。影响很大的电视连续剧《向东是大海》中的主角周汉良的故事,讲的就是徽商周宗良。

清同治年间,歙县程德成、程霖生父子在上海做地产业,累计财产约6000万两,可与英籍犹太地产大王哈同相媲美,被称为"中国哈同""地皮大王"。程霖生还先后开设了根泰和名粉厂生产味精,开办上海、天津、开封、归绥四处卷烟制造厂,投资大新公司（上海四大百货公司之一）。程霖生曾筹款5万银元营救被捕的陈独秀之子陈延年。程霖生还通过抗日名将朱子桥给东北抗日军队以物质和经费资助。保护过徽州同乡柯庆施、陶行知等人，对陶行知的教育思想和教育事业也给予很大的支持和资助。陶行知创办晓庄师范、歙县王充工学团时，程霖生都给予资金和物质的支持，并出任歙县旅沪同乡普及歙县教育助成会主任。陶行知还曾在程霖生的哈德路公馆举办读书会，宣传平民教育和民主革命。民国时期，程霖生在上海拥有资产逾千万，在宝兴里、宝裕里修建有住房1000余幢，被称为上海第八大"象（财主）"。程霖生不甘心居于沙逊、哈同之下，民国年间，他曾把手头现金投资开设衡余、衡昌、泰昌等六家钱庄，以调动资金，进行黄金投机。在上海标金市场涨落极大之际，程霖生开始做起标金投机，一心要操纵上海黄金市场，受到孔、宋官僚资本倾轧和社会势力围攻，加上时局不稳，地价跌落，最终破产。晚年以变卖家藏古玩勉强度日。

　　清同治年间，婺源花桥人吴懋鼎随父到苏州经商，后进入上海汇丰银行。光绪初年被派往天津筹设汇丰天津支行，次年银行开业任买办。曾被清政府任命为关内铁路总办，以办事干练著称。戊戌变法期间，被任命为京师农工商总局三督理之一。早在19世纪80年代中期，吴懋鼎便开始兴办实业，是天津著名的买办资产者，早期天津四大买办之一。

第六编 徽州教育

概述
天下之学,新安为盛

说起徽州,人们盛赞有加:"名臣辈出""东南邹鲁"。这了不得的背后,是因为徽州人的敏锐,能迅速把握社会大势变化和国家政策调整的机遇,当然,其根基则是发达的教育所铺垫的深厚土壤。

唐朝之前,徽州山荒人蛮,劲武之风盛行。盛唐之后,徽州的教育机构如初春稀疏的小草,偶尔探出头来。北宋鼎革,重文轻武;宋室南渡,文弱传国。犹如一夜春风,徽州教育由此勃兴,并一直延续至今。

歙县县学三元坊

令外人称美不已的,首先是徽州学校数量的庞大。

据统计,宋朝徽州建有书院18所,约占全国总数的4.5%;元朝建有书院24所,约占全国新建书院总数的8.5%;明清时共存在过的书院约93所。至于社学、塾学、义学,更遍布城乡。赵汸笔下绝非自我标榜:"自井邑田野,以至远山深谷、民居之处,莫不有学、有师、有书史之藏。"

如此众多的教育机构,按不同的目的,组合成一座体系严密的金字塔:数量庞大的蒙馆是塔基,传授的是生活、生产等最需要掌握的内容;经馆是塔身,数量稍少,向期望以儒为业的学子传授儒家经典的基本知识;书院、官学(府县学)是塔顶,服务于立志三元及第、蟾宫折桂者。

发达的徽州教育,催生了大批社会精英。

依"万般皆下品,唯有读书高"的价值标准,科举成功者无疑是传统社会的精英。如今,我们很难准确统计徽州历史上的进士数,更不用说举人和秀才的数量了。留下著述是精英的另一特征。道光《徽州府志》记载徽州人的著述,明朝1198部,清朝1288部。若算上没有印行、未曾传世、知名度过低等因素,上述数字还当翻几番才是。许多独擅一技者,如墨工程君房、方于鲁,歙县虬村黄氏刻工,虽科场无名,却是货真价实的徽州精英。他们之所以能艺超同行、青史留名,与其有较高的文化素养不无关系。

综观徽州教育,有如一方邮票,虽然小巧,却特色独具而醒目。

徽州教育具有平等性。

从受教育者的身份看,在徽州,除了数量有限、世代为仆的"小姓""伴当",其他民众子弟大多接受过时间长短不一的教育。最能反映这种平等性的,还是女子的求学。宋元时期,徽州女性尚缺乏男性那种从文、从政的社会氛围和时代舞台。明朝中期,徽商兴盛，名家大族也为女子提供了宽松的成长环境。文学家、歙县人汪道昆的孙女不仅识文断字，还著有《采藻轩集》。进入清朝，徽州才媛人数猛增。胡文楷的《历代妇女著作考》，著录清朝徽州才女75名，其中歙县42人，休宁18人。从姓氏看，汪氏12人，程氏7人，黄、吴各5人，江、方、张、王各4人。即以全国而言，徽州才媛人数之多，也仅次于常州、杭州一带。

徽州教育也具有多元性。

徽州子弟追求功名利禄的热情并不低于他乡。清朝休宁人汪起英，先世在扬州经营盐业，却抵不住其父长期卧病的消耗。他的叔父劝其父亲：家道变了，孩子治经不如治生。起英的父亲坚决不同意：读书多年，怎不试一试？考不上再放弃也不迟！但科举成功者终归是少数，徽州子弟对此也有清醒的认识，"不为良相，便为良医"。徽州历史上在文学、书画、医药、工艺乃至商界，名人辈出，无一不与教育紧密相关。

徽州教育还具有相对开放性。

明朝的徽州是文人向往的地方之一，很多学者来此讲学。增城人湛若水，年逾七旬，还来歙县斗山书院讲学。泰州学派创始人王艮等学者，也先后到休宁的天泉、还古，祁门的东山，黟县的中天等书院讲学。清朝，宣城大儒施闰章曾来徽州讲学。桐城派古文宗师刘大櫆，先在黟县任教谕，后受邀主讲歙县问政书院，歙县状元金榜就是他的学生。

徽州学者也常外出游学、交流。明末，休宁学者汪学圣，受东林党领袖高攀龙之邀，前往东林书院讲学。主管紫阳书院讲会事宜四十多年的休宁学者施璜，徒步上千里，过无锡，主讲东林书院；经桐乡，与吕留良日夜畅谈；到南京，与大学士熊赐履讨论学术。

徽州学子也因当时社会的流动性而有更丰富的生活阅历，成才概率大大提高。他们或在本地启蒙，再随父兄入侨寓地的官学、书院，如胡适，幼时在乡间就学，13岁由兄长带往上海读书；或在外地读过私塾，再回家乡深造，如黄宾虹，20岁前在浙江读书，后回歙县师从汪宗沂。

徽州教育兴盛千年的原因，当然也值得探究。

东汉之后的300余年，中原地区政权频繁更替，战火纷飞，不少名门望族纷纷避往相对安定的江南。他们中一部分沿新安江上溯，终于迈上了歙、黟的土地。同样的场景，随后在唐末、北宋末年两次出现。

在这一批批外来民众中，顽强地生存下来并成功反客为主的，多是后来的徽州名族大姓。这些入迁的中原望族，素有崇文向学的家族传统。他们的嫡系子孙虽然成千上万，散布四方，但家族精神没有丧失。"三代不读书，好比一窠猪"的徽州民谚，很大程度上反映的就是中原南迁大族对于家族记忆的恪守。

休宁黄村进士第

徽州，山多田少，并不适宜众多人口生活。唐朝之前，徽州人口数量较少，生存压力不大。宋朝之后，人口骤增，逍遥的生活再也难以维持。罗愿《新安志》中，就有不少徽州人迁往舒城、池州、无为的记载。其后，徽州人一方面不断向深山迁移，过着低档次的清贫生活。同时，又有更多的徽州人走出大山，逐渐走出经商的活路。在这种长期的内外流动环境中，他们强烈地感受到：除了机敏、勤劳、节俭，文化的作用更大！因此，在"十三四岁，往外一丢"之前，往往先将孩子送进学堂。

难能可贵的是还有大批徽州名儒对教育的热衷。宋元的吴儆、陈栎、倪士毅、郑玉，明清的朱升、程瑶田、凌廷堪，不是讲学书院，就是潜心训蒙，也留下一个个"名师出高徒"的生动注解。

在聚族而居的徽州，能否在激烈的宗族竞争中保持优势，政治地位、经济势力、历史影响都是重要的因素。兴办学堂，往往也被看作关系族姓前途兴衰的重要举措。

徽商的作用也十分关键。作为文化商人，经商不是目的，而是过程和手段。他们经商，或为生活所迫，或因科举失利，其终极追求是业儒入仕，即便自己无望，也要为后代奠定基础。捐资助校就是他们普遍采取的方式。

知府、知县是地方政府的行政长官，权力大，职责多。虽然兴学育人的成效，绝非三年任期可以显现，但它是当地民众道德、技能提升的前提，是治下安居乐业和长治久安的基础。因此，很多有历史和社会责任感的地方官员十分关注并倾注心力于此。明洪武时，歙县百废待举，知县张齐的措施是：劝导民众恢复生业，尽力农桑，兴建学校，重修紫阳书院，礼请名师训育民间子弟，安抚流民。在以安定民心、稳定秩序为首要任务的特殊时期，他居然有一半贡献是做了与其任期"GDP"关联不大的事。难怪地方史家评价其"政无先者"。

生存压力，家族传统，优良师资，宗族激励，商人乐助，官员倡导，在这些因素共同作用下，徽州的教育怎能不令人刮目相看！

一、十户之村，不废诵读

蒙学既是普通民众道德养成、学识获得的主要渠道，也是政府庞大的教育系统的根基。千余年来徽州的基础教育，唐朝及以前已难以了解，宋元时期比较发达，明清则可称繁盛。

（一）凡是民居处，莫不有学童

我国古代将人没有知识的状态称为"蒙"。因此，接受训育的儿童是"蒙童"，使用的教材称"蒙求"，开办的场所叫"蒙馆"。

南宋初年，徽州官立小学出现了。休宁首村人朱权6岁入小学，陈村人陈栎5岁入小学，都是入了官学。元朝统一，要求每社（50家为一社）立小学一所，择通晓经书者为师，农闲时使子弟入学。但徽州未见有社学的记载。到了明初，徽州人执行朱元璋的诏令很卖力。仅年余，就建社学462所，其中，休宁、婺源各140所，歙县112所。只是由于地方财力困窘，明中期后，社学迅速衰落，到万历时，休宁还存6所，祁门仅有2所。清初，中央力图恢复社学，但"只给政策不给钱"，结果，康熙时，休宁全县仅6所，歙县只有3所，仅具象征意义。

相比于官立小学的惨淡，民间开办蒙学的热情始终高涨，有家学、塾馆、塾学、家塾、义学、义塾等不同名称。它大体分三种：由家长对子弟进行启蒙的称"家学"，好义之士创办以教育宗族或乡里贫寒子弟的称"义学""义塾"，延聘教师在家设馆训育子弟的称"塾馆""塾学""家塾""私塾"。但其间的区分并不十分严格。

最早的"家学"大约是北宋中期绩溪人胡咸所设。父贤子智，其子舜陟、舜举先后科举成名。胡适早年的启蒙也有同样的色彩。

徽州义学之设最早也在北宋。婺源人汪绍创设"四友堂"，捐良田300亩，由其子汪存执教。明清时，很多人有立义学之举。如歙县呈坎人罗元孙、休宁商山人吴继良，曾建屋数十间，买良田百亩设义塾；歙县人洪世沧，捐银两千两开办义塾两所。

族塾（村塾）则是宗族出面聘请教师，资金或由众人分摊，或由族人捐助而设。清咸丰年间，婺源坑口的碧溪义学，就由方、欧阳两姓合建。在共同的发展需求面前，宗族之别不再成为阻碍的理由，这也算是一贯恪守传统的徽州人又一"与时俱进"的例证吧。

休宁县陈霞的陈村，美称藤溪，文风昌盛。元初学者陈栎曾不无自豪地描绘了该村祥和闲适、充溢着文化气息的诱人图景：风清月明，各家老者相聚厅堂，轻啜美酒，把盏言欢。一番推杯换盏，微有醺意。相搀互扶，漫步正街。只闻各家院落，稚童书声琅琅。东西相震，首尾应和……

清末，伴随着兴办新学的大潮，徽州新式小学堂也先后建立。光绪二十九年（1903），婺源县将崇报书院改设为官立高等小学堂，这是徽州最早创建的新式小学。次年，绩溪人程宗球兄弟在仁里开办私立思诚两等小学堂。至光绪三十四年（1908），徽州全府新式小学有40多所。

当然，新学开办也遭到旧势力的干预。光绪三十二年（1906），歙县呈坎民众听信抽捐传言，深夜捣毁了潆川两等小学堂和堂长的家。三年后，休宁县临溪人程管侯拟停废重阳神会，将经费用于创办临川小学，被指责为"兴洋学，不敬神"，他本人几乎被活埋，其母服毒自杀，最后只得避居浙江。

庆幸的是，新事物并没有因旧势力的阻挠而停下脚步。

（二）何人任塾师？自然有乡贤

许多家庭采取长辈训育晚辈的家学方式。南宋末年，著名诗人、歙县人方回，6岁时跟着叔叔方瑑识字。很多退休回乡官员，也义务讲学以发挥余热。休宁进士朱权，曾任惠州知州，74岁致仕，在他生命的最后四年，就在家乡开馆，学生常有百余人，甚至有不远千里慕名而来者。

蒙古人建立元朝，多次停科举；南方的汉人既无法享有平等待遇，也对新政权缺少认同。因此，终元一朝，徽州文人读书入仕少见，很多饱学之士都一边训育蒙童，一边研究学术。陈栎先到江潭坐馆，后在詹溪、渠口、珰金等处训蒙，一生未曾入仕。休宁人倪士毅幼承家学，因家道中落，只得授徒养亲。他在黟县教书23年，直到46岁去世。

明清时，以教授初学儿童识字、句读、背诵的称蒙学或蒙馆，以教授具有一定文化积累的士子经解、经义、做八股文的叫经馆。前者的塾师称蒙师、句读师或童子师，后者的塾师称经师。

蒙师一般由童生担任。他们读书多年，却未能获得最初一级的功名，只得充任蒙师以养家糊口。婺源读书人多，出任蒙师的也多，本县需求有限，出县境者比比皆是。目前发现的相当于如今字典性质的《乡音字汇》，多数来自婺源，就是当年这些蒙师谋生的重要工具书之一。在歙县，小溪村的项氏也称得上是"蒙师专业族"。

经师需要对儒家经典进行专业讲解，多由府学、县学生员充任。明万历时歙县人方洪，30岁中秀才，出任经师，门下经生六七十人，无论他在何处设馆，总是人满为患。

徽州还有不少女性或隐或显地扮演着塾师的角色。南宋时，陈栎刚3岁，他的祖母就口授《孝经》《论语》。更多的女性对子女的训蒙负着督促、辅导之责。清末婺源庐坑人詹鸣铎，有一次无法对出先生出的"梁前燕伏""四子侍坐"上联，只得请教母亲。母亲教以"柱边鸡走""三人同行"。前者因平仄不谐为师所驳，后者上下句均在《论语》的朱熹注解之中，获得先生高评。到了清末，女性设塾并非个别。婺源庐坑馨秀婆，不仅参与村中文会排解邻舍纠纷，也一度设馆教读。可见，即便在素称传统的古代徽州社会，女性地位绝非简单的"三从四德"可以概括。

选聘塾师的基本标准是"端方正直""文行兼优"，当然束修高低也是重要因素。还有另类的，如胡适的母亲挑的是要打人的先生："这个老师好，给他打了，小孩子才有规矩。"湖畔派诗人汪静之的母亲选择的是学问好、从不打学生的先生，因为汪静之是独苗，父母对他十分宠爱。

塾师的束修有制钱、银洋等，一般分午束（端午）、秋束（中秋）和年束（过年）三次收。束修多寡差别较大。清同治年间，黟县宏村一位塾师的束修标准是每生每年1500~1800文。但歙县旱南偏僻小村滩培，据说塾师年收入仅有玉米三石六斗。也有极少数家长希望塾师特别照应，会私下加薪。胡适的同学全是"两元"阶级（每年两块银元的学金），唯有他母亲第一年就送六块，最后一年加到十二块。这样的学金，连多年后的胡适也连连感叹：在家乡要算"打破纪录"了！

（三）启蒙劝学始，德术两相兼

周朝为培养治国之士，官学要求学生文武双全，礼、乐、射、御、书、数六艺精通。徽州人读书多为谋生，因此，在蒙馆里，除了道德修养，属知识层面的就是认字、计算。

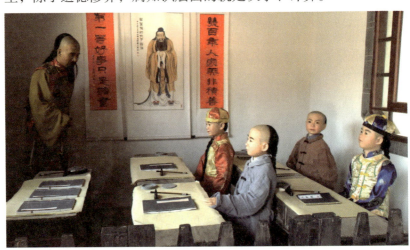

唐模村檀干园蒙童馆

传统而普及的初级识字读物是《三字经》《百家姓》《千字文》。在徽州民间，除了此类"三百千"外，还有贴近农村生产、生活实际的自编教材，或四字一句，或六言一句。数量之多、内容之丰令人惊讶。也有文士编撰突出道德修养的教材，如杜文波的《传家必读》，六字一句，以孝悌、忠信、礼义、廉耻为大纲，文词简明，朗朗上口，流传甚广。

　　对句是文字运用能力的基础训练之一，初习者一时难以把握，塾师编纂专门供学生参考的对句册子也很常见。一般从两字再到三字、四字、五字，由浅入深，难度渐增；内容也从具体的日常物品、自然景观，过渡到历史典故、人生感悟等抽象表达。两字对如"三槐"对"五桂"，三字对如"八仙桌"对"百子图"，四字对如"三秋叶落"对"二月花开"，五字对如"绿水滔滔去"对"红潮涌涌来"，读来饶有趣味。

　　写诗是对句训练的自然延伸。有了诵读《神童诗》《唐诗三百首》的基础，先生通常要求十一二岁的学生学写诗。学生根据命题（多即景赋诗）想象意境，炼字成韵。因难度较大，很多学生难有收效。汪静之曾自豪地回忆：在我那个小学里，只有我一个人在12岁开始学写诗，学会了，另外几个同学全不会写！

　　最实用的内容当推练习写书信、契约和算术。书信和契约除了格式，主要在于语句通顺、意义准确。徽州民间现存大量的信简、帖式抄本，就有不少是学子求学阶段留下来的"教材"或"作业"。算术以练习珠算为主。清末民国初期印刷的《蒙学算法正宗》，曾在徽州比较流行。它不仅介绍了算盘及拨珠常识、大量口诀及练习，还有丈量土地歌诀、盘量仓窖歌、丈量船法、垛积合总图、各盐场算引法等实用算法。一些偏野村落的私塾，先生甚至会应村众特殊需求，教些"另类"技能，如宗族祭祖时须用的唱歌诗，少数学生也会在先生指导下接受"起八字"的训练。

　　与现代学校丰富的教学内容相比，塾学的内容有些单调，加上先生教学流程上几乎一成不变的刻板的认字、写字、默字、上书、温书、背书，学生的学习生活不仅平淡无奇，甚至有些枯燥。但也常有微澜，有如鲁迅笔下的三味书屋。在诸多经历者的回忆中，甚至也颇有趣。

　　学生受罚也很常见，原因很多，最多的是课业未能令先生满意。比如背书，先生把学生一个个叫到面前去，背朝先生，念念有词地背来。偶有一句记不上来，戒尺便打到脑上。先生骂一声，把书一丢，受罚的学生便抱着头，捡起书，回到座位上，一边捧着头，一边咿哩哇啦地念着。

塾学，顽劣者之牢狱，聪慧者之乐园。或许这种比喻比较贴切。

二、官府立学，世代不辍

徽州地方政府所立官学，包括州（府）学、县学两级，始于唐，沿于宋元，盛于明清，转型于民国。

（一）官学始于唐，不修何以言政

相比于中原，徽州开发较晚。自唐朝一州六县格局奠定，地方官员普遍认为，唯有教育才是教化人心、稳定秩序的根本。明弘治《徽州府志》明确记载："本府在唐已设有学校，校址在歙城东北隅。"

宋朝建立，歙州州学依旧在州城东北。当时，全国近300个州、府中，州、府学也不过五六十所。其后，州学曾反复迁移，直至被方腊军队焚烧殆尽。南宋绍兴年间，知州汪藻按"左庙右学"的规制复建。后经多次扩建，泮池、知新堂、八斋、御书楼、后圃、风雩亭均备。

"周期律"怪圈似乎无处不在，战火一次次中断州学的发展进程。南宋末年，郡将李铨驻守徽州，为修筑工事，拆毁州学过半。不久，州学成为元兵军营，资产毁损。幸亏江东按察副使奥屯希鲁巡视至徽，这位著名文人深知教育的重要，下令驻军外迁，复建殿宇、讲堂。遗憾的是，当元末战争再次降临，州学再遭焚毁，唯大成殿硕果仅存。

宋元时期徽州六县的县学，其兴衰大略与州学同。歙县县学创建最早，时在南唐保大八年（950）。北宋时，因歙为负郭县（州治所在县），不另立县学；南宋初才在县衙左侧重建县学。其他五县均在北宋前期或中期各建有县学。

北宋初，州、县学生徒数量没有规定，视各地财力、场地而定。后来，朝廷按户口数将县划为大、中、小三等，规定各等县学生徒名额各为50、40、30人。当然，这些"指导性计划"对地方并不具有多大约束力。

州、县学的经费来源是地方政府划拨的学田，北宋朝廷规定的标准是十顷。相比之下，徽州官学的经费算得上宽裕：到宋末，州学有田、地、山共18顷又88亩，年收粮食800多石；每年房、地、山租金有220余两银子。各县县学也通过政府划拨、官员捐助等途径获得学田或资金。

宋元时期徽州官学的起步，与地方官员的大力倡导不无关系。

北宋中期，徽州等18州被朝廷列为"民事繁剧"的大州，知州多挑选清干之臣充任。徽州历任知州大多学识深厚，办事干练，信奉"学校不修，乌足言政"，以兴学育人为先务。绍圣年间知徽州的黄浩，到任第一件事就是拜谒先圣，升堂诵《周礼》，要求弟子入学听讲，结果次年登第者达十人之多！

徐拱辰的故事在民间广为传诵。南宋绍定年间，祁门知县徐拱辰见本县科举成功者寥若晨星，在州试之年，约请县内才俊赴宴。席间，他拿出祖传的御赐金酒杯敬酒：今秋，在座各位如有考中者，我以此杯相赠！不知是否与此"悬赏"有关，当年，素有神童美誉的方岳果然中得魁首，并在次年高中进士。

在徽州民间口碑中，元朝官员总是粗暴、蛮横的"鞑子"，殊不知知书达理者也不少。"有儒者气象"的捏舌伯出任祁门县达鲁花赤（相当于知县），常到县学与诸生讲论学问。继任的张蒙完得，在祁门"兴崇学校，创建门廊，有未完者悉皆备之"。百姓立石以感恩。

徽州士民对官学也有诸多善举。南宋初年，休宁县民众集资建屋50间。元朝中期，朱震雷出私财重修休宁学宫、兴建文公祠。宋元时期，徽州百姓此类捐资助学的善举屡见不鲜。

（二）明清学风盛，无愧东南邹鲁

从草根跃上龙庭的朱元璋见识卓远，深知文武之道，各有效用，建立明朝的次年，就发布诏书："令天下郡县，并建学校，以作养士类。"徽州早在明朝建立前就是朱元璋的地盘，恢复官学自然要比其他地方早。元至正十九年（1359）开始，州学两庑、戟门、讲堂、斋舍陆续建成。从明洪武初年到清嘉庆的500多年里，徽州府学较大规模的重修、扩建有20次，平均25年一次，频率不能说不高。

县学也频繁重修、扩建。明初至清嘉庆时，各县学重修次数为歙县、黟县各19次，祁门24次，绩溪27次，休宁45次，婺源47次。无论是规模还是装饰，县学也并不在府学之下。清康熙年间的休宁县学，仅主要建筑就有先师庙、戟门、棂星门、泮池、仪门、启圣祠、名宦祠、乡贤祠、学士墩、程朱祠、报功祠、敬一亭、崇经阁、明伦堂、博文斋、约礼斋、兴思祠、号舍、讲堂、土地祠、衙舍、射圃、东南邹鲁坊、贤俊奋庸坊等。无怪乎县志作者自豪至极："无愧东南邹鲁矣！"

官学兴修经费大多来自绅士及义民捐助。清朝徽州府学屡次整修，项、鲍出力尤多。康熙末年，歙县小溪人项宪捐资重修明伦堂、两庑、仪门，未竣而逝；其子代父操持，直至完工。雍正初年，项道晖再次捐资重修尊经阁、重建东南邹鲁坊。嘉庆年间，歙县棠樾盐商鲍漱芳、鲍勋茂兄弟捐银一万四千两重修府学；四年后，鲍漱芳之子鲍均又捐银重修尊经阁、教授及训导衙署，耗资不菲。

祁门县则建立集中民力整修县学的"城乡分任承修"制：大成殿梁栋、圣贤像，由城区承修；大成门楼、棂星石坊、周围垣墙、圣域贤关（指文庙东、西两大门），由东乡承修；崇圣殿、二门楼、围墙、东斋，归西乡承修；明伦堂梁栋、墙壁、匾联、石地、檐阶、月台，由北乡承修；御书楼、由义斋，归南乡承修。乾隆初年，该制度被刻石保存。

宋元两朝的学官品级不高，明清时有所提升。清朝府学教授为正七品，县学教谕为正八品，训导为从八品。就县级官员来说，知县为正七品，县丞为正八品，而相当于县衙秘书长的主簿、负责地方军事的巡检仅为正九品。教育官员的地位之高是当今难以企及的。

明清两朝生员数有定额。徽州府学在洪武初年定员40名。清朝除了廪膳生员40人，增广生员40人外，附学生员、武生每三年各从六县县学拨入25名和20名。各县县学生员数略有差别。廪生、增生各县均为20人；歙、休、婺、黟县学每次各可招附生20人、武生15人，而祁、绩县学每次只能各招附生16人、武生12人。

虽然生员（秀才）不过是最低一级的功名，但在徽州各县，竞争依然激烈。早在南宋，曾任徽州知州的著名诗人洪适，在《休宁县建学记》中就写道：休宁以前每年应试者不过半百，自从民众兴学，每年常逾八百人应试。"早夜弦诵，洋洋秩秩，有洙泗之风。"同时代的著名诗人、曾任徽州司户参军的范成大，也有"斯民邹鲁更丰年，雅道凄凉见此贤"的诗句。对徽州崇文尚学的风气的赞赏，两位名家可谓所见略同！

（三）民国多风雨，悄然兴新学

"花无百日红"，再完善的制度也有退场的时候。伴随着清末历次中外战争的失败，有识之士对科举制度的抨击逐渐汇聚成一股汹涌激荡的潮流。光绪二十八年（1902），朝廷颁布《钦定学堂章程》，对新式蒙学堂、小学堂、中学堂、高等学堂的开办及管理作了明确规定。随后，张之洞等提出分年削减、平稳过渡的改革方案。谁也没有想到，光绪帝停止科举的决心如此干脆：自光绪三十二年（1906）始，乡试，会试，各省岁考、科考一律停止；各府、州、县赶紧于城乡各处遍设蒙、小学堂，广开民智。

徽州虽偏处山区，传统的府学、县学也不得不让位于新学。光绪三十一年（1905），新安中学堂创办，次年，附设的师范科单设为徽州府立紫阳师范学堂。民国肇始，新式教育快速发展。徽州省立中等学校有三所，一是开办在歙县的省立三中，二是开办在休宁万安的省立二师，三是开办在屯溪隆阜的省立四女师。民国十七年（1928），安徽省府把三中和二师合并为省立二中（后改名为徽州中学），校址在休宁万安；省立四女师改为省立四女中，校址仍在隆阜。到中华人民共和国成立前夕，徽州主要的省立中等学校还有设在歙县的省立徽州师范学校、起初校址在绩溪孔灵的省立绩溪高级农业职业学校、办在屯溪高枧的省立屯溪工业职业学校。

以上学校由政府供给经费，接受政府部门督查。新安中学堂和紫阳师范学堂，徽州知府刘汝骥曾作过重点整顿，还与学校监督约定，逢月考，知府必到堂主持考试。民国时期，省立二师、徽州中学、省立徽师等校,都经常接受省政府委派的督学的检查。即便是抗战时期,也未中断。

当然,在新旧学交替时期,对旧学的依恋和对新学的不屑,在很多旧式文人甚至是普通百姓中都较常见。绩溪人汪静之直到五四运动前一年,还跟着私塾老先生读古书,后经在上海谋生的亲戚指点,才投考屯溪高枧的省立第一茶务讲习所。曾留学回国的徽州学子,也不乏对功名情有独钟者。歙县呈坎人罗会坦曾留学日本,主动参加了朝廷组织的留学生考试,获农科举人。春风得意的他将"农科举人"牌匾悬挂在祖居以光宗耀祖。

三、六邑书院,星罗棋布

为"梦"圆科举,徽州曾建有无数书院,这种我国传统社会特有的教育组织形式和学术研究场所,既是徽州教育体系的重要组成部分,也是成就徽州科举盛名的助推器。

(一)天下书院盛于徽

书院出现在唐朝,初为皇家藏书、校书之所。少数文人隐居读书,或聚徒讲学,也取书院之名。北宋重文轻武,书院迅速发展。徽州最早的书院也出现在北宋。景德四年(1007),胡忠在绩溪龙井创建桂枝书院,延聘名士训育子弟。十余年后,张舜臣在婺源建龙川书院。百年后,许润又在绩溪墈头建乐山书院,远近闻名。

徽州书院在南宋大有发展,新建14所中,歙县5所,婺源4所,休宁3所,绩溪2所。那时书院多在乡间,虽然交通不便,但多是大姓名宗聚居之地。南宋创建的书院中,以紫阳书院最有名气。

淳祐六年(1246),徽州知州韩补在歙城南门外紫阳山麓创建书院,宋理宗御题了"紫阳书院"匾额。其后两次毁于战火。朱元璋占据歙县,重建于歙县东门外。正德年间,郡守张芹别建书院于紫阳山中。清朝,挂有康熙、乾隆先后御题的"学达性天""道脉薪传"匾额。乾隆时,歙人曹文埴、鲍志道将县学后的朱文公祠改建为"古紫阳书院",重振讲学之风。咸、同年间再遭兵毁,后重修并改为校士馆。现存的"古紫阳书院"碑、文公井,虽显古旧,却依稀可见当年风采。

元朝虽然不重科举,却支持书院的活动。任命山长,授官给禄,重视程度几乎等同于官学。在徽州,不仅一些旧书院得以重建,还新建书院约25所。

道光《徽州府志》自豪地声称:"天下书院最盛者,无过于东林、江右、关中、徽州。"这是明清徽州书院的写照。

明初,朝廷对书院并未认可,直至成化时,书院才随着王阳明"心学"传播而兴盛。万历年间,首辅张居正认为书院"群聚徒党""空谈废业""摇撼朝廷",禁止各地"别创书院"。应天府等64处书院先后遭毁。婺源紫阳书院先被拆毁,30多年后才复建。天启年间,魏忠贤严令各地拆书院,变卖材料以助兴修宫殿。结果,休宁还古书院被毁三分之一,婺源紫阳书院改为"三贤祠",黟县碧阳、中天、淋沥书院均被毁。歙县紫阳书院主讲多人遭处分。魏忠贤倒台,以上书院才先后复建。

歙县古紫阳书院

清初,为防范清议朝政之风复活,朝廷对书院严格控制。顺治后期,禁抑政策稍许松动,徽州原有书院渐次恢复。康熙时,皇帝为岳麓书院御书"学达性天"匾额,委婉地暗示了弛禁的内心想法。乾隆则以管代禁，先将书院纳入官府管理，继而规范招生。徽州再次出现兴办书院的热潮。终清一朝，新建书院有30余所。

明清的徽州书院，官办数量少，除府属的紫阳书院外，歙县有斗山、崇正，休宁有还古、海阳，婺源有紫阳，祁门有东山，黟县有碧阳，绩溪有颍滨、峒公。这类书院由于是知府或知县倡修，举足轻重。

歙县竹山、休宁柳溪、婺源桂岩、祁门窦山等书院，则是个人创建、全族子弟受惠。这类书院后来也逐渐演变为共建。如黟县集成书院，前身是元末黄真元捐田630亩设立厚本义庄中的书院，清初，黄真元后人已无能力，于是，族众共同重建。

一族合创书院更为普遍。黟县南湖书院，嘉庆时由汪氏族人集资修建。休宁槐荫书屋，则是村中大姓李氏创立。项氏是溪口小丙村的望族，清初，族人兴建步云书屋；乾隆时，项士基兄弟三人再建明道书院。

比较少见的是数族共建。道光时，婺源延村、思溪、读屋泉、汪村、西冲等村数姓，在思溪共创开文书院。休宁还有一所"集贤馆"，则是明朝全县监生集资公建。

歙县雄村竹山书院

书院依培养目标分成不同的层次。紫阳、古紫阳书院，与徽州府学一样，属本地最高学府。学生均是从六县选拔的生员，目标是在乡试中斩获举人的功名。相当于县级书院的问政、还古、紫阳（婺源）、东山、碧阳、颍滨，地位与县学相当，也以备考乡试为目标。大部分乡族建的书院，定位在获得秀才的功名。休宁率溪书院等则属于启蒙阶段的塾学性质，层次最低。

徽州书院的兴盛，离不开师资、资金、学生三要素。徽州学术思想繁荣，各种思潮能在宽松环境中自由交流，此为师资之利；徽商不吝资财、乐于捐献，此为资金之源；官学规模有限，无法满足众多学子的进学愿望，则让书院有了持久的社会需求。

（二）疑义相析，进德修业

与传统私塾的个别教学、近代学校的班级授课不同，书院采用的是民主开放、师生平等的自学、交流、辩驳、析难的教学形式，兼具两者之长。而讲会制度尤为典型。

"讲会"是一种与书院教学、学术活动相联系的学术组织。其开展的聚会活动则是"会讲"。朱熹曾在白鹿洞书院开展会讲，回徽州省亲时，又在歙县天宁山房讲学，这可看作徽州书院会讲的起源。

徽州书院讲会的普及，与明朝中后期王阳明"心学"在徽州的传播同步。湛若水等多次来徽州，利用书院进行宣传。清政府大力倡导程朱理学，契合了徽州学者的梦想。休宁汪学圣、施璜，歙县吴苑、吴曰慎等以"负担道脉"为己任的学者，也以书院为阵地，试图重振朱子之学，从而使徽州书院的讲会制度得以延续。

徽州书院的讲会有明显的网络特征。

最基层的是一院组织的"院会"。由此而上，一乡一坊的是"坊乡之会"，一县是"邑会"，六县是"郡会"，"四郡大会"则是徽、宁、池、饶参与的讲会。各级讲会时间交错，频率不同：院会每月举办一至两次，邑会每季举办一次，郡会每年九月安排一次，四郡大会每年暮春轮流举办。每次郡会参与者都在百人以上，堪称学界盛事。

曾令徽州学者津津乐道的是，作为郡会的新安大会，从明正德十年（1515）到天启元年（1621），历时百余年少有中断。其根本原因是有严格的制度作保障。

比如入会资格，清朝《紫阳讲堂会约》规定：申请者须崇尚程朱之学，信奉心学及佛道者不纳；居家须讲究孝悌、信义、廉洁，凡渎乱伦理、不讲名节、语言无实、追逐名利者，以及刀笔讼师不得吸收。入会者若道德不守、有伤风化，或在会内不遵规约、行为无礼，或与会友制造矛盾，或会后言行放纵，经全体会友讨论，可以除名。就连介绍人也还要被追究连带责任，记录过失一次。

徽州人思维的严谨与实际，也在讲会组织机构的搭建上体现出来。品行端正、素有威望者充任会宗；主持讲会的会长由学术高深、年尊行优者担纲；办事积极、品行才能兼备者举为会正；年富力强、办事干练者推为会赞；另选吃苦耐劳、年龄较小者为会通，负责通知传达、接待应酬等事务。这样，形成完整的系统，保证组织运转顺畅和有效。

会讲重在理论问题的探讨，但最终目的是促进个人德业的进步。紫阳书院对会友列出了为人处世"十二戒"：学贵下，戒傲心；中贵虚，戒满心；功贵恒，戒怠心；入贵巽，戒躁心；养贵静，戒荡心；应贵直，戒机心；器贵宏，戒偏心；欲贵寡，戒贪心；用贵节，戒侈心；气贵和，戒忿心；人贵同，戒忌心；识贵超，戒习心。实践的方法是会友自备《崇实录》，逐日如实记载当天的做事、待人、读书、谈论。夜深人静，独自披阅反思。会期呈递至先师牌位前，并接受会众的相互查询和组织的奖惩。

（三）规矩从善，科考为先

明清时期的徽州书院，掌教聘任权和经济管理权，都把持在乡绅之手，实行的是民间自主经营管理的模式。

书院的主持者称山长，由士绅商聘饱学之士担任。即便由知府、知县倡建的如祁门东山书院，其山长也公议敦请。负有行政、财务管理职责的人员，位卑而职重，也来自民主推荐。黟县碧阳书院的经费由典商领本生息，官吏不能经理；"司匦"由每"都"推举一人组成。祁门东山书院的"司事"两人，当年在城一人为主，北乡一人辅佐，次年则辅者为主，他乡产生一人辅佐，如此递推。这样，工作的连续性就有了制度保障。

明清两朝，徽州书院有着官学化、科举化的演变轨迹。

最先被纳入官学化轨道的是书院的招生。明清时，徽州府、县级书院肄业生童都由学政和府、县挑送，享有膏火的正额生童数量相对固定。如府属紫阳书院，历年均录取给予膏火的生童60人。嘉庆时，程光国向知府请求加倍取录，并承诺独力添补新增膏火费用，紫阳书院享受膏火补贴的生童才录取120人。

　　书院生徒的管理也逐渐官学化。黟县碧阳书院勒石申饬：肄业生童不得出院游荡；有事回家，须向院长告假，每月不得超过五日。如终日悠闲或在院而不循规矩，即禀明院长，照会各绅士查明扣除膏火。书院还仿照官学对肄业生童实行按考课成绩升降赏罚的制度。东山书院规定：未有膏火之生童，如能连取三次超等前五名者奖给膏火一半，如四次又取超等前五名奖给膏火全数。原有膏火者，课文接连三次不录，则扣除膏火一半；若四次不录，膏火全扣。

　　传播思想、发明学术是建立书院的目的，聚众讲学、自由研讨是书院教育的优良传统。书院科举化则是书院放弃了自己的传统，围绕科举而从事八股试帖之类的教育。

　　祁门东山书院规定：每月生童大课（官府主持，作一文一诗），请知县亲临考棚。若知县出差，则委派两位监院轮流代理。每课限申刻交卷。黟县碧阳书院也规定：会艺以每月初五、二十为大课，十三、二十八为小课（院长主持，或诗赋，或经解，或策论）。

　　当然，徽州书院也并未完全变成猎取科名的场所。在训练学子参加科举必备技能的同时，仍然坚守传统，直到乾隆年间，徽州书院仍实行春秋讲会制度。这种讲会与课艺并行、学术与功利并举的办法，应该算是一种能兼顾各方利益的明智选择。

四、世代名流，薪火相传

　　徽州教育的繁盛，基础之一就是无数优秀教师精力与智力的付出。同时，也造就出一批教育名家。

（一）朱郑江戴，遗泽桑梓

　　祖籍婺源的朱熹（1130—1200）是著名教育家。他"登第五十年，仕于外者仅九考，立朝才四十日"，却一生与书院结缘。朱熹知南康军时，修复白鹿洞书院，并拟定学规，成为后世不少书院的学规范本。朱熹认为,"读书是自家读书,为学是自家为学,不干别人一线事,别人助自家不得",教师"只是做得个引路的人,做得个证明的人"。这就是当今强调的学生"主体性"。朱熹的读书法有六条:循序渐进、熟读精思、虚心涵泳、切己体察、着紧用力和居敬持志。"涵泳"是沉潜其中,反复玩味,不要穿凿附会。"切己体察"是心领神会、身体力行。"着紧用力"将读书比作撑上水船,不可放松一篙。"居敬持志"是要求精神专一、志向远大。这些教诲都被后世学子视为治学圭臬。

歙县人郑玉(1298—1358)是元朝著名学者与教育家,一生绝意仕进,讲学师山书院。郑玉认为:求学要摒弃门户之见。他本人虽"右朱(熹)",但不排陆(九渊),认为两派各有利弊,后世学者应各取其真。他向往耕读相兼的生活,不仅自己实践,对学生也有同样的要求。他主张读书要与游历相结合,不仅亲临黄山、天目、齐鲁、燕蓟,且每年夏天都要与弟子到歙县福泉山读书。

清朝婺源江湾人江永可谓是教育界的奇迹。他家境贫寒,仅中秀才,一生在婺、休、歙授徒为业,却培养出戴震、金榜、程瑶田等大家。可惜,老先生留下的著述大多与教育无直接关联,使得今天的我们尚无法探究其教育成功的奥妙。

休宁隆阜人戴震(1724—1777),也长期与教育有关。他先后在邵武、休宁、歙县课徒,入京后曾在礼部尚书纪昀、大宗伯王文肃家任教,山西寿阳书院、浙东金华书院等也留下他讲学的身影。治学上,戴震主张实事求是,不盲从,不主观,更不为求名而随意发挥。他认为务"博"是手段,务"精"才是目的。他告诉学生读书贵在"化"字,好比饮食,只有将"物"消化为"我之血气",才能滋养身体。士子求拜为师,他总谦虚地将师生关系定位为"交相师",即"有过相规""有道相学"。这与孔夫子"三人行,必有我师"的古训一脉相承。

(二)承尧晋接,时代先驱

斗转星移。近代我国国门洞开,西学犹如狂风从沿海横扫内陆。在新旧势力交织的特殊时代,许承尧、胡晋接以不凡的胆识和出众的能力,成为徽州教育界的两位明星。

歙县唐模人许承尧(1874—1946)在徽州教育史上的最大贡

献是创办了徽州的两所近代中等学堂。正如安徽巡抚冯煦所称："皖南学务以皖歙最早。歙县兴学，则自许氏。"

清光绪三十一年（1905），由许承尧出任监督的新安中学堂创立，校址在原徽州府试院。许承尧深知，"教育基址在小学"，小学优良与否在于师资。因此，他在中学堂附设师范科，次年，把师范科单设为徽州府立紫阳师范学堂，校址在古紫阳书院。

许承尧对清廷信心不足，他与受聘来徽任教的激进文人陈去病等，成立秘密组织"黄社"，以纪念黄宗羲为名，行发展反清力量之实。次年夏，因有人以此告发黄宾虹，该组织才悄然解散。

胡晋接（1870—1934），绩溪城内人，贡生，民国二年（1913），受命创办省立五师（次年改称省立二师），是徽州师范教育的主要实践者。

胡晋接认为，"新教师"须德、智、体并重。德育指品性优美、行为中正；智育要知识明确、技能精熟、才识灵敏；体育求体魄坚强、精神充实。为达成培养目标，他精心设计教育教学活动。如训育，提出信实、勤俭、谦逊、亲爱、公德、常识、遵法、尚武八项方针，开设"修身""经学"课程，确定"诚毅"校训及《校训日省》条款，规定帽徽、校服、校歌，建立师长训话、黑板揭示制度，定期组织集会、参观、远足，力求知、情、意、行的高度统一。

胡晋接治校从严。二师制定了涵盖极广的各种规程，如《学则》《教育实习规程》《运动规程》《贩卖部办事细则》《寝室室长规则》等，对学生行为细节尤其关注。如课余发现有欠稳健学生不在座位，要随时查问。执行规则也很严格。学生因学业不佳、不守规矩而被记过、留级或退学者很多。曾任国务院副总理的歙县人柯庆施，文学家、绩溪人章衣萍在二师就学时，都因言行"过激"而被停课或劝退。

胡晋接还实践实业主义思想，以工养学，开办膳食、贩卖、林园、陶务、印刷、工程等经营性部门，使二师成为当时徽州条件最完备、环境最舒适的名校。

（三）适之行知，大师园丁

陶行知（1891—1946）是歙县黄潭源人。一生献身教育，演绎着他"捧着一颗心来，不带半根草去"的崇高情怀和生命轨迹。

陶行知创立了生活教育理论与创造教育理论。生活教育理论的核心是生活即教育、社会即学校、教学做合一。陶行知认为，生活决定教育，教育又改造生活，两者密不可分。教育不局限于学校，而是涵盖了人类所有社会活动，到处是生活，到处也都是教育的场所与机会。教师教的方法要根据学生学的方法，学的方法要根据做的方法，教、学都要以"做"为中心。

为推行平民教育，实践教育救国之梦，陶行知辞去了薪水丰厚的国立东南大学教授职务。没有合适教材，他编印《平民千字课》。没有教师，他从大儿子教小儿子读书中得到启发，创立"连环教学法"。他指导在隆阜的省立四女师附设平民学校，期望家乡能成为平民教育成功的典范。

民国十六年（1927），陶行知在南京创办晓庄试验乡村师范。这是一所完全"另类"的学校。校内建筑是师生就地取材搭盖而成的，茅草为顶，泥砖砌墙。图书馆称"书呆子莫来馆"，大礼堂名"犁宫"，餐厅为"食力厅"。招考科目更让人大跌眼镜：农事或土木工操作一日、智慧测验、常识测验、作文一篇和五分钟演讲。招生广告上居然劝告"少爷、小姐、小名士、书呆子、文凭迷最好不来"。课程也很特别：中心学校活动教学做、中心学校行政教学做、分任院务教学做、征服自然环境教学做和改造社会环境教学做。古怪的名称将学科教学，文牍、庶务、会计等管理，烹饪、木工、养殖、耕作等后勤，剧社、小学、幼稚园、民众夜校、乡村医院、联村救火会、自卫团等单位的组织和管理事务融为一体。而这些繁杂的工作，除了一名负责挑水的校工，均由全体师生轮流分担。

民国二十八年（1939），陶行知在重庆又创办育才学校，从保育院、孤儿院等难童机构选拔具有特殊才能的儿童入学。为解决经费问题，他将行乞兴学的武训作为育才师生的榜样。有人问他："你何必背着石头过河呢？"他深情地回答："我背的不是石头，是爱人！"陶行知的奉献，吸引了翦伯赞、郭沫若等文化名人来育才兼职。国务院原总理李鹏当年就是该校学生。

胡适是我国近代思想、文化史上的巨匠，一生中很长时间都在教育界或与教育相关的部门服务。还在留美期间，胡适就希望自己"归国后能以一张苦口，一支秃笔，从事于社会教育，以为百年树人之计"。显然，此时的他已埋下献身教育的种子。

胡适对我国教育制度的构建有过影响。民国十一年（1922），全国教育会联合会讨论修订新学制。但教育部提交的方案引起与会代表不满。胡适以其学识和影响，调和矛盾，力主制定第三草案。最后，胡适等两人拟订的草案在会上顺利通过。

胡适的治校方略也值得注意。

民国十七年（1928），胡适担任了中国公学校长兼文理学院院长。他注重制度治校，上任伊始，修订校董会章程和学校组织大纲，合理分权，明确职责，依规运作。他重视选聘优良师资，不分派别、资格，纯以学术水平为准。沈从文以小说创作出名，无教学经验，又讷于言，初次上讲堂，居然长时间不发一言，窘态毕现。而他就是胡适看中的。他明确要整顿学风，开除不注册、不缴费的学生；招生宁缺毋滥。他主张不挂国民党党旗、不做国民党纪念周，而鼓励学生办壁报、刊物，成立各种学术研究会和演讲会，营造学术氛围。虽然他只是周四到校（要上两小时的课），除了重要政策亲自参与决定外，多不过问。看似"无为"，但正是在他任职的两年，该校秩序稳定、教学水准提高，学生养成自由活泼的读书风气，学校从濒临倒闭的状态迅速崛起，学生也从300余人上升为1300多人。

后来，胡适在北京大学任文学院院长兼中国文学系主任6年，抗战胜利，继蒋梦麟出任北大校长，都坚持并实践他教育独立、学术自由的办学思想。陶希圣曾说：北大的地位，如果"没有梦麟与适之的存在与活动，是想象不到的"。

（四）戈君鲲化，执教哈佛

近代中国，出洋留学者比比皆是，但受聘出任外国大学教师者屈指可数。戈鲲化就是最早登上哈佛大学讲坛的中国人。

戈鲲化（1836—1882），休宁人，出生于常州，举人，当过清军将领的文书，又在美驻上海领事馆、英驻宁波领事馆任职17年。清光绪五年（1879）他应聘赴哈佛大学任汉语教授，但聘期未满，就因病不幸去世。

按合同，戈鲲化以大清候补知府的身份赴任，聘期3年，任务是给3~4个人的小班教北京官话，每周上课5天，每天授课1小时，辅导学生自学2~3小时。

尽管哈佛对开设汉语班很热心，但最初只有一位长于戈鲲化十多岁、已负盛名的哈佛大学拉丁语教授刘恩随他学习。后来，戈鲲化的学生最多时达到5个。2年后，至少已有一名学生能流利地说中国官话。《纽约时报》也承认："戈教授总共只有四五个学生。但人们认为，这种做法所取得的成果仍然是非常令人满意的。"

戈鲲化把诗作为文化传播的载体。他将自创的中文诗译成英文，取名《华质英文》。他与美国朋友通信时，总特意选用印有粉红色图案和诗词的梅花笺。古朴典雅的信笺，充满翰墨书画气息，向异国朋友展示着中华文化的玄妙。

作为中国知识分子，戈鲲化恪守传统礼仪。不论是参加毕业典礼，还是参与演讲、酒会，甚至上课时，他都穿着官服。长袍、马褂、瓜皮帽、折扇，乃至细长及腰的辫子，这些常令美国人惊奇的东西，他并不忌讳。戈鲲化也努力学习、吸收美国文化。他去世后，当地报刊赞扬说："他独特的社交气质使他能够与社会各界人士交往，努力使自己能被大家接受。"

如今，哈佛大学燕京图书馆里还珍藏着戈鲲化的照片和藏书。这位曾远涉重洋传播中华文化的传道者，在被国人长期遗忘后，终于再次进入公众视野。

五、千载杏坛，成果丰硕

徽州教育是徽州文化的酵母。正是徽州教育的发达，才使徽州人的人生多彩、科举成功、文化繁盛。

（一）民生百业，谁领风骚

徽州教育的普及，使当地民众识字率大为提高。有学者估计：清朝我国民众识字率，男性为30%~45%，女性为2%~10%。而在徽州，宣统二年（1910），绩溪全县入学儿童4161人，占全县学龄儿童8502人的48.9%。

明清两朝，我国民生百业顶尖的一群人物中，有很多徽州人，他们就因教育而铺下了发展的深厚土壤。

乾隆时歙县江村人江春是扬州大盐商，少时攻读举业，20岁时未能中举，毅然弃儒从商。他后来能与各界名流交接应酬，与他早年奠定的文化基础显然有关。同时代的黟县西递人胡贯三，6岁入"燃藜书馆"，14岁外出当学徒。致富后，感叹早年读书无多，乃捐白银5000两协建碧阳书院。明清徽商中，中小商人是主体。他们被"往外一丢"前，都会读书三年两载，当学徒期间，白天干活，晚上还得练习书算。这种传统一直延续到近代。著名上海话作家、休宁临溪人周天籁，在家乡读了几年私塾，13岁被"丢"到上海"源来"当铺，10年间，他利用业余时间刻苦自学，后来专门从事写作。代表作《亭子间嫂嫂》一炮打响，奠定了他在近代文坛上的地位。

明朝祁门人汪机是著名医家。起初，他专注学术和科举，却屡试不利。在父亲劝说下，近30岁才弃儒从医。正因有儒学基础，才奠定了"培元固本"理论和"温病学派"的基础。歙县人江瓘、方有执、吴昆、程国彭、许豫和，祁门人陈嘉谟、徐春甫，休宁人孙一奎、汪昂等，都是名震一时的著名医家，而他们早年，都有较长时期的求学经历，甚至获得过秀才功名。

新安画派的代表人物、歙县人渐江，学程嘉燧、李永昌等人的技法，多靠自己体悟；在黄山等地写生，也融入了自我感受。而这些创造性活动，也得益于他早年中过秀才的文化功底。同为"新安四家"之一的休宁人查士标，本人即出身于书香世家，家学的浸润，使他日后发展有了扎实的铺垫。

即便以文艺著称者，也不乏科场上的失意人。歙县人、文学家张潮，出身于官僚家庭，15岁补诸生，但醉心诗赋的他并没有在科举之路上再升一步，而以创作《幽梦影》、辑录刊刻《虞初新志》留名青史。歙县人方成培以重撰戏曲作品《雷峰塔》著称，早年也属意科举，无奈体弱多病，才断绝科举之念。经历相似的还有创作《目连救母劝善戏文》的祁门人郑之珍。他们的成就，自然也离不开早年受教育的影响。

"一介武夫"往往是对擅长身体对抗者的评价，似乎他们缺少文化气息。但明朝武术家、休宁汊口人程冲斗却非如此。他投奔少林寺学武10年，精于长枪、单刀。虽没能发现他早年读书的记载，但他谈吐温文尔雅的儒生形象，特别是著有《耕余剩技》一书，无不说明他深厚的文化功底。

（二）当年科场，佳话如潮

徽州人对于功名的热切追求，原动力是对儒家"入世"理念的高度认同和实践。穷则独善其身，达则兼济天下。通过科举的平台，从修身、齐家过渡到治国、平天下。因此，徽州的从政者多数是忠于职守、律己甚严的清官。即便是文化界人士，也自视甚高。胡适就极少为家乡人推荐工作，哪怕一些乡人背后揶揄他：堂堂洋博士，还不如一个普通徽商带出去谋生的人多！

宗族曾给予学子很多鼓励。休宁县黎阳汪氏规定：子孙有志于读书者，每年给予灯油银1两；家境贫寒而准备科举者，每年给予薪水银1两；考取秀才者，给予贺礼银1两；参加乡试、会试者，给予卷资银1两；参加殿试者，给予旗匾银2两；考中进士者，给予旗匾银5两；考取一甲者，给予旗匾银10两。

明清时的徽州府当称全国"状元府"之一。据地方志记载，明朝徽州有举人1100多人，进士452人（其中状元3人）；清朝徽州有举人1536人，进士684人（其中状元19人，含本籍4人，寄籍15人。比苏州府多1人）。梁启超在《近代学风之地理分布》一文中，按地域胪列了清朝众多知名学者的师承与成就后，提出的第一个特别值得思考的问题也是："何故一代学风几为江浙皖三省所独占？"

若以县域为比较单位，休宁可称"第一状元县"。从宋至清共有19位文武状元：吴潜、程若川、任亨泰、沈坤、黄赓、戴有祺、汪绎、汪应铨、金德瑛、毕沅、黄轩、吴锡龄、戴衢亨、汪如洋、王以衔、吴信中、戴兰芬、汪鸣相、黄思永。这种盛况国内罕见。

就徽州本地而言，获得功名者的地域分布也不均衡，尤以休歙盆地及周边丘陵地区中名宗望族长期定居的村落人数最多。如乾隆年间"连科三殿撰"的状元黄轩、金榜、吴锡龄，家乡分别在休宁古林、歙县岩寺、休宁大斐，都在这一区域。同治年间"十里四翰林"的进士洪镕、郑成章、黄崇惺、汪运，家乡分别在岩寺、郑村、潭渡、西溪,首尾相距居然不过几千米。

一些村落俨然是"进士村"。岩寺因南唐舒雅、北宋吕溱、明朝唐皋、清朝金榜均为状元,故有"一镇四状元"美誉。绩溪县历代的83名进士分布也很集中:县城25人,龙川8人,坦川、冯村各6人。黟县历代乡里可考的94名文进士中,县城23人,屏山12人,黄陂10人,古筑7人,横冈、宏村各5人。

唐模村同胞翰林坊

徽州村落多为独姓村或以一大姓为主,因此,科举成功者也就有了明显的"宗(家)族链"特征。歙县雄村曹氏从明成化到清乾隆,有"一门八进士",其中曹文埴、曹振镛为父子,曾分任户部、工部尚书,又称"父子尚书"。唐模一村也有许承宣、许承家、许承尧三翰林。明朝歙县桂林洪翼圣、洪佐圣、洪辅圣兄弟9年内连中进士,与之世代姻亲的槐塘程子钘、程子鏊、程子铎兄弟也先后高中进士,流传下"梦中树帜诗坛字,盖郡香名认有双"的美妙传说。

当然,纯粹以数字多少去争全国"第一状元(进士)府(县、村)"意义不大,但以此探究科举成功者诞生的社会环境、经济基础和教育条件,以及他们的政治、学术贡献,还是能给人以一定启示的。比如,江南"财赋地"与"人文薮"两者如此明显的正相关，不正反映了经济是教育的基础？而徽州成功者的成长经历中，往往兼具本土与外地的因子，不也值得当今的教育界思考吗？

（三）西风东渐，群星闪耀

在西风东渐的过程中，徽州学子也逐渐顺应大势，接受西学。

从清同治十一年（1872）开始，清政府共选派120名幼童赴美留学。其中安徽籍只有4人，除第四期的黄莲祖是怀远人，第一期詹天佑籍贯婺源，第三期吴敬荣、程大业籍贯分别为休宁和黟县。詹天佑从耶鲁大学毕业回国，被派往福州船政学堂学习，后在福建水师"扬武"舰任职。他一生最重要的贡献是主持修建了我国第一条自己设计施工的京张铁路。吴敬荣虽在中日甲午战争中两次退出战场而受处分，但一生任职于我国近代海军。程大业回国后，曾任天津电报局领班，后任恰克图总办，并筹建满洲里电报局，是我国近代电报事业的开创者之一。

因美国"退还"庚子部分赔款，清政府以此款选派学生赴美留学。清宣统元年（1909）首批47人中，有黟县玛川人金邦正入康奈尔大学学农科。次年70人中，安徽有3人，胡适名列其中。曾任清华大学校长的休宁人周贻春，则是自费留学美国的徽州人。

清末，我国的留日学生数量很大，不少徽州人也奔赴日本。反袁志士、休宁人程家柽，歙县呈坎潨川两等小学堂的主要创立者罗会坦、罗运松、罗会垚，绩溪仁里私立思诚两等小学堂早期聘任的教师休宁人程宗泗、婺源人江鹏莹，都是留日学生。

进入民国，留学有成的徽州人层出不穷。社会学家、歙县人吴景超，哲学家、歙县人洪谦，文艺理论家、歙县人叶以群，植物学家、祁门人汪发缵，化学家、歙县人曹元宇，中科院院士、休宁人汪堃仁，农学家、绩溪人曹诚英等都是其中的佼佼者。歙县许村许家泽六个儿子中，本震、本纯、本学、本谦、本怡均留学并获博士学位，的确罕见。

总之，在徽州历史上，无论是学界精英，还是艺界翘楚，都是千年教育的繁盛为其奠定了根基。

第七编

徽州艺术

概述
天开神境，巧夺天工

  艺术是人类生活、情感真实的流露，它所体现出来的文化影响力，最直接，也最具感染力。当我们迈进徽州文化这座金碧辉煌的大厦时，使我们眼前一亮的，无疑便是徽州艺术。

  徽州艺术种类涵盖面极其广泛，包括戏曲、音乐、舞蹈、绘画、书法、篆刻、传统工艺等等，异彩纷呈，绚丽多姿。

  戏曲融音乐、舞蹈、曲艺为一体，曾是人类生活的一部分。

  早在西周时期，徽州土著居民就有了戏曲活动。屯溪奕棋西周墓葬中，出土两件"钟形五柱乐器"和一件绘有舞蹈图的铜鼎。舞蹈图上两人轻盈起舞，回首对望，形象而生动，仿佛当年土著居民热烈生动的舞蹈就在眼前。通过"钟形五柱乐器"，似乎可以传来远古时期徽州土著居民悠扬的伴奏音乐。

  东晋太元六年（381），晋元帝的第四个儿子司马晞被放逐到徽州，在被放逐的这段时间里，他经常举办宴会，令倡伎吟唱当地土著歌舞离别之辞，语调极为悲切。更加表明徽州土著居民善于歌舞的文化习性。

  宋元以后，乐舞曲艺活动渗透到当地老百姓的生活中，充满了生活气息。婚嫁时，哭轿、接房、敬酒、交杯、撒帐等多种迎亲歌曲，与婚礼仪式紧密配合，成套演唱，丰富多彩，体现了当时徽州民间丰富的民俗活动。亲人去世时，丧礼中的哭丧调，曲调哀婉。劳动中的采茶歌、上滩号子、上梁歌，或欢快，或雄壮，气氛热烈。在各种祭祀和喜庆节日、庙会活动中，各种乐舞曲艺活动更是多彩多姿。

戏剧活动同样来源于生活。对鬼神的信仰，一直融合于徽州的原始土著生活中。远古时腊月里，土著居民经常举行驱鬼逐疫的祭仪，跳着一种原始巫舞——傩舞。后来傩舞逐步向娱乐方面演变，加强了故事成分，形成傩戏。

目连戏更是徽州民间一种经常的娱乐项目，极具观众参与性，演员可以到台下乱跑，到摊上随便抓东西吃，演到高潮时，台上台下万人齐声呐喊，声势浩大。徽州目连戏讲究武功杂耍，动作激烈，当地老百姓往往称"演目连"为"打目连"。

如果说傩戏、目连戏还算不上真正的舞台剧，那么到了明嘉靖年间，"徽州腔"的产生，使徽州的戏剧艺术产生质的变化。傩戏的假面具变成了徽戏中的脸谱，目连戏的武功杂耍成为徽戏中的表演程式，加上充满地方特色的"徽州腔"，中国戏剧舞台上的一朵奇葩——徽剧开始诞生。

如果说，徽州戏剧在中国戏剧史上占有重要一席。那么，新安画派则是中国绘画史中的重要一篇。

新安大好山水为徽州山水画的创作，提供了生动的素材，清初徽州文人画家的遗民意识，又在山水画的创作中得到充分的体现。两者的结合，使徽州的山水画创作，达到了一个新的艺术高峰，缔造出中国山水画上一个全新的艺术流派——新安画派。

民国时期，黄宾虹继承新安画派的文人画传统，于平淡中见奇伟，于幽曲中见险峻，笔法纵逸，意韵峻拔，气度雄浑。他将新安画派的道脉，传薪到一个崭新的阶段，开中国山水画一代新风。

除了山水画，徽州的人物画、花鸟画同样很有成就。元朝绩溪人戴仲德画起马来，惟妙惟肖，人称"几夺造化"。明成化至嘉靖年间的休宁画家汪肇，擅长画翎毛花卉，笔意恣肆。丁云鹏的人物画以白描见长，眉睫之态尤为生动。

"扬州八怪"中的汪士慎、罗聘均是徽州人。汪士慎以画梅、水仙和竹类花卉著名,所作梅花繁枝千花万蕊,疏枝半开花朵,冷香清艳。罗聘以画鬼见长,平生最得意的作品为八幅《鬼趣图》,自称目能见鬼,刻画出了各种离奇古怪鬼的形象,用来讽刺当时的社会风气。

清末歙县人虚谷,以画花鸟和小动物著称,是晚清海派绘画大师,与任颐、吴昌硕并称为"海上三杰"。他在用色上,苍凉与清隽兼备;在笔法上,多用干笔和颤笔,得"金错刀"笔意。

版画在古代称之为插图,是随着雕版印刷的发明而成长起来的一门艺术。明末,徽州出版商胡正言刊印的《十竹斋笺谱》上的各种图画,人物潇洒出尘,水木澹淡恬静,蛱蝶花彩斑斓,欲飞欲止,博古清玩典雅清新。以没有色彩的凸版压印花瓣脉纹鼎彝图案与水波云痕,更是胡正言的创造。著名学者郑振铎看如此精彩的《十竹斋笺

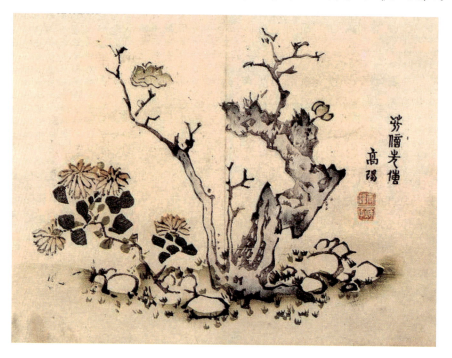

《十竹斋书画谱》插图

谱》，大为赞叹，称《十竹斋笺谱》"实已跻彩色版画至高之界"。

书与画总是连在一起的，徽州书法艺术在中国书法艺术领域成就不算太高，但在篆、隶、真、行、草各体书艺上，也产生出一批大家。朱熹的行书、詹景凤的草书、汪由敦的楷书、汪士慎的隶书、胡澍的篆书，也都曾风靡一时，在中国书法史上都占有一席之地。

篆刻是书法与雕刻的结合，既有实用价值也有欣赏价值，是文人意趣的体现。徽派篆刻之前，还没有真正意义上的文人篆刻。徽派篆刻的崛起，才真正确立了文人篆刻的艺术地位，实现了由实用印章向篆刻造型欣赏艺术的转变。徽派篆刻是中国文人流派篆刻的主流，一部徽派篆刻史，几乎就是中国文人流派篆刻史。

大自然一直是艺术创作的源泉，甚至是艺术创作的娘胎，徽派盆景就是躺在大自然的怀抱里，孕育出的一门艺术。徽州自然界的古木苍松和秀丽山川景色，给人以无限的美感，人们为了在闹市的斗室之中也能领略到大自然的诱人风貌，便以植物、山石等为素材，运用缩龙成寸、咫尺千里的艺术手法和特殊的盆栽修剪技术，将其细致加工，精心布局，制作成再现大自然神貌的艺术盆景。

在艺术领域，工艺是其中的重要组成部分。

工艺是指艺人采用各种物质材料和手工技艺，所创造的手工艺品及其相关制作过程。徽州传统工艺中的"新安四宝"、漆器、张小泉剪刀、竹编、万安罗盘、灯彩、装饰、刺绣、剪纸等等，都是以其精巧的制作技艺而扬名于世的，其中又以"新安四宝"对中国文化发展的贡献最大。

"新安四宝"是指宋朝产于徽州的笔、墨、纸、砚四种文房用具精品。南宋绍兴二十九年至三十一年（1159—1161），著名文学家洪适任徽州知府时，在府城建了一座类似于展览馆的建筑，专门陈列当地的笔、墨、纸、砚产品,并将苏易简所著《文房四谱》书于展室四壁,取室名为"四宝堂"。

回望徽州艺术,能够取得如此高的成就,与它紧密联系生活,兼收并蓄,突出地方特色,以儒雅为宗旨,以及强烈的扩张意识,有着莫大的关联。

天开神境,巧夺天工。徽州艺术有着高雅优美的艺术品位,细细鉴赏,如春风化雨,润物无声,令人回味,使人难忘,更不知不觉间洗涤人的心灵,陶冶人的情操。

一、徽州戏剧,京剧之母

戏剧,有着特定的概念。著名戏剧史专家周贻白,在他的《中国戏曲史略》中指出,戏剧是由诗歌、音乐、舞蹈、绘画、雕塑、建筑等六项艺术融合而成的一门综合性舞台艺术,其主要作用是故事表演。

从傩舞到徽剧,从徽剧到京剧,我们看到了徽州戏剧的前世今生。一部徽州戏剧的发展历史,就是一部中国戏剧发展史的缩影。

(一)傩舞目连戏,戏剧活化石

"野礼讲蜡迎,侲朋阅傩逐。"这是宋末歙县诗人方回描写徽州傩的诗句。

徽州的傩祭活动,历史上很普遍,明清更为盛行。立春这一天,各县地方官吏都要祭祀太岁,行傩驱邪。清乾隆时期,歙县人吴梅颠所写《徽歙竹枝祠》中,描写了当时徽州人傩祭活动的热闹场面:"逐疫时当四月八,装形扮样嬉菩萨。傩虽古礼迁于嬉，镜鼓喧天人闹煞。"

大约从清中叶开始，傩舞向傩戏方面演变。清光绪年间，休宁县茗洲村吴氏春秋祭祖活动，都要请傩戏演员前来演戏，这成为宗族的一项固定活动，并把佃仆搭戏台的工钱写入《葆和堂需役给工定例》。通过"搭戏台"的记载，可以知道茗洲吴氏傩，已经是舞台表演，成为傩戏。

如果说傩戏源于中国古老的祭祀巫舞，目连戏则来自佛教传说。

目连戏的故事是说，王舍城中一个虔诚信佛的家庭，生活着傅相、刘青提夫妻和他们的儿子傅罗卜。可是青提夫人吝啬贪婪，经常趁丈夫、儿子外出时，宰杀牲畜，大肆烹嚼，死后被打入阴曹地府，受尽苦刑的惩处。傅罗卜为了救母亲，出家修行，法号目连，向佛祈求，广行善事，终于救出母亲，合家团圆。

虽然宋至元《目连救母》杂剧一直在民间流传，但一直没有系统的文字剧本。明嘉靖、万历年间，郑之珍对民间流传的《目连救母》戏文，进行了系统的整理，编写完成《新编目连救母劝善戏文》3册，于万历十一年（1583）刻成行世。

《目连救母》剧照

郑之珍是祁门县渚口乡清溪村人，从小在县学读书，因屡试不第，于是放弃读书做官的念头，专心从事戏曲创作。郑之珍所作《新编目连救母劝善戏文》分上、中、下3卷，共102折，是一种可以连续多天演出的连续剧形式，可分可合，灵活自由。

剧本在演出时融入了民间的情趣和习俗，穿插了筋斗、跳索、跳火圈、蹬坛等杂技手段，唱、念、做、打融为一体，在民间影响很大，以至于"目连戏"成为戏曲大家庭中一个独特的种类名称。清朝，目连故事风靡东南一带，徽剧、川剧、湘剧、昆曲等诸多剧种都移植上演了《新编目连救母劝善戏文》。

郑之珍所作《新编目连救母劝善戏文》一经产生，便推动了徽州目连戏的发展，演出活动更为盛大。祁门民间流传有目连戏"出在环砂，编在清溪，打在栗木"的说法。环砂村位于祁门西乡赤岭（今牯牛降自然保护区境内）下，古时崇山峻岭，古木参天，酷似郑之珍剧本中描写的"黑松林""马蹄岭""茅栅店"等场景，是作者耳濡目染、抒发笔端的结果，故有"出在环砂"之说。清溪村是郑之珍故里，所以讲"编在清溪"。"打"指演出，徽州目连戏讲究武功杂耍，动作激烈，当地百姓便把"演目连"说成是"打目连"。栗木村目连戏班是祁门县演目连戏最棒的戏班，故称"打在栗木"。

傩戏的面具后来成为徽剧脸谱的来源，而目连戏的武功杂耍表演方式也被徽剧所吸收。

（二）徽调徽州腔，徽园徽戏庄

民间乐舞融于老百姓的社会生活之中，没有故事情节，也不讲究形式。傩戏和目连戏有没有舞台并不十分重要，演员和观众融为一体，同戏剧强调舞台艺术的概念有一定的差别。

徽州真正舞台剧的出现，以徽剧为代表。它容纳了诗歌、音乐、舞蹈、绘画、雕塑、建筑六项艺术，成为一门独立的戏剧种类，在中国戏剧史上具有特殊的地位。

古代有"听戏"的说法，所谓"听戏"，讲究的就是唱腔。中国古代戏剧，声腔占第一位。徽剧声腔的形式，是徽剧赖以成立的基础。

徽州腔的产生大约在明嘉靖年间，至万历时期开始盛行。汤显祖的《宜黄县戏神清源师庙记》、王骥德的《曲律·论腔调》，都记载了徽州腔。

当徽州腔在徽州本地流行之时，一些流寓在外的徽商却喜以听昆腔为时尚，甚至专门蓄养家班唱昆调。这些演唱昆腔的徽商家班，随着主人回到徽州演出，也把昆腔带到徽州。

徽州腔同昆腔的交流，使徽调有了新的创造，腔调变得柔缓平稳，颇有"四平八稳"之感，故徽州艺人称之为"四平腔"，后又形成昆弋腔。由于四平腔或昆弋腔雅俗共赏，在当时民间影响很大，迅速从徽州向四邻流传。

当昆弋腔传到安庆、枞阳、桐城、石牌（今怀宁）一带时，与大量南来的秦腔相汇，两者互相影响，产生了另一种新的腔调，即"吹腔"。相反秦腔受昆弋腔的影响，则演变成"拨子"。后来在"拨子"的基础上，徽班艺人又创造了一种新腔叫"二黄腔"，并随后演变成二黄平板、老二黄、正二黄、反二黄四种腔调，从而形成比较完整的徽剧声腔体系。

清康熙、乾隆时期，是徽剧发展的黄金时期。在当时东南经济和文化中心扬州，徽州盐商拥资巨万，竞尚奢丽，鼓乐笙歌，终年不断。蓄养戏班成为徽商摆阔气、讲排场、迎来送往的需要。

据《扬州画舫录》记载，仅乾隆年间，扬州就有江春的德音班、春台班，徐尚志的老徐班，黄德、汪启源、程谦德等众多的家班。徽班占据扬州戏坛以后，兼收并蓄，博采众长，四方招聘名角加入，先后吸纳秦腔、吹腔、高拨子、梆子腔、罗罗腔等声腔艺术和剧本优点，形成以徽调为主，融合众长，唱、念、做、打、舞并重的完美剧种。

徽剧的舞台表演艺术也非常出色，最显著的表现是对武功的重视，正规班社的武生翻、打、扑、跌、刀、枪、棍、棒功夫都非常精湛。尤其高台武功更为惊险、刺激，据说在《英雄义》中饰演史文恭的演员一般要翻3张桌子，最好的要翻7张桌子。杂耍功夫在徽剧中也体现得颇为精妙。这些武戏和杂耍极具观赏性，是徽剧受大众欢迎的一个重要方面。

舞台美术是徽剧优于其他剧种的又一个方面，这与徽商的财大气粗有关。徽剧行头服饰富丽堂皇，角色行当样样俱全。一台戏，演员动辄数十人、上百人，生、旦、净、末、丑全部亮相，载歌载舞，声势浩大，体现了徽商讲究排场、务求华丽的特点。

造型艺术在徽剧中也很有特色，演员非常讲究身段、亮相的塑造，借助一些程式化的象征体态刻画人物。利用脸谱刻画人物形象，是徽剧造型艺术的又一特征。通过对剧中人物性格进行典型的象征性归纳，使观众一见便可确定此人的好坏。据统计，徽剧脸谱约有90种，人物的性格、年龄、忠奸、善恶，通过脸谱就可辨识。

徽剧剧目十分丰富，据统计，徽剧共有传统剧目1404个，20世纪50年代初期收集到的手抄本就有753个。题材涉及三国、水浒、杨家将、岳飞传、三侠五义，以及民间生活故事等。这些剧目中，经常演出的有三四百出。代表性剧目有《七擒孟获》《八阵图》。

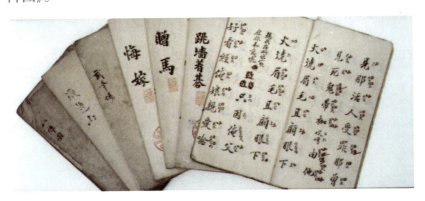

徽剧剧目手抄本

（三）徽班进京城，谱出新篇章

徽剧兴盛的真正高潮，来自乾隆皇帝的推崇。

乾隆爱热闹，爱看戏，爱排场，一生六下江南，都是由两淮盐商负责接待，自然这样的差事，大多落在了徽州盐商的身上。据《扬州画舫录》记载，乾隆每次到扬州，从高桥开始至迎恩亭数十千米，沿运河两岸由两淮30位总商分工派段，恭设香亭，奏乐演戏，迎接銮驾。

乾隆下江南，从接触徽剧到热爱徽剧、推崇徽剧，促使徽商对徽剧投入更多的资金，使徽剧的兴盛，达到了一个史无前例的高峰。而乾隆皇帝对徽剧的喜爱，也是弥老不衰。

乾隆五十五年（1790），皇帝80岁生日，浙江盐务大臣征集徽剧三庆班入都祝寿。寿期过后，三庆班便留在北京的戏园里演出，受到北京观众的热烈欢迎。随后四喜、启秀、霓翠、和春、春台等徽班也相继进入北京演出。

北京是一个五方杂处的都市，观众有着各方面的需求，徽剧剧目的多样化，吸引了大量的观众。徽班在北京站住脚，并且获得很大的发展。据《梦华琐簿》记载，当时"戏庄演剧必徽班，戏园之大者，如广德楼、广和楼、三庆园、庆乐园，亦必徽班为主"。

开始入京的徽班前后共有六个班社，但不久就因为演出力量分散，把六班并为四班，即三庆、四喜、和春、春台。其余启秀、霓翠两班中专唱昆腔的一些角色并入四喜班，唱其他声调者并入三庆班，擅武功者并入和春班，而春台班则多为年轻演员。这就是驰名当时北京城的四大徽班。

徽班在演出过程中，为了迎合观众的需要，时常将二黄调同秦腔演变而来的西皮调同台合奏，形成"皮黄"，最终产生京剧，完成了由徽剧向京剧的华丽转身。京剧不仅继承了徽剧的声腔，而且从剧目、脸谱到舞台表演艺术，乃至伴奏音乐，都秉承了徽剧的传统。因此，有人说"徽剧乃京剧之母"。

在徽剧向京剧转变过程中，应该提及的是，演员的作用不可低估。

清道光、咸丰年间，徽班为适合北京人的语言，逐渐结合北京语音演唱，向京腔演变。当时一些著名的徽剧演员程长庚（三庆班）、余三胜（春台班）、张二奎（四喜班），都是京剧形成初期的代表人物，时称"老生三杰"。他们在演唱及表演风格上各具特色，在创造京剧的主要腔调西皮、二黄和京剧戏曲形式，以及具有北京语言特点的说白、字音上，作出了卓越贡献。

徽剧同京剧相比较，京剧在表演艺术上更完整，更具程式化、规范化，同时也更细腻。京剧唱腔和演唱风格比徽剧来得丰富多变、悠扬跌宕，伴奏乐器也更加丰富多彩。尤其是近百年来京剧舞台名人辈出，出现了很多不同的京剧流派，经他们不断完善，使京剧成为中国戏剧舞台上艺术形式最为完美的剧种，也是全国最为普及的剧种，有"国剧"之称。

清朝后期，京剧兴盛，徽剧艺人多改学新腔，徽剧渐渐衰落。虽然京剧比徽剧更完美，但徽剧是徽州人的"国剧"，在徽州当地,徽剧仍十分兴盛,老百姓深深依恋着自己的戏剧,"唱徽不唱京"。

清末活动于徽州城乡的徽剧班社很多,有大阳春、大寿春、二阳春、三阳春、新阳春、庆升班、彩庆班、同庆班、柯长春等47个,其中大寿春有艺员180余人。这些班社分正规班和半正规班,正规班以庆升、彩庆、同庆、阳春最为著名,号称"京外四大徽班",活动于较大的城镇和庙会。半正规班为业余性质,时聚时散,人称"鬼火班",一般在农村演出。20世纪30年代初期,徽州仍有一二十个徽剧戏班。

纪念徽班进京《贵妃醉酒》剧照

二、新安画派,独树一帜

自然造化,山水之美,一直是艺术创作的源泉。

新安大好山水广泛孕育了徽州文化,也直接孕育了新安画派。

带着遗民意识,观照新安山水,明清之际,新安画派在画坛艺苑独树一帜。

（一）搜尽奇峰打草稿，敢言天地是吾师

徽州号称"山郡"，据浙江上游水云深处，地势斗绝，山川雄深，山峭厉，水清澈。东边有大鄣山为屏障，西边有浙岭扼守。这里重峦叠嶂，河溪纵横。黄山、白岳矗立云间，峥嵘挺拔，锦绣连绵，新安江奔流于山谷盆地之间，波光潋滟，晶莹如玉，素有"大好山水"之誉。

六县所处，又各有特色。歙县浦口嵌岩峭峙，两港合流，僻处一隅，屹立如保障；婺源重山复岭，异材间出；祁门重冈列岫，清淑之气融结于中；黟县坡陇左亵，壑谷右浚，黟邑桃源，烟霞百里；绩溪山穷入云，水驶激射，新安门户，吴越屏藩。

新安大好山水为当地画家提供了很好的范本。元朝，绩溪人程政以新安大好山水入画，成为新安山水画的先驱。歙县画家朱璟，大雪天独坐空山之巅，领悟大自然的美景。别人不理解，问他干什么，他回答说：我这是在将丘壑之美，装进我的胸中。

到了明嘉靖年间，休宁的丁瓒，开始用元朝著名画家米友仁、倪瓒简洁清淡的笔法描绘新安山水。这种简洁的笔法，最容易表现黄山石质岩体的层峦叠嶂。从此，这种简洁清淡的笔法一直被明清徽州画家所继承，为新安画派的形成奠定了笔墨基础。

丁瓒的儿子丁云鹏继承父亲的风格，所绘的山水画，清淡简练。丁云鹏对黄山、齐云山都有很深刻的观察，晚年更是楼居黄山禅观，帮助普门和尚创建慈光寺。他不仅作有《黄山总图》，还作有《白岳全图》。他完全采用白描手法对黄山、白岳进行全景式的描绘，这在新安画家中只有丁云鹏一人。

稍后于丁云鹏的程嘉燧、李永昌都以倪瓒为宗，笔墨清淡。

程嘉燧是休宁人，山水画学倪瓒、黄公望，笔墨枯淡、意境萧疏，为新安画派崇尚倪瓒开了风气。程嘉燧尤工写生，不轻点染，似乎是想以版画的线条来磨砺自己表达黄山特质的技法。

李永昌也是休宁县人，绘画风格接近沈周一路，而具有倪瓒、黄公望的格调，水墨枯笔皴擦，简洁浑厚，用笔沉着老健。

程嘉燧水墨山水画

他作有一幅仿黄公望的《九峰雪霁图》,在这幅题款中,李永昌清醒地认识到,不能被黄公望笔墨所局限。这影响到后来的新安画家。师古而不泥古,以真山真水为师,成为新安画派的主导精神。

明末清初,是徽州山水画蓬勃发展的时期,涌现出一大批山水画家,他们纷纷以倪瓒为师,以新安大好山水为描绘对象,形成了一个画家阵营。根据明崇祯九年(1636)歙县人罗周旦《古今画鉴》和清初《古今画鉴续》的记载,当时徽州的山水画家有126人,体现了徽州山水画家创作阵营的雄厚实力。

(二)渐江称独步,正脉传新安

清乾隆年间,张庚在《浦山论画》中提出:"新安自渐师以云林法见长,人多趋之,不失之结,即失之疏,是亦一派也。"意思是:新安这个地方,自从渐江以模仿倪瓒简洁清淡的画风而著称于世,于是大家都争相仿效,成为一个画派。人们于是便把渐江作为新安画派的奠基人和开创者。

在新安画派的艺术风格形成过程中,渐江虽然称不上是开创者,但以他的艺术成就却是新安画派中的佼佼者,是新安画派最优秀的代表人物。

渐江,姓江名韬,歙县东关人,渐江只是他的号,后来拜古航禅师为师,受戒为僧,释名弘仁。明崇祯初期,渐江在家乡就已经是一个很有名气的画家了。如今存世最早的作品《秋山幽居图》作于崇祯七年(1634),当时他只有25岁,画作已经相当有功力了。

渐江学画,一开始是从临摹前辈程嘉燧、李周生的作品开始的，后来学习倪瓒的画法。渐江虽然以倪瓒为师，但他并不以效仿倪瓒为满足。尤其到了晚年，他往来于黄山云谷寺和慈光寺、休宁建初寺、歙县五明寺之间，完全以大自然为师，以新安真山真水为稿本，独出机杼，自创新格。

渐江绘画风格的形成，同新安大好山水很有关系。南京博物馆藏有一幅渐江清顺治十七年（1660）画的《黄山天都峰图》，画面天都峰高耸突兀，层峦陡壑，几乎所有的山石都是由大大小小的方形几何体组成的。山石多用线条勾勒，没有大片的墨，没有粗拙跃动的线，除了少量坡脚及夹石外，基本没有繁复的皴笔和过多的点染。然而这正是黄山的本来面目。

渐江黄山图

与渐江一起，被称为"新安四家"的还有查士标、孙逸、汪之瑞三人。

查士标是休宁城西人，出身于书香世家，诗、书、画都很精通，绘画一开始学董其昌，后又学倪瓒。和渐江一样，查士标学倪瓒，同样也不被倪瓒的画法所拘束，重视师法自然。黄山市徽州文化博物馆藏有一幅查士标山水轴，近景坡石上有几棵柳树，树旁疏叶中露出几间茅舍，隔水中远景是横向延展的山峦，完全是徽州山水真景的写实。

孙逸也是休宁县人。其山水画受倪瓒和黄公望影响，枯笔焦墨，淡而神旺，简而意全，所作《松溪采芝图》，笔墨秀逸，有文徵明画风的影响，被当时人视为文徵明后身。他作画多以家乡山水为底本，以表现超逸自然的情怀。

汪之瑞是休宁县徽光人。他早年在徽州，后期浪迹江湖，在江浙、河南等地以绘画谋生。汪之瑞学画，最早是直接拜李永昌

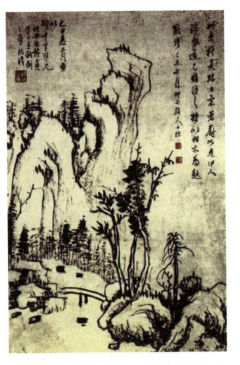

汪之瑞山水图

为师的,随后师法倪瓒、黄公望,以悬肘中锋运笔、枯笔焦墨作画著称。汪之瑞画山水喜爱用披麻及荷叶皴法,多取背面山景入画,画风简淡,别具一格。

在"新安四家"周围凝聚了当时徽州的一大批画家,与四家以友相称的有程邃、郑旼、程士唐、程正揆、戴本孝、吴山涛、汪洪度、方式玉、汪家珍、饶憬等,向四家执弟子礼的有江注、黄吕、吴定、戴思望、姚宋、祝昌、汪朴等。无论是师是友,或亦师亦友,他们同有一个结合在一起的目标,那就是描绘新安大好山水。

正是新安大好山水将大家聚在了一起,一起观览大好山河,一起切磋技艺,一起提高。终于简而深厚的笔法,泠然绝尘的意境,成了大家的共同追求。这就是新安画派的风格。

(三)凛然风骨浩然气,疏树寒山淡远姿

艺术是情感的流露,新安画派表现出来的泠然绝尘的意境,不仅仅是新安山水远离尘嚣给他们带来的灵感,同时与新安画家处于改朝换代之际、怀遗民苍凉孤傲之情有一定关系。

徽州是朱熹的故乡,理学家"义利之辨"和"修身为本"的学说,培育出一大批颇具正义感和民族气节的仁人志士,他们把保持"名节"看成是最高道德规范。所以当明末清初改朝换代之际,他们或以身殉明,或高举抗清的大旗,做出了许多可歌可泣的事迹。

作为文人画家的新安画派各位代表人物，同样具有高尚的气节，不与清廷合作。渐江甚至亲身投入到抗清第一线，参与到金声、江天一的抗清斗争中。对于自己的遗民生活，渐江在自己的题画诗中多有流露："序气日凄肃，板屋居安然。山风时出涧，冷韵听柯竿。"生活孤冷萧索，心境寂寥幽澹，遗民苍凉孤傲之情跃然纸上。他的作品多以峻岭奇松、悬崖峭石、疏流寒柯、老干枯枝入画，正是这种遗民情结的反映，体现出超尘拔俗和凛若冰霜的气质。

查士标原本家中很富裕，他自己也很有才气，乡里人都称他为"查文学"。清兵入关以后，家庭被战乱所毁，改变了他的生活道路，从此他开始不应科考、专事书画的隐居生活，整日闭门高卧，不见宾客，只到深夜才临池作画。作为遗民，大明的残山剩水是他一生的牵挂，这种遗民情绪在他的画中表现出一种设境幽僻、意趣荒寒的特色。

孙逸、汪之瑞同渐江、查士标一样，也是对异族的统治极不甘心，不与清王朝合作，隐居作画，终其一生。汤燕生曾描述孙逸隐居时的生活状况，说他住在茅屋之中，庭院中长满了草，连路都遮掩住了，屋里唯有床头放了数卷书和倪瓒、黄公望的画轴。他每天勉志勤躬，以画画自娱。汪之瑞的生活经历同查士标相似。这种不满现状、甘贫乐苦、愤世嫉俗的情绪，都化诸笔墨，渗透于作品之中。人们对孙逸画境的评论是荒寂、冷漠、悲愤、苍凉，对汪之瑞画境的评论是苍凉、悲壮、孤傲，都是遗民意识的体现。

程邃气节高尚，视忠奸如水火。明王朝亡国的那一年十一月，程邃跟随黄道周来到余杭的大涤山中，以讲学为名，组织反清复明的活动。程邃的画意境荒僻、幽寂、静逸、冷峭，同其他新安画派各家一脉相承，烙下遗民的痕迹。

郑旼，本来叫郑旻。入清以后，将"日"字移左边，意思是在我的上面再也没有君王了。在生活极其贫困的情况下，他坚持不与官场人士结交。他的作品意境荒寒，凄厉清绝，流露出一种愤懑郁结的心绪。他的画运笔尖锐、迅疾，正是他那愤世不平心境的体现。

情感表现是中国文艺最本质、最明显的特征，在大明既灭、大势已去的情况下,新安画派画家更多的是把自己悲愤痛切的情感通过绘画表现,因此其作品更多地带有"感伤"的性质。

应该看到,新安画派的遗民意识,体现出的是一种强烈的故国之思,是与徽州文人画家对政治普遍关心的态度分不开的。而这种"感伤"的遗民情结又无疑是爱国主义的表现。

三、徽派版画,艺术精巧

版画就是木板雕刻之后复印纸上的图画。

中国古代散件印刷品和书籍都是雕版印刷的,版画也就是散件印刷品和书籍中的插图,用来帮助读者形象化地了解书籍所记载的内容,形象生动,不仅得到文人的称赞,也得到一般读者的欢迎,所以我们称它为雅俗共赏的艺术。

(一)首创套色,精美绝伦

徽派版画也是伴随着徽州刻书而产生的。早期徽州刻书中有"图经"一类的书籍,就是最早的版画作品。"图"是图画,"经"是文字。唐朝,徽州有《新安图经》《新安图》,宋朝有《黄山图经》。

可惜的是,这些早期的徽派版画作品都已经遗失,不存在了。现在最早的《黄山图经》是明天顺六年(1462)的辑刻本,使我们可以从中得见唐宋徽州版画的一些影子。

明朝早期的徽派版画作品有:元末明初《□武威石氏源流世家朝代忠良报功图》,弘治年间《休宁流塘詹氏宗谱》中的詹氏历代祖宗肖像,正德年间《余氏会通谱》中的《余岸龙溪八景图》等。

明万历以后,徽州版画作品开始形成自己的独特风格。万历年间,歙

早期版画《余岸龙溪八景图》

县岩寺（今属徽州区）方于鲁美荫堂《方氏墨谱》，雕刻精美，线纹细入毫发，飘如游丝，造型效果纤丽逼真，具有极强的装饰美感。程大约滋兰堂《程氏墨苑》，图稿精丽绝伦，刻工勾凝断顿，线条细若胎毛、柔如绢丝，曲尽其妙，同时首创四、五色套色印刷，精美绝伦。

明崇祯年间，休宁胡正言《十竹斋笺谱》，有289幅图画，包括清供、华石、博古、画诗、奇石、隐逸、写生等内容，画面匀称工整。所有图画都赋彩套印，并用拱花技法印刷。显现出来的浓淡分明的效果，给人以简朴、典雅的印象。郑振铎先生评价《十竹斋笺谱》"雅丽工致，旷古无伦"。

清乾隆年间，歙县潜口（今属徽州区）汪氏水香园刊刻的《古歙山川图》，全部都是歙县境内实景。绘刻者模仿国画技法和布局，或以大面积的黑白对比，或以劲涩的线条皴擦，刀笔纵横，生动流畅，书法、印章俱全，可称为清朝徽派版画的杰出代表。

清嘉庆、道光以后，徽派版画的规模和技艺都开始走下坡路。但有些版画依然很精彩。如道光《休宁县志》中寿山初旭、夹溪春雨、白岳飞云、风湖烟柳、屯浦归帆、练江秋月、落石寒波、松萝雪霁八景图就很精彩，山石、树木运刀遒劲，凝顿钩斫，刀锋浑沦；人物楼阁、行云流水则运刀轻捷，运转流畅，刀锋爽利。

民国时期，徽派版画在刻书业上基本没有了市场，但在民间民俗木刻画方面，依然很精彩。

民间民俗木刻画主要体现在套版简帖，绣花谱、契约、信简、鸳鸯礼书上的底图，以及上天诸神等宗教宣传品上。题材有花鸟图案、仙佛、戏剧故事、典故、博古图案、民俗等。

题名为"龙凤星期"的木刻画作品，采用泥金印刷在大红纸上，内容有八仙过海、童子嬉戏、夫妻坐堂、八宝、蝙蝠（福）、仙鹿（禄）、凤凰、假山、松树、云彩等各种图案，满纸皆图，却不显繁杂，疏密有致，很有乡土气息。"龙凤星期"是徽州民间结婚时用来下聘书做封套用的，绘刻如此认真，可见晚清民国时期徽州民间民俗木刻画刻工技艺之精。

（二）富丽其风，精工其技

一个艺术流派，必然有着与别派不同的艺术特色。

徽派版画的特色，主要体现在线条上的纤丽秀劲，构图上的富丽精工，印刷上的绚丽多姿。

这种工整、精致的画风，在线条表现手法上，呈现出来的是细腻和多样性。《程氏墨苑》中的《维摩说法图》，是一幅国画理论和技法运用于版画的成功之作，也是徽派版画的代表作之一。

画面山水云树环绕四周，布局参差错落。技法上，画家和刻工在处理山石线条时用的是短促的牛毛皴，用刀疾速，锋利逼人，刻松针也是刚劲有力，柏叶则圆润隽永，行云流水，线条如丝，刀法细腻。这充分表现出徽派版画刚柔相济、动静结合的特色。

构图简单是万历以前所有版画的通病，主要原因就是绘图工匠的技艺不精，无法绘出布局完美的图画。文人画家介入版画领域，使绘图艺术队伍专业化，这对克服版画构图简单产生重大作用。

《百子图》

丁云鹏为《程氏墨苑》绘《百子图》，为了增加构图的完整和美观，将100个儿童的游乐背景置放在皇家园林之内，有高台、有流水、有栏栅、有假山、有树木、有小鸟，图像布满整个画面，线条一丝不苟，繁而不密，富丽精工，堪称徽派版画的代表作。

彩色套版印刷是版画艺术的最高境界。胡正言悉心研究雕版赋彩印刷技法，在总结前人经验的基础上，将彩色画稿分别用各种颜色勾摹下来，分成数块小版雕刻，叠彩套印，创制"饾版"。又特制凹凸版，印时不用任何色彩，只把纸在版上压印，凸现无色图像，造成浮雕效果，时称"拱花"。

饾版和拱花的出现，把版画印法提高到前所未有的水平，开创了后世"木版水印"方法和套色木刻艺术的先河。《十竹斋书画谱》和《十竹斋笺谱》就是采用饾版和拱花技法印制的。

在《十竹斋书画谱·翎毛谱》中，通过饾版赋彩印刷技法印制的各种禽鸟，羽毛上都留下毛茸茸的毛痕，恰如其分地描绘出禽鸟羽毛的感觉。对有些花与叶子的处理，在刷印时，更充分地利用彩晕墨化的特性，使它表现出花的肥嫩和叶子的秀润等，同时对纸质和湿度了如指掌，所以能巧妙地掌握印刷的轻重缓急。

徽派版画线条纤丽秀劲、构图富丽精工、印刷绚丽多姿的特色，是徽派版画在中国传统版画领域独占鳌头的标志。

（三）平心论画艺，天下数第一

谈到徽派版画在世界版画史上的地位，著名学者郑振铎有一段非常精彩的评论，他说，中国版画的兴起，远在世界各国之先。明万历、崇祯时期，徽州版画已经达到"最精至美之境"。这个时候，西方的版画，还在萌芽之中。

世界版画中国为最，中国版画徽州为最，此话一点也不过分。

徽派版画套版赋彩印刷技法，不仅是中国印刷史上的一项重大发明，它所创造出来的艺术风格，还影响到了全国版画艺术风格的发展方向。

徽州地处偏僻，交往不便，于是徽州书商、画家、刻工中一部分人也纷纷到外地去发展，重新开辟战场，使得徽派风格传播到外地，影响全国。

徽州这些优秀的刻工高手在各地操刀刻画，不仅为那里雕刻版画水平的提高作出贡献，而且他们以身作则以精湛的技艺示范，使当地的同行大开眼界，吸收了许多技法绝招，为此而影响了全国各地刻书行业和那个时代的版画风格，使其他地区的版画风格也向徽派版画靠拢，形成了明末清初以徽派版画为主流的中国传统版画全盛时期。

徽州人汪廷讷、胡正言在金陵设立书坊，刊行许多版画精品，对金陵版画的风格由粗犷向精细的转变起到了直接的作用。

苏州版画同样也受到了徽派版画的影响。明万历三十年（1602）苏州草玄居刊本《新镌仙媛纪事》，由徽州刻工黄玉林刻。插图单面版式，可以看出徽州刻工已经完全将徽派风格带到苏州地区，并影响了此时的苏州版画。

杭州离徽州更近，徽州的出版商、刻工迁居杭州的更多，杭州版画受徽派版画的影响就更深。

徽派版画还促进了版画领域诗文、书法、印章和图画的有机结合。

徽派版画的早期作品，仅仅作为书籍的插图，画面上没有诗文，也没有印章。明万历二十三年（1595）开始刊刻的《程氏墨苑》，已经不是书籍插图，而是单独的画谱，但它的诗、书、印大多在画外。但万历四十四年（1616），黄桂芳、黄端甫所刻的《青楼韵语》很多插图，诗文已融入画中。

作为绘画艺术形式之一的连环画，最早也由徽州所创造。

连环画是指用多幅画面连续叙述一个故事或事件的发展过程，实际上应称"连续画"。连环画最初就是起源于版画的插图，如描写孔子故事的雕版图，最早元朝就有，但只有10幅，且情节不连贯。徽派版画《圣迹图》，是我国现存最早的反映人物事迹较全、具有完整故事情节的连环图画，有100幅图画，对后世连环画的形成与发展，都产生了深远的影响。

印刷术是中国的四大发明之一，对文化的传播起到很大的作用。徽州人在版画创作的实际探索中，发现了分板着色、分次印刷的方法，这就是用大小相同的几块印刷板分别载上不同的色料，再分次印于同一张纸上，这种方法称为"多版复色印刷"，

《十竹斋书画谱》插图

又称"套版印刷",是我国在世界印刷史上的第二大贡献。

尤其《十竹斋书画谱》和《十竹斋笺谱》出版不久即传到日本,不仅对日本版画,就是对日本整个绘画界都产生巨大深远的影响。到17世纪,日本才出现了一种写实的"浮世绘",明显受《十竹斋笺谱》"拱花"的影响。

四、徽派篆刻,意趣奇妙

所谓文人篆刻,就是文人学者将自己的审美意趣,投诸印章方寸之间的一门造型艺术。

文人篆刻作为一门完整的艺术体系,必须要有一定数量的创作队伍,有一批作品,有一定的创作理论。而这一切都是由徽州人来实现的,并创造出中国文人篆刻史上第一个文人篆刻流派——徽派篆刻。

(一)操刀代翰墨,文士怡其情

徽派篆刻地位的确立以何震为标志。

何震是休宁县前街人,晚年寓居南京。他一生以刻印为生,率先对先秦刻石、金文进行研究,从先秦刻石金文中汲取印学营养。他以刀代笔,再现秦汉印章中的凿、铸、镂、琢之美,气韵流畅,成为明末印坛上的领袖,是当时印坛万人景仰的对象,被誉为"海内推第一"的人物。

何震"笑谈间气吐霓虹"印

与何震同时的徽州人苏宣、朱简、汪关,在明末印坛上,也是赫赫有名的人物。

苏宣是歙县人,曾经跟从文彭学习六书、篆刻,摹汉印近千钮,积聚了很深的功力。他师古而不泥古,创新求变。所刻作品气势雄浑,布局严正。朱简是休宁县北门人,篆刻不拘泥于时尚,别开蹊径,以草篆入印,自成一格,创用短刀碎切技法,增强点划之间、字与字之间笔势的牵连、呼应和顾盼,产生出一种富有提按旋转、跌宕起伏的笔意。汪关是歙县人,寓居娄东(今江苏太仓),他参习佛学,心平气和,所以所刻印章也沉稳安详,篆法精严,饶有雍容华贵气象。

何震、苏宣、朱简、汪关在印坛的崛起,影响和造就了徽州大批篆刻人才。根据现有资料统计,明嘉靖至崇祯时期,徽州一府六县共有印人50余名,以何震为旗手,吴良止、罗南斗、苏宣、金光先、朱简、汪关、李流芳、吴正旸、汪徽等为中坚,构成了一个印人群体,他们互相学习,互相提高,震动当时的印坛,成为印坛上最早的篆刻流派。

清朝印人同明朝相比,有一个显著的特征,就是文人气息更浓了。

清初至道光年间,徽州涌现出100多位印人,其中相当一部分就是书画家兼篆刻家,其中程邃、郑旼、戴本孝、黄吕、汪士慎不仅在印坛名盛一时,在画坛更是誉隆天下。项怀述、巴慰祖、胡唐则是书坛大家,诗、印两栖的大家有汪炳、汪镐京、吴麐等。

清乾隆、嘉庆年间的汪肇龙、巴慰祖、胡唐和程邃,被世人称为"歙四子",是清朝早中期徽州印坛的中坚力量。

程邃的朱文印学习先秦玺印文字样式,以钟鼎款识入印;白文印精心研究汉朝印章的样式,刀法凝重。汪肇龙朱文印多以小玺及钟鼎款识入印,秀雅多趣;白文印效法秦、汉印章,苍茫浑厚,印风同程

程邃"徐旭龄印"

邃接近。巴慰祖早期印作趋于雅妍细润、端整纯正，晚期印作风貌朴茂古拙。胡唐精通篆书，善于刻印，风格婉约清丽，所著行书边款尤为精绝。

到了清光绪时期，徽州印坛又产出一个篆刻奇才黄士陵。黄士陵是黟县黄村人。他在涉猎三代秦汉的金石文字时，发现不少未经锈蚀的玺印，铸口如新，光洁妍美，于是确定了自己的艺术风格，走光洁挺劲、动静自然、方刚朴茂的路子。刀法上以薄刃冲刀为主，多种手法结合，达到随心所欲的境地，人称"黟山派"。

（二）电光石火，雅逸平和

徽派篆刻作为一个统一的艺术流派，有着共同的特征。这就是一以贯之的"崇古"思维、注重学养的创作取向、追求雅逸平和的审美意趣和突出个性的印学理念。

徽州印人"崇古"思维，从何震一直到黄宾虹，一以贯之。他们从借鉴乡贤印风入手，追踪秦、汉，一直到追踪三代。印外求印，师从而不守旧，崇古而不泥古。用不同的方式，从不同的层面，汲取古代印章的营养，形成个人印风面貌多样的格局，成为徽派篆刻艺术特征之一。

何震在刀法上"若拟而非拟，若创而非创"复古秦汉印，震撼和影响了整个印坛。何震的贡献就在于他是第一个以刀代笔，再现秦汉印风的人，这一功绩其他人无法替代和超越。

程邃开创的以金文大篆入印的这一条道路，徽州印人一直走了下来。戴本孝、吴万春、方成培、黄吕、汪成都一直进行着金文大篆入印的实践。到汪肇龙、巴慰祖、胡唐三人手中，程邃的印法逐渐成熟，终于在清乾隆、嘉庆时期的印坛上独树一帜。

黄士陵时代是上古器物和金石文字大量出土而金石学非常昌兴的时代，这给黄士陵的艺术借鉴提供了便利，他对三代金文的研究是很深的。汪启淑、黄宾虹嗜好秦汉印章和三代古玺，更是有"印癖"之称。

为了提高篆刻水平，徽州印人紧密结合篆刻艺术创作实践，不断自我完善。何震为了提高自己在文字上的学养功夫，主动向文彭请教有关六书方面的知识，刻苦临摹石鼓、钟鼎文字，并仿

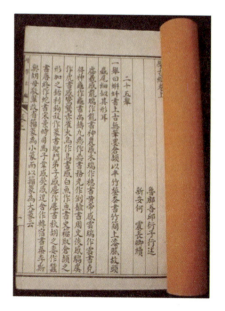

《续学古编》书影

吾丘衍《学古编》体例，著《续学古编》，对篆隶文字演变和印史进行探讨。

徐上达对于印文的要求已完全是一个文字学家的态度了。所著《印法参同》熔文字学、美学、印史、治印技法于一炉，为明朝重要的印学著作。

朱简是一位卓越的篆刻家，同时也是一位具有很高水平的印学理论家，所著《印品》《印章要论》《印经》《印学丛说》等理论著作，对古玺考证、章法艺理等多有论述，见解独特，立论精辟，并敢于对当时的名家篆刻展开有理论依据的批评。

雅逸平和的审美意趣，一直是徽州印人追求的目标。最早在金光先、朱简的印章中就已见端倪。到了汪关手上，徽州印人追求雅逸平和的审美意趣得到了淋漓尽致的反映，周亮工称汪关的印章是"和平"的代表。我们从汪关朱文印"春水船""七十二峰阁"和白文印"徐汧私印"中可以明确领略到这种雅逸隽秀、平和光洁的风格。

巴慰祖、胡唐同样继承了徽州印人追求雅逸隽秀、平和光洁的审美意趣，印风更趋雅妍细润、端庄纯正。黄士陵更是以光洁挺劲、雅逸隽秀的印风闻名于世。

虽然雅逸平和是每一个徽州印人的追求，但每一个篆刻家都是独立的创作主体，他们都强调创新、突出个性。

巴慰祖"乙卯优贡辛巳学廉"印

何震的印章之所以能卓立印坛、自成一家，就是因为他能"会八代之精，成一家之制"，形成自己的风格。

程邃篆刻力变文彭与何震的印风，上追秦玺汉印，保持传统之精髓，下效苏宣印风，浑朴古雅，苍劲隽逸，创新求变，又引大篆入印，从而自立门户，于文彭、何震、苏宣、朱简、汪关之外独树一帜。

黄士陵为一代篆刻大师，自称"篆刻无所师承"，他虽未拜过名师，但私淑之众、取法之广、变人为己、化古为今，走出一条自己的路。

（三）史上开先河，海内成主流

黄士陵"万物过眼即为我有"印

明嘉靖以后，在篆刻界涌现出一大批自篆自刻的文人篆刻家，其中徽州印人群体人数最多、名气最大。万历二十八年（1600），何震以自刻印成《何雪渔印选》，开创印人汇辑自刻印成谱之先河。韩天衡《中国印学年表》著录隆庆六年（1572）至崇祯十六年（1643）各种印谱93部，其中徽州人参与辑钤、摹刻、自刻印谱45部，占全部印谱的48.4%。

除了在创作实践中推动篆刻艺术的勃兴，徽派篆刻家还从理论上展开探索，对文人篆刻艺术的发展具有启迪和指导的作用。

何震把自己对刀法的理解，上升到理论高度，进行归纳，提出了六种用刀的害处，对当时的篆刻艺术创作具有指导意义。朱简提出的以刀法表现笔意来评定印章品级的标准，非常实在，也易于掌握，把篆刻艺术中刀法的运用提到了理论高度。

篆刻的主要表现形式是篆字造型，对于篆字的了解、研究和书写，是篆刻艺术区别于实用印章的关键。

徽派篆刻以前虽有对篆法的探讨，但深入系统地对篆字造型进行研究却始于徽派篆刻。徽派篆刻家治印，很注重从篆字入手，精研六书（象形、指事、会意、形声、转注、假借），钻透汉字结构，同时扩大入篆字体范围，从金石、碑版、法帖、钟鼎、泉币、砖瓦等篆字造型上吸取营养，构思篆法与章法。休宁人程原曾说："六书不精义入神，而能驱刀如笔，吾决不信。"强调篆刻家精通篆字造型的重要性。

徽派篆刻还开创了冲刀、切刀和边款单刀雕刻技艺，增强了篆刻艺术表现力。冲刀法启发于传统的"凿印"，运刀时持用正锋或侧锋向前推进，刻出来的笔画爽利劲健，是篆刻时的常用刀法，其发明权应归于何震。

切刀法始于朱简，他篆刻时改变运刀方式，持刀向下压切，稍微前推，进刀的长度较短，长的笔画需用数刀连接刻成，刻出来的笔画由于线条呈现不规则的弯曲，长的显得苍老，短的显得平实，从而使笔画线条产生一种跌宕起伏的节奏感与韵律感，具涩滞苍莽的金石效果，开启了以刀见长的"刀笔结合"的新风气。这种刀法被后来的丁敬所吸收，又经浙派群体日臻完善推向顶峰，成为篆刻艺术中的主要刀法之一。

何震"听鹂深处"印

何震的另一项发明单刀刻边款，兼具笔意刀趣。这种刻法后来被丁敬、吴昌硕等印学大家用来刻印文，极大地提高了篆刻艺术表现力。

正是由于徽派篆刻的崛起，才真正确立了文人篆刻艺术的地位，实现了由实用印章向篆刻造型欣赏艺术的转变。徽州以外的文人篆刻流派无一不与徽派有着千丝万缕的关系。

邵潜继承了何震篆法、刀法的多样性，传给许容、童昌龄，形成如皋派。

林皋篆刻得汪关平和精髓，成为莆田派的领军人物。

丁敬继承了朱简生涩刚劲之风，把朱简的切刀法运用得娴熟自如，开创了浙派。

邓石如广收何震、苏宣、汪关、朱简、程邃各家长处，融以自己擅长的篆书入印，形成邓派风格。

广东刘庆嵩、李茗柯、易孺、邓尔雅等直接师从黄士陵，开创粤派。

徽派篆刻一直是中国文人篆刻的主流，一部徽派篆刻史，几乎就是中国文人篆刻流派史。

五、新安四宝，誉满天下

在中华文化的传播与传承之中，文房四宝的重要地位不言而喻。

九州幅员辽阔，四宝产地很多，但是四宝样样齐备、水平均属一流的，纵观千年，唯有徽州。徽州所产笔墨纸砚，世人视为文化精品，早在宋朝就已作为"新安四宝"进贡朝廷，誉满天下。

（一）韦诞遗法在，徽笔多极品

文字的流传离不开毛笔，笔是文化传承最重要的工具，在文房四宝中排第一位。

徽笔的来源，同三国时期的制笔名家韦诞有关系。明朝的博物学家李日华在《六研斋笔记》中说，宋朝黟县吕大渊，领悟了韦诞制笔方法，为黄庭坚制作了二十余支笔，都很优良。后来见黄庭坚家中有金丝猴毛，于是将这批金丝猴毛制作成丁香笔，令黄庭坚非常满意。

黄庭坚的《山谷笔说》，提到北宋时期的另一位徽州制笔名家吕道人。黄庭坚认为："歙州吕道人，非为贫而作笔，故能工。"指出吕道人制笔并不是为了谋生，而是作为一种爱好，所以所制之笔，比起以制笔为生计的工匠，要精致许多。

吕大渊、吕道人很可能是出自同一个家族的制笔传人。一个悟出了三国韦诞的制笔方法，另一个出于仙道，喜好文雅，他们的成就都非常高。

张遇是北宋熙宁、元丰年间徽州的著名制墨家，以制"贡御墨"闻名于世。他的制笔技艺也很高，但被制墨的名声所掩盖。他所制作的丁香笔，以精心选出的紫毫为柱芯，羊毫为副，适合写楷、隶书体。

到了南宋，徽州出了一位制笔大家——汪伯立。

汪伯立是歙县人，南宋理宗时期新安制笔名家。所制之笔列入"贡品"，是新安文房四宝在历史上最有影响力的产品之一。

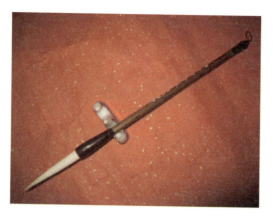

汪伯立笔

汪伯立笔制作精细,以精挑的毫毛作笔头,锋长腰直,锐利如锥。羊毫以细嫩尖锋为好,兔毫长而锐,黄鼠狼尾毫以冬尾为最。用作笔杆的原料也很讲究,一般以竹木制成,亦有以象牙、犀角为之。笔杆长约5寸(约16.67厘米),前端制成空管,将制好的笔头嵌于笔管中。制成的笔,笔锋长,笔毫很细,笔管小。

元朝以后,湖笔崛起,徽笔一度被湖笔所掩。但经营徽墨、歙砚的商号,同时也经营纸和毛笔,制笔名工代不乏人。尤其明清时期,徽州人开设的笔庄墨肆遍及全国各大城市,有的笔庄老店直到民国时期还在经营。

作为清朝徽州制墨四大名家之一的胡开文墨店,就一直自制徽笔业务。2013年12月,长沙古泉园地艺术品有限公司曾拍卖过一支清乾隆年间胡开文制的徽笔,该笔以湘妃竹为管,笔肚用犀牛角制成,笔管与笔肚连接处用虬角环镶嵌,笔管顶部镶嵌玉石。历经数百年,笔毛依然整齐圆尖,整支笔古朴典雅。

清詹斗山款象牙管对笔

（二）黄金易得，徽墨难求

墨是重要的书写工具，从其制作的原料来看，可分石墨、松烟墨、油烟墨等种类。

唐朝《歙州图经》《元和郡县志》都曾记载，黟县县南有墨岭，出墨石，当地人将其加工后，当成墨来用。可见，徽州很早就知道使用石墨来写字。

徽州大规模的生产松烟墨始于唐末，与北方制墨工匠奚超、奚廷珪父子南来有较大关系。

河北易水在唐朝是全国制墨中心，有许多制墨名家，奚超、奚廷珪父子就是其中的制墨名家。唐末战乱，大量北方墨工纷纷南迁，奚超父子一家由河北易水南迁至徽州，被这里的大好山水所吸引，尤其见皖南古松是制墨的好原料，于是定居徽州。

奚氏父子所制松烟墨质量上乘，受到南唐后主李煜的赏识，赐其国姓李，提拔李廷珪为墨务官，专门为皇家制墨。李（奚）氏为制墨世家，李廷珪的弟弟李廷宽，李廷宽的儿子李承宴，孙子李文用，曾孙李仲宣，玄孙李惟益、李惟庆都承继祖业。

宋朝，制墨高手激增。据元陶宗仪《辍耕录》及明麻三衡《墨志》两书记载，北宋熙宁至宣和年间，徽州制墨业著名的墨工60余人，其中技艺高超的有张遇、潘谷、吴滋、戴彦衡、高景修、张谷、沈珪等人。

北宋大观年间，名工高庆和以松枝蘸漆烧烟，又掺入三分之一的"三韩贡墨"，制成漆烟再和墨，成为徽墨史上的首创。宋朝制墨，在制造范围、制墨高手、采用原料、加工艺术等各方面，相比南唐都有了较大发展。

宋"文府"墨

到了元朝，因社会动荡，徽州的制墨业也暂时低落。即便如此，作为极富地方特色的徽墨制作工艺从未中断。歙县陶得和，专制桐油烟墨，受到当时名公巨卿的赏识，著名画家倪瓒对他极为推崇，写有《赠陶得和制墨》。

明朝，是徽墨发展最为辉煌的时期。据明末麻三衡《墨志》记载，当时徽州墨工有120余人，真可谓是群星灿烂。其中，明中叶天顺、成化年间的方正、邵格之、罗小华，以及万历年间的程大约、方于鲁、方瑞生、汪春元、叶立卿等，都是在激烈行业竞争中相继出现的各树一帜的领军人物。

明朝徽墨制作的主要特色是广泛采用"桐油烟""漆烟"，并在其中加入麝香、冰片、金箔等十几种贵重原料，使墨的品质不断提高，而且在墨谱的图式、墨模的雕刻方面也各尽其美，徽墨制作达到了历史最高水平。

清朝，徽墨进一步发展，形成曹素功、汪近圣、汪节庵、胡开文"四大制墨名家"。特别是其中的曹素功和胡开文两家，代代相传，至今这两块招牌依然在上海和徽州两地保留，可见其影响深远。

康熙南巡时，曹素功进献了一套集锦墨。这套墨共有36锭，每锭图案为黄山一峰，三十六峰拼合成一幅完整的黄山图，是曹墨的代表作。康熙皇帝见了以后人为称赞，御赐"紫玉光"三字。

清朝中后期，胡开文墨店的创始人胡天柱，精选原料，改革配方，不断提高生产工艺标准，生产出一批墨质极佳的名牌产品，在徽墨业独占鳌头。民国四年（1915）胡开文墨店生产的"地球墨"被国家农商部选送美国参加巴拿马万国博览会展览，并获得金奖。

胡开文"地球墨"

（三）澄心纸出新安郡，腊月敲冰滑有余

徽州造纸始于何时，没有准确的记载。但在唐朝，徽州的造纸业已经十分发达，徽纸已经被作为贡品进贡到朝廷。

到了五代，造纸工艺不断提高，黟、歙之间出了不少良纸。南唐后主李煜擅诗词书画，对进贡上来的徽纸视如至宝，特别将烈祖李昇节度金陵时宴居、读书、阅览奏章的"澄心堂"用来贮藏，因命名为"澄心堂纸"。并设置专门机构监制这种佳纸，以供宫中长期使用。澄心堂纸质量极高，但传世极少。南唐灭国以后，澄心堂纸落到北宋一些诗人、画家和文学家手中，成为北宋文人之间一段流传千年的佳话。

歙县人潘谷不仅精于制墨，也是雕砚造纸高手，曾经仿制一批澄心堂纸。潘谷与梅尧臣是好朋友，于是送了300张仿制的澄心堂纸和一方歙砚给梅尧臣。梅尧臣以《潘歙州寄纸三百番石砚一枚》为题，赋诗一首以志其事。

宋朝，徽州已经成为全国的造纸中心之一，所生产的徽纸行销全国。主要品牌有麦光、白滑、冰翼、凝霜等各种名称。

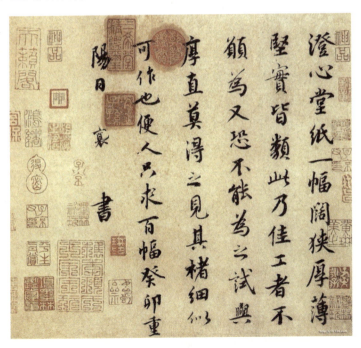

蔡襄《求澄心堂纸尺牍》

特别的是，徽州还为浙江海盐县金粟山金粟寺定制了一种专门用于抄写经文的藏经纸，世称"金粟山藏经纸"。明朝董谷《续澉水志》记载，这种纸内外都涂有蜡，没有纹理，上有浓淡斑纹，又名"金粟笺"。文人还喜欢用它装潢珍贵书画，作为引首。明屠隆《笺谱》则将这种专门定制的纸称为"黄白经笺"，说是可以揭开使用。

笺纸实际上是一种加工纸。原纸一般都是麻纸或者桑皮纸，先是用黄檗汁浸染，然后用加热的黄蜡将纸涂均匀，再加熨烫使纸张平整，这就成了"硬黄纸"。这种经过涂蜡的纸，呈半透明，比一般的纸更光滑挺括，具有防潮防蠹、久藏不坏的特点。"金粟山藏经纸"就是这样制成的，它的原纸桑皮纸，主要产地在歙县南乡一带。

除了"金粟笺"，徽州还生产彩色笺纸，如碧云、春树、龙凤、团花、金花笺等，五光十色，更受人们的欢迎。彩色笺纸也是用浸染的方法制成的，只不过是添加了各种各样的色彩而已。也有在纸面上涂布白粉并加以砑光，增加了纸的白度和光洁度，使纸面洁白如玉。

元朝以后，徽纸的声誉逐渐被宣纸所取代，但造纸工艺一直得到传承，并有所发展。元朝，著名的品牌有团花笺、碧云笺、春树笺、龙凤笺，以其卓越的工艺受到社会的普遍好评。

明清的徽纸品牌有：宣德贡纸、五色粉笺、金花五色笺、仿澄心堂、棉料、净皮、皮料、单宣、云母纸、楮棰纸、蝉翼纸、夹贡纸、虎皮纸、泥金纸、珊瑚纸以及由宋朝匹纸派生的丈二匹、丈六匹等。

（四）瓜肤谷理称歙砚，金声玉德扬美名

"涩不留笔，滑不拒墨。瓜肤而谷理，金声而玉德。"这是苏东坡对歙砚的评语，形象地概括了歙砚的特色。

歙砚的发现，依据唐积《歙州砚谱》的记载。说是唐开元年间，歙县猎人叶氏追逐野兽来到长城里，见一叠一叠的石头，垒得如同城墙一般。石质莹洁可爱，于是捡了一块拿回家。回来以后，粗粗地将这块石头制成砚的形状，使用过程中，发现这方砚

的细腻温润程度竟然超过端砚。后来，叶氏的裔孙将这方砚献给了县令，县令非常喜爱，请了当时著名的砚雕名匠，将这块砚石精心雕琢成砚台。从此，这里的砚石就传开了。

五代后梁太祖朱温于开平二年（908），曾赐给宰相张文蔚和杨涉各一方"龙鳞月砚"。《清异录》称"龙鳞月砚，歙产也"。所谓龙鳞指砚石纹如龙鳞，而月砚，则指形状如月。歙砚在此时已成为御赐品，可见其珍重程度。

南唐时期，歙砚进一步得到宠遇。北宋任婺源县令的唐积于治平三年（1066）所著《歙州砚谱》记载：南唐元宗李璟精意翰墨，雅爱文房，见歙州太守所献歙砚，石色青莹，石理缜密，坚润如玉，发墨如油，十分喜爱。于是在歙州设置砚务，提拔砚工李少微为砚务官。帝王新设置砚务官督理采制歙石歙砚，是前无古人的盛举。

到了宋朝，歙砚进入大发展的时期。景祐和嘉祐年间，钱仙芝、王君玉前后任歙州太守，督理采石雕刻歙砚，大规模地开采，不断发现歙砚精品。黄山谷曾作《砚山行》一诗，描绘了歙砚石产地地理环境、砚石品种、石质品位及砚石开采状况。

南宋宝祐年间，谢墍出任徽州知府，曾在旧坑覆有五色云气之处凿得佳石，制成白文绕两舷、宛转如二龙的歙砚，献给与他有"椒房之亲"的宋理宗赵昀。

宋眉纹枣心砚

到了元朝，婺源龙尾山一带品质上乘的旧坑砚石已经所剩无几，难得一求。至元十四年（1277），朝廷达官贵人向婺源州官汪月山求砚，汪月山征发当地数十人寻找砚石，在寻找过程中发生了"石尽山颓，压死数人"的惨剧。

此后，从元末至清初，未见有官方开采歙石的记载。据清乾隆年间徐毅所撰的《歙砚辑考》所载，因乾隆雅好文翰，曾令人在徽州四处寻求精品歙砚。乾隆初年，清政府才再次组织开采。此后由于清政府的政治腐朽，国力日趋衰微，至道光二十年（1840），鸦片战争爆发，中华民族自此陷入百余年之久的深重灾难中，歙砚的开采与制作也随之再次没落。

砚质砚雕之美，给历代文人、书画家提供了创作的无限空间。正如宋人林子来《歙砚诗》所称："瑟瑟方池雾縠纹，麝烟初散墨花春。晴窗昼静桐阴转，笔下云生字入神。"

清青蛙负荷眉纹歙砚

第八编

徽州科技

概述
千秋闪耀，智慧之光

人间仙境奇黄山，东南邹鲁古徽州。长期以来，得益于灵山秀水自然环境的滋养、兴学重教社会风气的熏染、经世致用治学风格的影响，特别是繁盛徽商经济基础的奠定，一批又一批儒士、仕宦、商贾、匠师及其他社会贤达竞比风流，一代接一代的徽州俊彦尽情发挥着无穷的聪明才智，终身耕耘在徽州文化的沃土之上，勤于春种秋收，促其开花结果，不仅在文学、艺术、哲学及其他社会科学方面开风创派多有建树，而且钻研自然科学也硕果累累，在姹紫嫣红的徽州文化园圃里绽放出绚丽多姿的科技奇葩，这在英国著名学者李约瑟的《中国科学技术史》中留下了令人豪迈的珍贵记录。

历史向世人见证和展现了如此一番景象：初始奠基于南朝隋唐之际的徽州科技在宋元时期便崭露头角，在这一中国古代科技发展的高峰期里，古徽州的科技研究和发明创造开始跻身全国先进行列，传统技术也有相应的发展，产生了一批颇有影响的科技人物和研究成果，到了明清两朝更是得到空前发展，达到历史巅峰状态。一时间，科技名流和能工巧匠人才济济，群星闪烁，科技著作井喷猛增，发明创造层出不穷，形成了明显的"家族链"和"师承链"特征，无论是科技水准，还是代表人物所占比例，徽州在全国都位居前列，有些甚至独步领得世界风气之先。

徽州人在数学、天文、历法、农学、水利、地学、医学、物理、生物、建筑、交通等诸多领域，都取得了令人瞩目的成就，产生了广泛的影响，涌现了朱熹、程大昌、张杲、程大位、汪机、方有执、徐春甫、黄晟、詹希元、吴昆、汪灏、江永、戴震、汪莱、罗士琳、齐彦槐、程瑶田、凌廷堪、郑梅涧、俞正燮、郑复光、黄履庄、詹天佑等一大批科技名家，为连绵千秋的中国科技史谱写了杰出的历史篇章！

在此不妨让我们进行一番影视展映式的"追星捧月"！

唐朝名文学家、祁门人张志和竟然还是一位成果颇丰的物理学家：他在《玄真子》中记录了关于物理现象譬如光影变化的光学原理、日食形成天象、液体表面张力现象，以及视觉暂留现象、潮汐的形成、雷电和虹的成因等科学见解，他还做了人造彩虹的实验，这比欧洲在13世纪才开始做的人工虹霓模拟实验要早500多年。

宋朝休宁人程大昌作为一介大儒的科技贡献，突出体现在跨领域的光学与地学方面：对于月光的成因，他的《演繁露》充分说明了月面明暗与其离日远近和日光向背的关系。他的《禹贡论》代表了元朝以前关于《禹贡》古地理学研究的最高水平，而《北边备对》和《雍录》则是他对中国西北山川地理研究之作，其中后者被誉为"在舆记之中固为最善之本"。

"前有孔夫子，后有朱夫子。"南宋新安朱熹作为程朱理学的杰出代表，从清廉官吏到万代宗师，再从绝世鸿儒到科苑达人，颠覆性地刷新了这位传统"文圣"的人物定格形象，让人领略到的不仅仅是他在思想学术与道德风范方面树立的不朽丰碑，还有科技巨范作出的了不得的贡献：我们暂且不用浓重笔墨来渲染他在任南康军地方官时曾发布《劝农文》对中国古代农学思想作出的积极贡献，值得强调的是他倡导"格物致知"的科学认识论，更加重视对自然现象的观察和研究，尤其是他不仅将"如劲风之旋"的高速转动思想引入中国元气论，并以"弄碗珠底"的实例加以证明，解释天地何以不坠的问题，同时对生物化石与地质变化关系也作了揭示，还就大地形成和地貌呈波浪起伏状进行解释，第一次提出"水泛如此"说，曾经得到李约瑟、梅森、卡里达等人的高度评价。

明朝休宁人程大位是具有世界影响的杰出数学家，他集珠算知识之大成，写成《新编直指算法统宗》与《算法纂要》，标志着中国数学史上长达千年的算具改革（珠算取代筹算）的最后成功，对数学的发展尤其是对珠算的普及有着重大贡献，使中国珠算走向平民大众，走向世界，在科技史上具有划时代的意义。此二书在日本"被作为研究珠算的范本"，他也由此被人们称为"算神"。

无独有偶。清朝休宁县隆阜人戴震既是乾嘉考据学久负盛名的"皖派宗师"，又是在儒学内部最早批判"以理杀人"的思想家，被誉为"中国18世纪的费尔巴哈"，然而在人们熟知的学者面孔后面，他居然也是一位科技巨星：在古算学、天文历算、动植物训诂学、地理学等领域，这位学富五车的泰斗级大儒都有所贡献，确实不同凡响。

清朝歙县瞻淇人汪莱是中国历史上最具创见的著名数学家之一，他著有《衡斋算学》及《衡斋遗书》等书。

清朝歙县人郑复光不仅成功地做过削冰取火的实验，而且在《镜镜詅痴》中详细地记述了三类望远镜的制作方法和使用方法，对天文仪器双反射八分仪也有研究并作出贡献。他又是中国近代研究火轮船的开拓者，还著有一部科普作品《费隐与知录》。他的最大贡献在于亲自制造了我国第一台可以昼夜使用的幻灯机和用于观测月球的望远镜，这成为徽州人永远的骄傲！

所有这些可圈可点的实例，仅是闪耀在科技星空几颗特别明亮的星星而已。与此同时，线与面上的徽州科技——在天算、生物学、医学等领域，也珠玑成串，创造有不俗的成就：

对于古代数学与天文、历法的结合——"天算"研究，宋朝休宁人吴观万,元朝婺源人王遥、歙县人方回及鲍云龙形成徽州人群体,有其历史贡献。到了清朝,江永及其弟子戴震、汪莱以及程瑶田、凌廷堪、俞正燮等均称佼佼者,成就更见丰硕。

在生物学领域,南宋歙县呈坎人罗愿所撰《新安志》属于方志学名著,其《尔雅翼》则具有相当重要的生物学价值。元朝休宁人吴瑞所撰《日用本草》是我国最早的食用植物学著作。此外,明朝歙县岩寺(今属徽州区)人潘之恒的《广菌谱》是中国古代水平最高的一部菌类专著。清朝新安画派代表人物释雪庄所绘的《黄海山花图》与《笺卉》堪称最早的黄山植物花卉彩色图谱。清初休宁人汪灏领衔完成的《御制佩文斋广群芳谱》是一部实用植物学巨著。清初歙县人吴绮的《岭南风物记》是一部以有关岭南动植物志为主要内容的著作。清康熙年间新安人陈均所著《画眉笔谈》是我国现存最早的一篇画眉专论。清朝歙县人汪畹胏所撰《培植兰菊法》也是一项植物学方面的具体成果。《九谷考》《释草小记》《释虫小记》成为清朝歙县人程瑶田在动植物训诂方面的代表作。另有清朝休宁人程石邻改编而成的《鹌鹑谱》是我国现存最早且流传至今的一部驯养斗鹌专著。清朝歙县人程羽文和张潮分别著有《花历》《一岁芳华》与《花鸟春秋》,均为珍贵的生物学历史文献。

特值一提的当推新安医学。这是中华中医药史上产生和兴盛于古徽州的带有浓郁地域特色的一个重要医学流派。其家族传承特色突出,医学家族链强固而清晰。历代新安医家名流辈出,成就卓荦。这一医派,医家之众、医籍之多、创获之大、影响之深,"在以地区命名之中医学派中,堪称首富"。许多新安医籍不仅在中国中医药史上及中医学术中占有重要地位,而且至今仍是中医大专院校的入门教材。千百年来,新安医学的影响不但波及国内广大区域,而且扩大到朝鲜、日本等国。由于新安医学对中华中医的杰出贡献和影响,因而被称为明清中医药的"硅谷"。

徽州科技在别的众多方面也颇具影响,如明朝歙县人黄晟的《髹饰录》是我国最早且现存唯一的传统漆工技艺专著。清初休宁人吴鲁衡精制的地学仪器罗盘(即指南针)以及日晷定时仪器,后来荣获1915年巴拿马万国博览会金质奖。清初机械发明家黄履庄制作了6大类33种富有新意的"奇器"。祖籍婺源的晚清铁路工程师詹天佑亲自主持中国近代第一条自行设计和建造的铁路——京张铁路,为中国铁路事业的发展作出了不朽贡献。

诚然,古代徽州科技除了在歙砚、徽墨、徽纸等传统文化珍品制作技术的卓越超群,在砖木石竹雕刻技艺的精巧绝伦之外,在诸如茶叶采制技术、盆景栽植技术、水磨机械制造技术、瓷器烧制技术、徽菜烹饪技术、焰火制放技术、砖塑米塑技术等方面也有某些特色突出的历史创制。可见,徽州科技曾经闪耀过千秋智慧之光,在中国古代科技发展史册上写下了浓墨重彩的华章!

新安医学古籍

一、数学天算,各著华章

传统数学及天文历算均为古代徽州科技突出发展的重大领域,其所取得的成就熠然闪烁在东方世界的史册之上。

(一)珠算大师创鸿篇

古徽州自然科学研究最有成就的领域当推传统数学。

从元朝到明末,传统数学研究发生了明显的变化,随着商品经济的繁荣发展,尤其是徽商的崛起称雄,抽象的理论研究趋于冷淡,相应的商业数学骤然吃香起来。明朝商业贸易发展的一个自然结果便是珠算化创新成果及其社会化大普及。这是实用数学借助于计算工具算盘的革新形成的算法口诀化所带来的成果。算珠一拨,白银千筐;算盘一响,黄金万两。徽商现实的贸易交往追逐的是利润,讲求的是实效。一般商业计算需要的是快速准确的四则运算,而不需要什么高深的理论,珠算的兴起和普及契合这种社会需求,体现了时代的需要。明朝在西方数学输入之前,最大成就可以说是珠算的完善;而其最重要的、流行又最广的数学书籍是程大位的《算法统宗》和《算法纂要》。

屯溪程大位珠算博物馆

2008年，程大位珠算法、珠算文化被中国国务院列入第二批国家级非物质文化遗产名录。坐落在率水之滨、程大位故居旁的中国第一座国办珠算资料馆——程大位珠算博物馆陈列的那些算盘展品都具有较高的观赏价值和文物价值，展示了珠算发展、演变的历史进程，也让人们领略了程大位特殊的科学贡献。

程大位《新编直指算法统宗》

程大位（1533—1606），明朝休宁县率口渠东（今屯溪前园村）人。他终身未入仕途，20岁起便遨游吴楚，在长江中下游一带经商。因商业计算的需要，他随时留心算学，"博访闻人达士"，遍访名师，遇有"通数学者，辄造访问难，孜孜不倦"。他经常深入实际，搜集问题，丈量测算，获得丰富的数学基础理论和实践知识。40岁后，他弃商归里，"覃思于率水之上"，历经20年的苦心钻研，埋头著述，继《九章算术》余绪，集16、17世纪珠算知识之大成，于明万历二十年（1592）写成《新编直指算法统宗》17卷。此书以《九章》篇目为纲，列章分论，其卷二包括算盘图式、珠算口诀和用珠算解决问题，其中蝉联算法（珠算开方）是程大位首先提出来的。这标志着由筹算到珠算这一转变的完成，从此珠算成为人们广泛运用的计算工具。

《新编直指算法统宗》后经删繁就简，更臻简明，程大位于明万历二十六年（1598）另编《算法纂要》4卷，在屯溪刊行。这两本中国古代数学名著出版后，风行宇内300余年，各地书商翻刻100多种版本，"其流通量之大是无与伦比的，流传如此广泛和长久，在世界数学史上也是罕见的"。程大位确立了珠盘算式，并完善了珠算口诀，意味着我国珠算进入新的发展时期。他对珠算的普及，对中国珠算向世界传播起到重要的作用，于是后人尊称他为"珠算鼻祖""珠算大师"。

明朝末年，日本学者毛利重能把程大位专赠给他的书籍带到日本，译成日文，开日本"和算"之先河。每逢8月8日，日本全国珠算团体以游行、比赛、展览等活动形式进行庆贺。游行时,人们抬着硕大的算盘模型和程大位巨幅画像,以纪念程大位这位"算神"。到了清初,《新编直指算法统宗》与《算法纂要》传入朝鲜、东南亚和欧洲,成为古代东方国家的数学名著。世界著名科技史家、英国人李约瑟博士曾说:"在明朝数学家当中,最引人注目的是程大位。""在程大位《算法统宗》以前,没有任何关于近代珠算算盘的完整叙述。"

当然,程大位不仅仅以此给徽州人荣获这份巨伟的历史荣耀,同时他还在大量丈量田地实践中一改传统的木尺子丈量法,发明了世界上最早的卷尺丈量步车。

他制作的这件东西相当便携实用:在类似"无盖底墨匣"的外套中间,有一个可以转动的十字架,"曲尺样三折"的转心可以实现十字架的转动,十字架的凹槽内绕着嫩竹竹节平直者,接头处用铜丝扎住篾尺,篾尺写有尺寸刻度,用明油油过,虽沾污泥

程大位发明的"丈量步车"

也可洗掉,篾尺收放均从外套的下横木所凿匾眼进出。由于硬尺变成软尺,直尺变成卷尺,木尺变成篾尺,尺子可长可短、收放自如。由此他被后人称为"卷尺发明家"。当时他将它收录在《新编直指算法统宗》第三卷"方田"中,不但有全部的设计制作图纸以及文字说明,而且在总装配图两侧配了一幅"宾渠制就心机巧,隶首传来数学精"的篆书楹联,从而名垂世界科技发明史册。

令人不可思议的是,明清时期徽州数学天才不唯程大位一人,而是涌现出一个繁星闪烁的数学名家群体,江永、戴震、汪莱、罗士琳、郑复光等不朽的英名被归类联串到一起。

清朝杰出的经学家、婺源人江永(1681—1762)精研数学,作成《翼梅》8卷,其中包括数学书籍《数学补论》1卷、《中西合法拟草》1卷、《方圆幂积比例补》即《算剩》1卷及《正弧三

角疏义》续1卷等,这些都是他的数学成就。

以其如炬的思想启迪后人的戴震在基础数学理论研究方面也毫不逊色。他致力于古算学研究,著有《勾股割圜记》《策算》等,成为"古今算法大全之范"。他奉诏入四库馆参加《四库全书》统筹编纂,负责从明《永乐大典》残本中辑校《九章》《海岛》等古算学典籍。他凭着自己在经学和数学、天文学上的深厚学识素养,对古籍进行校勘、补图、注解、考证、甄别、排比、分析,写出提要,辑佚、复原了中国古代数学名著"算经十书"(包括《周髀算经》《九章算术》《海岛算经》《孙子算经》《夏侯阳算经》《张丘建算经》《五曹算经》《五经算术》《缀术》《辑古算经》)中的九部(其中《缀术》失传),基本恢复了北宋秘书省刻本的状况,再加上北周甄鸾《数术记遗》,凑成十部算书,使这些濒于失传的古典数学著作重放光彩。这一出色的整理复原,使中国古算学在世界科技史上有了自己的重要地位,对推动清朝传统数学的研究起了决定性作用,人们公认"戴氏起而算学始尊"。他对中国古代科学技术和当时传入中国的西方科学技术孜孜以求,刻意钻研,成为百科全书式的学者。无怪乎新千年之始,《光明日报》曾将他列为"祖国千年科学文化杰出人物"。

屯溪戴震纪念馆

戴震身后出现的歙县瞻淇人汪莱（1768—1813）也是一位不同凡响的名主儿，他早年研习数学、天文，写了不少数学论文，经过艰苦的探求，在清嘉庆元年（1796）和嘉庆三年（1798），著《衡斋算学》7册及《衡斋遗书》等，论述球面三角形、勾股形等数学理论，讨论弧矢关系，使中国数学史上关于方程论（高次方程问题、代数方程论、方程根）的研究有所突破，在组合论、级数及二进制的研究上也颇富创见。作为中国历史上最具创见的数学家之一，他一生从事天文数学研究，成就斐然，一些创新性工作的价值和意义直到20世纪才显现出来。

还有清中叶影响较大的数学家、歙县人罗士琳（1789—1853）"兴复古学、昌明中法"，其突出贡献是为数学典籍，特别是元朝朱世杰《四元玉鉴》这部世界性古代数学精品之作，做了大量校正和注疏，在1835年完成了《四元玉鉴细草》，使代表我国宋元时期数学最高成就的四元术（多元高次代数方程组解法）重新被人理解和重视，让世人重新认识了我国古算学的杰出成就。

精通数学、物理与机械制造的歙县人郑复光兼通古今，自幼热爱几何学，"嘉道间新安之士多习音训，以窥经术，复光独熙好几何，治之甚精"，研讨算理，很有成就。数学著作有：《周髀算经浅注》《割圆弧积表》《正弧六术通法图解》《笔算说略》《筹算说略》等。郑复光在当时数学界有一定影响，《歙县志》说他"以明算知海内，凡四元、中西各术无不究竟入微"。

总之，程大位、江永、戴震、汪莱、罗士琳、郑复光等人的学术成就，构成了皖南明清数学学派的主体，继承了中国传统数学的源流，也为清朝末期中西数学的合流起到了接轨作用，在中国数学史上享有崇高地位。

（二）天算天才出徽州

我国古代数学研究大多与天文、历法的研究紧密结合，史称"天算"。在这个方面，徽州人群体的历史贡献有：宋朝休宁人吴观万著《潮说》《夏小正辨》《闰月定四时成岁讲义》等；元朝婺源人王遥著《天象考》《坤象考》20余册；元朝歙县人方回著《古今考》《历象考》等；元朝歙县人鲍云龙著《天象发微》。到了清朝，江永和戴震、汪莱、程瑶田、凌廷堪、俞正燮这些佼佼者的研究成果更大。

江永精于古法，著成《翼梅》8卷（其中包括天算书籍《岁实消长辨》1卷、《恒气注历辨》1卷、《冬至权度》1卷、《七政衍》1卷、《金水二星发微》1卷）、观象授时的《推步法解》5卷等书。他不仅阐明太阳在黄道上的视运动现象，并在对二十四节气作出说明时，引进西学中本轮、均轮之说，认为岁实本身没有消长的情况，消长的缘故在于高冲之行与小轮之改。鉴于前人历志对太阳月球的缠绕离分及相交并食，五星运行的迟缓疾速伏见现象以及恒星六曜的运行都具有精密的计算，但却意义深奥，一般人弄不明白，江永则详细加以解析，疏通其立法的意图，解说步算推演的方法。

戴震师承江永，继宣城梅文鼎之后，融会新旧法，详勘博考，著有《古今岁实考》《原象》《续天文略》《历问》《古历考》诸书。他对天球视运动作了完整叙述；研究了岁实和朔实的来源和它们之间的关系；批判继承了古历法中的"九道八行说"；对《周髀》中"北极璇玑四游"说作出合乎近代科学的解释；以岁差解释古今星象的变化。他又担任秦蕙田《五礼通考》中"观象授时"部分的编写。该部分共成书14卷本，对古今天文历法资料分类集成，搜罗范围从经子诸书以及古今各家的注疏，到历代史书中的天文、律历诸志，以至《西洋新法历书》《大清会典》和梅文鼎、江永等名家的著作。他还注意吸收西方天文学的成果，并对传统天文学进行改造，为创造近代天文学作出了巨大的努力。

此外，特别善于运用天文知识去体察具体事物的清朝歙县人程瑶田曾著有《星盘命宫说》《四卯时天图规法记》《日躔空度出地记》和《言天疏节示潘宫生》等天文历法论著，分别论述了回归年、朔望月、闰年法、岁差、日月食和四季日出时刻差异等天文知识；为了解释一年中二分、二至日出时间的不同，他还绘制了四幅精致的天文图。

歙县人凌廷堪以精通天文历算而知名，他的遗著，由他的学生张其锦整理刊印，编成《校礼堂集》《燕乐考原》等。

黟县人俞正燮则在《癸巳类稿》《癸巳存稿》中研究和分析

了中国古代盖天说、宣夜说，考察过恒星七曜和古代历法，并对以前的古代天文历法多所考订，还对宋朝沈括所使用的十二气纯太阳历的构思提出过支持。

另一方面，明至清前期，徽州人对天文仪器的研制也很火旺。

明初婺源人詹希元为解决溧阳天寒水冻问题而设计的五轮沙漏改进了中国古代的常用计时技术。他通过齿轮组机械调节计时器的速度，制成了五轮沙漏，巧妙地解决了原先所用水漏存在的局限和难题，可谓巧思精构。

到了明朝晚期，天文学家周述学改良了詹希元的沙漏仪器，将其漏孔稍微开大一点，使得流沙不至于在漏孔那里被堵塞住，再把齿轮的转速比降低，以保证最后得到的仍旧是原来的运转速度。因此五轮沙漏仪器的运转精准度更有了切实保障。

清朝著名科学家之一、杰出天文学家婺源人齐彦槐（1771—1841），在天文、历算、地理、交通、农田水利、机械制造等方面有很深造诣，一生多有发明创造。他在公务之暇，常与天算家江临泰、张作楠共同钻研西方天文、数学，著有《天球浅说》《中星仪说》《北极经纬度分表》等多部著作，在天文仪器研制方面多所创新，其中以他精心制作的斜晷、中星仪和天球仪最为知名，为我国清朝的天文学科学研究事业的发展添写了绚丽的一笔。

同为婺源人施应旭曾制作铜壶滴漏以计时，无论寒暑季节，都准确地计数时刻，不差毫分；而歙县人胡用中制作的自动浑天仪也是径尺、度数、时刻秒忽不差。另外歙县人鲍嘉荫制造过鼓钟月钟两架特殊的时钟（自鸣钟），都属于设计精巧的天文仪器。黟县人俞正燮则对于当时流行的万安古罗盘专门进行过研究，而作为一种重要的导航和天文测向工具，他对它作了改进，使之能够安装在舟车之上，直接指示车船的行进方向，还具有测量时刻的功能，是一架特殊的日晷。

不能不说的还有歙县人郑复光，他不仅对西方传入的天文望远镜进行了深入研究，在《镜镜詅痴》中详细地记述了"窥筒远镜""观象远镜""游览远镜"三类天文望远镜的制作方法和使用方法，而且对天文仪器双反射八分仪也有研究并作出贡献。他曾

郑复光的《镜镜詅痴》

经于清道光十五年（1835）制作了一台测天望远镜，用来观察月球，观测日食和月食等等。他与丁拱辰、邹伯奇等对发明于英美并传播到中国的双反射八分仪（"野世丹地"）都做过研究，也就是对该仪器的内部结构、使用原理、调节方法、读数方法等均有详细的分析，这样就促进了它的进一步应用和传播。他还与文雅之士程恩泽共同改进齐彦槐创制的面东西日晷，这些科学工作都值得称道！

二、新安医学，辉映东方

作为祖国传统中医学的重要组成部分，新安医学是产生和兴盛于古徽州的带有浓郁地域特色的一个重要医学流派，长期以来享誉杏林，成为中国古代科学技术百花园里绽放的一串耀眼奇葩。

（一）杏林创门派，新安源流长

悬壶济世、救死扶伤，医药科学及医疗技术关乎人的生命安危，医学牵连着自然科技的探秘与求真。

源远流长的新安医学经历了三个发展阶段：

第一阶段是新安医学兴起时期（约自南朝至明中叶）。

俗话说，一方水土养一方人。新安医学的产生得益于得天独厚的徽州生态环境。徽州适宜多种

屯溪老街同德仁药店

药材生长繁殖，因而药物资源（植物药、动物药、矿物药）富足多样，堪称一座天然药材宝库。

两宋时期，新安有名医25人，其中7人写了16部医学著作。到了元朝，共有名医17人，其中7人撰成8部医著。在明前期这150多年中，新安医学较宋、元时期，稍有发展。

第二阶段是新安医学全盛时期（自明嘉靖年间至清末）。

这一时期，伴随着徽商崛起、经济发展，新安医学进入全盛状态：新安医学名家大量涌现，明朝共有名医217人，其中88人写了178部医著。仅清一朝即有名医527人，其中286人纷纷著书立说，撰写了498部医著，可谓汗牛充栋，几近"井喷"之势。

这当中潮涌般出现的名医主要有汪机、徐春甫、江瓘、余午亭、方广、汪宦、陈嘉谟、孙一奎、方有执、吴昆、江时途、程敬通（程杏轩）、汪昂、程国彭、程应旄、郑重光、程云来、吴谦、郑梅涧、汪钺、许豫和等人。其中汪机、吴谦分别被誉为明、清中国四大名医之一。同时内、外、妇、儿、伤、眼、针灸、推拿等各科，无不具备，大量的医学著作问世，在新安医学史上出现了一个光辉灿烂的时期。其中徐春甫的《古今医统大全》、程杏轩的《医述》等，被列为中国十大古代医著。

第三阶段是新安医学衰微时期（清末至中华人民共和国成立）。

这一时期，新安医学乘着清朝前期和中期昌盛的余绪，仍在滚动发展。近代有名医33人，其中12人撰写医著29部。业已刊行的名医著作中就有不少精品对于新安医学乃至中国中医学的发展起到了积极的作用。

新安医学作为地域性鲜明的医学科学，学术门派众多，卓有影响的主要是以方有执为代表研究《伤寒论》的错简重订派，以汪机为代表临证治疗中的"固本培元派"（即温补培元派），以叶天士为代表用药量轻疗效却灵的时方轻灵派，以郑梅涧为代表强调先针后药、针药并举的养阴清润派

方有执《伤寒论条辨续注》

叶天士《叶天士幼科医案》《增补叶天士医案》

以及医经考古派、医学启蒙派。新安医家在学科学术上的治学特点体现为：深研医理、考据严谨，问师会友、博采众长，崇尚医德、务实求真。新安医家尤其注重临证治疗活动，这些学验俱丰的临床名医被人们誉为"神医""神工""国手"或"济世良医""急诊妙手"，他们诊治案例在治病方面的特点在于：诊断重脉诊、审证慎求因、立法重温补、用药倡轻灵。总括言之，纵览新安医学的演变发展，它主要呈现出儒医多、医官众、医籍广、科属齐、家族链、师承系等特点。

新安医学成就显赫，影响深远。

据史料考证统计，自宋朝至中华人民共和国成立前的800余年间，以姓名为条目统计的"徽州府"卓然成家者819人，如果加上条目中附录的医家及以经营药材为主兼医者，总数按近千号人，其中420人撰集汇编医籍约739种。仅在明清时期，徽州有名可考的医家就有645人，而徽州医家有关《内经》《难经》《伤寒论》《金匮要略》这四大医典的著作就有70余种，校疏、集解、类纂、约注、条辨、辟谬应有尽有。

总之，新安医学曾经创下许多中医学之最，呈现出多元化的态势，儒医辈出、名家不绝，文献宏富、著述林立，发明创新、学说纷呈，这些对后世都产生了很大的影响。

（二）回春叹妙手，世代现华佗

大千世界，芸芸众生，个个都吃五谷杂粮，谁能保证终生无病？有病就得求医问诊，倘能遇上扁鹊复生、华佗再世，那就是阿弥陀佛的人生造化。新安医家名流辈出，尤其那些怀有绝技的神医，带给世人的就是幸运。

北宋元丰年间歙县人张扩，少年时就埋头岐黄，专心攻读，后又远涉千里从湖北蕲州名医庞安常为师,深得独喜器重。学成之后,张扩再度远赴西蜀,肄业于王朴脉学,数年以后回返南京、当涂等地行医。因为得庞、王二师的实传,张扩医术猛进,诊脉如神,分辨症候、阐述病情、处方用药极尽时变,效果立现,被人称作"神医",名声噪闻京洛。而休宁凤山人吴源初始出道就不同凡响,在南宋绍兴年间参加医经考试,在数百人中独占鳌头,被朝廷授为御医。此人医术高超,尤擅长治疗当时尚属绝症的肺痨(肺结核病),用药其效如神,治病擅于辨证,也被人们誉为"神医"。

明嘉靖年间,歙县定潭张守仁(1550—1598)是北宋名医张扩的后裔,以其医德医术,博得众人认可。他深究医理,专采良方,精勤不倦,用时30余年证验,终于研究出一种粉状药剂——"末药"。此方由18味药构成,号为"十八罗汉"。此药具有疏风散寒、理气和营、健胃宽中、渗湿利水之神效,特别适于医治劳力伤寒、肠胃疾患等。张氏用以临诊,辩证精、用药灵,往往一剂直起沉疴,患者誉之为"张一帖"。"张一帖内科"自明至清,传至清末第十三代张根桂(1908—1957)手上,他将家传"末药"加以完善,创出春、夏、秋、冬四时不同的加减法,进一步提高临床疗效,治疗中感、急症等病症常常一剂见效。2011年,"张一帖内科"被列入国家级非物质文化遗产名录。

歙县定潭"世传张一帖"门额

晚明歙县人程茂先(1581—?)也是一位神医,他善用参芪术附以温补,可属新安医学中的"温补培元派",观其医案,用药精当,无不出奇。

明末清初歙西槐塘人程敬通（约1573—1662）又名程衍道，好学不倦，博采众家，熔李、朱之学于一炉，注意补气血、调脾胃、固正气，临床诊治，则把脉精准，往往都能够做到手到病除，因而被誉为"天下神手"。

清朝著有《医述》《杏轩医案》的歙县东溪人程文囿（1761—1833）字观泉，号杏轩，出身于世医之家，24岁悬壶于世，尤以内妇儿科见长，加之为人和蔼、医德高尚，求诊者络绎接踵，其医名更加显卓，时人谓："有杏轩则活，无杏轩则死。"可见其功夫何其了得。

临床实践中，还有许多疑难杂症一经名医号脉诊治就手到病除，凸显出新安医家身怀绝技、屡创奇迹，留下段段杏林佳话：早在唐朝，婺源江氏始有名医著于世，此后"在医名家十五世"，传至南宋出了个名医叫江矗，以红藤煎剂竟然治愈皇家掌上明珠公主玉体胎盘崩漏的妇产科疾病。清初休宁名医程邦贤妻蒋氏为歙县人，也是一位出类拔萃的女性"先生"，她曾经施行医术治好某位新生儿患者的先天肛门闭锁症，早于详细记载此种手术的《简明医彀》，类似这样的外科手术已经达到较高的水平。清朝歙县岭南人吴澄，苦心研读医书十载，一以"易"理为权衡。证之临床，所活不可胜计，凡沉疴经手，多能取效，医名噪甚。近代名医、徽州人江考卿在西医尚未传入中国之前，已经先行实施睾丸摘除术、尿道切开术。

在新安名医群里，悬壶济世、惠民益众的仁医也不乏其人：

汪机《石山医案》

明朝祁门城里人汪机（1463—1540）是一名绝代神医，也是世人称颂的杏林仁医。他由儒而医，写出了《石山医案》《续素问钞》《医学原理》《外科理例》《针灸问对》等著作13部76卷，可谓著作等身。他最先提出"新感温病""阴暑"等医学理论，特别是他对温病学说有许多精彩的论述，大大推进了我国的温病学说理论的发展,对中医基础理论作出了创新性的贡献。他崇信金元丹溪、东垣之学,在实践中辨证论治,提出"调补气血,固本培元"治疗学说。汪机平日治病效验卓著,声名很高。他擅用"参芪",主张并强调培护元气,常以甘温之味抚养脾胃而祛病强身。临床上他注重以调补气血为主导,使气血调和,邪不为害。他本人对"固本培元"就身体力行,尤其注重医德,强调不可轻视人之生死,对重危病人,"竭力治之,至忘寝食"。

无独有偶。明朝祁门人徐春甫(1520—1596)以儒通医,博览医籍,精通内科、妇科、儿科,望闻问切功夫精到,治病多奇中。在学术方面,他主张要穷探《内经》和金元四大家之奥,务求明白医理,提高医学水平。在临床诊治上,他提倡认真审证、辨脉,细心处方用药,著有《古今医统大全》《医学未然金鉴》《医学入门捷径六书》。其中《古今医统大全》100卷,约250万字,是一部卷帙浩繁的综合性医学巨著,成为我国现存的十大医学全书之一,至今中医界仍然公认它是"融古通今博大精深的皇皇巨著",对于临床应用和理论研究具有很高的参考价值。明隆庆二年(1568),徐春甫做了一件了不得的"标新立异"之事:他联系皖浙苏闽等地在京的太医及名医46人,在北京领衔组建一体堂宅仁医会,竟然成了世界上第一个民间科技团体,它比意大利的山猫学会还要早77年。

另外新安医家中的仁医典范还有如清朝婺源人汪启时以儒医面目获得人们认可,曾经荣获婺源县令赠送一块"功同良相"的金匾。清朝歙县人郑宏纲有一图章镌刻"一腔浑是活人心",每盖在处方笺起首处以自勉。

清朝婺源县令赠儒医汪启时"功同良相"金匾

北宋歙县神医张扩第四世孙张杲也以儒医著称，他钻研医学50余年，刊行10卷本《医说》一书，博采宋前历代医史传记和医案而成，是我国现存最早载有大量医史人物传记和医学史料的书籍，也是第一部较为完整的新安医学著作。明天启三年（1623）再版时，田启亮曾誉之为"医林之珍海"。

明朝御医、古代新安著名的药物学家、祁门县二都（西乡石墅）人陈嘉谟（1486—1570），毕生精研医学，以医鸣世，撰书名《撮要便览本草蒙筌》（《本草蒙筌》）共12卷，是中医药学的重要文献著作之一。

师从黄古潭先生的休宁人孙一奎（1522—1619）为汪机的再传弟子，他勤学岐黄，对张仲景、刘完素、张从正、李杲、朱震亨、滑伯仁等诸家学术成就十分肯定，但主张要兼取众家之长，深入研究《内》《难》等经典加以阐发，著有《赤水玄珠》《医旨绪余》《孙氏医案》。

我国第一部研究医案的专著《名医类案》系明朝歙县人江瓘和江应元、江应宿父子所著。它收辑内容广泛，涉及病类丰富，涵盖了传染病、内科杂病、外科病、五官科病、妇科病、儿科病、精神疾病等多种疾病。该书的编纂，实开我国医案类书编纂之先河，为后世提供了宝贵的借鉴。

"医家之巨擘"、明朝歙县澄塘人吴昆（1552—1621）遍访名医，求教不下七十二师，著有《医方考》《脉语》《黄帝内经素问吴注》等。

明末清初名医、休宁县城西门人汪昂为我国清朝著名医学科普及启蒙派的代表人物之一，他寄籍浙江丽水，认为"诸艺之中，医为尤重"，于是弃举子业、立志学医、独专医学，于康熙年间写成《医方集解》《本草备要》《汤头歌诀》，这些书至今仍是中医学入门教材。

表现不俗的还如清康熙、雍正年间歙县人程国彭（1680—1733），认为医者"性命攸关，其操术不可不工，其处心不可不慈，其读书明理，不至于豁然大悟不止也"。他撰成《医学心悟》5卷、《外科十法》1卷，作为门人学习的教材之用。特别是他首次完整地提出了中医治疗疾病用"汗、和、下、消、吐、清、温、补"的"医门八法"，为中医诊断学自成体系作出了可贵的贡献，而且在国外也有相当影响。

清康熙五十年（1711）前后，歙县郑村人郑于丰、郑于蕃兄弟以"南园喉科"与"西园喉科""一源双流"而闻名于世。南园郑于丰之子郑梅涧继承家传衣钵，擅长用汤药和针灸治疗咽喉疾病，开创了喉科学上的"养阴清润派"，且对淋巴结核病的治疗亦有贡献。其临床经验丰富，救危起死，不可胜数，求治者盈门。乾隆年间，他集多年临床经验，并经方成培整理，撰成《重楼玉钥》，是当时全国最著名的第一部喉科专著，历代翻印次数很多，足见历史影响之大。

更加出奇的是清初康乾时期三大名医之一的宫廷御医、歙县人吴谦，于乾隆七年（1742）将一部大型综合性医书编写完成，乾隆赐名《医宗金鉴》，包括医学各科共15种，90卷，为内、外、妇、儿、眼、伤、针灸各科之完备的巨著，集我国古代医籍文献之大成。

出身于中医世家的歙县人王仲奇自曾祖于履中先生习岐黄始，传至其先人王养涵先生时，名著江、浙、皖、赣间，称为"新安王氏医学"，《海上名人传》载其名，成为当时中国名医之一。

三、群科邃密，卓荦辉煌

纵览徽州科技的发展，不只是在传统数学、天文历法方面独步超群，而且在物理学、化学、生物学、农学、地理学等领域齐向繁荣，花团锦簇，可谓群科邃密，卓荦辉煌。

（一）理化园地，几多芳华

古人没有现代国人曾经一度泛起的那种"学好数理化，走遍天下都不怕"的世俗心理。格物致知是他们基本的治学功夫，他们勤苦励志善做学问带来好多副产品：张志和《玄真子》、程大昌《演繁露》、戴震《考工记图》、郑复光《镜镜詅痴》及《费隐与知录》、张潜等人胆水浸铜法……它们仿若一扇扇橱窗，展示出了徽州科技姹紫嫣红的绚丽花容。

唐朝祁门人张志和是位著名诗人，居然也跟古代物理科学紧密联系在一起。他在《玄真子》一书中关于光与影的有趣对话，以寓言方式揭示了一些光学的物理知识，诸如影子与光的关系，物体光影之变及影像大小与物体本身以及物之远近的关系，凹面镜聚焦光源成像以及日食现象等物理现象的一些科学见解。他还对液体表面张力现象、视觉暂留现象、潮汐的形成、雷电等物理现象都进行细致的观察、记录、描述、解释，作了研究，这些都是他对中国古代物理学所作出的可贵贡献。

在休宁、屯溪、黟县等一带的方言土语中，月光指代月亮或月球，这是一个常识性的说法。而在比较早的时候，却有人从物理现象的视角观察它。

宋朝休宁人程大昌（1123—1195），关于月面敏感变化的解释和对水珠色散现象的描述，属于中国古代光学知识的基本内容。其所著《演繁露》是一部记载对光学的研究与认识之作，对一束日光透过某些透明物体时会变成赤橙黄绿青蓝紫等颜色的单色光这种色散现象的认识与描述，不仅促进了中国古代人们对于色散现象的认识，而且具有重要的方法论意义，与距此400多年后法国著名的哲学家、数学家和物理学家笛卡儿用球形的玻璃瓶装满水进行实验观察其对日光的散射有异曲同工之妙，曾被英国著名科技史家李约瑟《中国科学技术史》中多次引用。

物理学的实际应用在生产领域那更是司空见惯的客观现象。

休宁县隆阜人戴震（1723—1777）是清朝乾嘉学派的学术泰斗，一位百科全书式的巨儒学者。他在数学、天文地理、物理和机械技术等科学领域也有一定成就。在传统时代的科技界，他并非以某种专业性极强的科学家形象面世，而像是一位通才型的科学家。他就战国时期推出的现存最早的手工技术专著《考工记》进行绘图、加注，著成《考工记图注》，后经修订刊行。其中关于车舆质量检测及马车物体惯性运动现象、关于匠人营建宫室检测技术、关于钟鼓磬等乐器的发音与其形状大小和器壁厚薄的关系等的总结注释含有不少物理学知识，具有比较重要的学术价值。

与戴震处于同一时代的歙县人程瑶田（1723—1814）在数学、天文、地理、生物、农业种植、水利、兵器、农器、文字、音韵等领域皆有深入研究，堪称一代通儒。他对于《考工记》的研究用力最勤，生前留下过《考工创物小记》《释宫小记》等著作（见之于程瑶田文集《通艺录》），其学术成就堪可比肩于戴震。

说千道万，在传统世代的物理学界，清朝歙县人郑复光（1780—约1862）绝对是徽州及至我国科技发展史上升腾而起的一颗耀眼的明星。他学贯中西，幼年时在家乡既受到良好的祖国传统文化教育，成年后又在徽

程瑶田文集《通艺录》

商外埠扬州等地接受了西方传入的科学文化知识，平生在几何数学、物理学（光学）和仪器制造等方面都取得了突出的成就。他于清道光十五年（1835）著写、出版了我国近代第一部比较系统地阐述几何光学原理、光学仪器原理和制镜技术的科学著作《镜镜詅痴》，全面总结了当时已有的光学知识，并在许多方面实现了重要发展，代表了当时中国光学发展的最高水平，被誉为光学史上的一个重要里程碑。《费隐与知录》则是他于清道光二十二年（1842）著有刊行的一部科普作品，内容涉及物理、气象、天文、生物、医药、烹饪等方面。他还分析了元气、经络、地气和地脉的关系，所创立的地脉说在本质上相当于近代法国科学家法拉第的磁力线思想。然而郑复光则比法拉第更早地具有了场论的思想，他的地脉说是中国古代地磁场论的最高成就。

至于说在化学领域，除了火法炼铜技术外，中国人又首创了胆水炼铜技术，这是世界冶炼技术史上的一项重大发明。南宋婺源人张潜、张磐、张甲父子祖孙一族，不仅努力探究发明、长期实践，取得研究成果，而且著书立说，著成《浸铜利便》《浸铜要略》上下两卷，详细记载了12条胆水浸铜的工艺程序，成为世界化学史上的一项重大科技成果"胆水浸铜法"的主要发明集成者。对宋元时期胆水炼铜生产的兴起和发展产生了很大的促进作用，对于我国首创的浸铜冶铜重大发明的总结推动有着不可磨灭的贡献。

(二) 生物学科, 枝繁叶茂

徽州生态环境优越, 生物资源极其丰富, 为人们研究动植物创造了得天独厚的条件。

牡丹素有国色天香之誉称。北宋黟县人邱浚撰《牡丹荣辱志》是研究国花的专业书籍, 具有一定的植物学参考价值。南宋呈坎人罗愿所撰《尔雅翼》《新安志》都载录有大量生物学知识。

之后有人开拓了生物学专业性的纵深研究, 进一步丰富我国生物科学的知识宝库。元朝休宁人吴瑞于天历年间撰有《日用本草》8卷。明朝歙县岩寺（今属徽州区）人潘之恒的《广菌谱》则将20种大型真菌单独成册, 成为中国古代水平最高的一部菌类专著。清朝新安画派代表人物释雪庄所绘的《黄海山花图》与朋友歙县人吴菘为之笺注的《笺卉》, 是记述黄山花卉的专业著作, 堪称第一部黄山植物花卉彩色图谱, 具有较高的史料价值。清初休宁人汪灏受康熙皇帝之圣命, 非常了不起地干成了一件中国古代科技史上的国家级浩大工程——他领衔就明朝王象晋《群芳谱》进行增删正误, 并于康熙四十七年（1708）改编完成《御制佩文斋广群芳谱》, 使全书更严谨, 内容更丰富。这是一部实用植物学巨著。清初歙县人吴绮的《岭南风物记》是一部以有关岭南动植物志为主要内容的著作, 对于今人研究岭南动植物资源和风俗民情仍有一定的参考价值。珍藏在安徽省博物馆里的精写本

罗愿《尔雅翼》《新安志》

《培植兰菊法》为清朝歙县人汪畹腴所撰,也是一项植物学方面的具体成果。清朝休宁人程石邻搜集秘籍、稽求补充、正误裁订、润色改编而成《鹌鹑谱》,是一部对鹌鹑形态、习性、饲养方法、叙述极为周详的专谱,也是我国现存最早且流传至今的一部驯养斗鹌专著。清康熙年间新安人陈均素以善养画眉著称,所著《画眉笔谈》是我国现存最早的一篇画眉专论。清朝经

汪灏《御制佩文斋广群芳谱》

学大师戴震的《经雅》稿本是一部专门解释"鸟兽虫鱼草木之状类名号"的著作,成为清中叶动植物训诂的代表之作,在一定意义上可视为一部古代动植物辞典。清朝经学家、皖派朴学巨子程瑶田在动植物训诂方面的代表作有《九谷考》《释草小记》《释虫小记》,是我国古代存留至今的难得的动物学文献。可见在上述书籍记述里,不仅镌刻着一串堪称古代生物学者的灿若繁星的人名,而且可以让人斑豹窥见出徽州先贤们为后世留下了许多自然界和家养动植物的生物学知识。

(三)农地双学,争奇斗艳

古往今来,农业始终跟人们的生产生活活动紧密相连。农学则是解决人类吃饭穿衣等基本生存问题的重要基础性学科。

唐朝"茶圣"陆羽在《茶经》中载有"歙州茶",徽州制茶史上最为著名的当推屯绿、祁红与太平猴魁等,而这些传统技艺世代流传。南宋朱熹在淳熙年间任南康军地方官时曾发布《劝农文》,以通俗的文字介绍农学知识和技术,主张奖励垦荒、保护耕牛、兴修水利、适时耕种、深耕细作、多种经营、利用土地肥

力、加强田间管理，对古代农学思想作出了积极贡献。

元朝休宁人吴瑞于天历年间撰成《日用本草》，该书实开安徽系统研究食物本草之先河，因具有广泛的实用价值对后世影响较大。别出心裁的明末婺源人鲍山遍尝野菜花果诸味，著有《野菜博录》。另外明清两朝徽州的蚕桑著作包括休宁人金瑶的《蚕训》、曾任绩溪县司铎江苏溧阳人沈练的《蚕桑说》和《广蚕桑说》、歙县人汪宗沂的《蚕桑辑要》、太平人赵敬如的《蚕桑说》等，在当时对普及蚕桑知识、推广蚕桑技术均起到一定的作用。

吴瑞《日用本草》

在地理学研究方面，徽州历代学者们对于历史地理的持续关注和研究早就衍为一种学术传统。

宋朝歙县人程大昌（1123—1195）所撰5卷本《禹贡论》是元朝以前我国关于《禹贡》古地理学研究的最高水平成果，另外《禹贡后论》《禹贡山川地理图》也是以先秦地理名著《禹贡》为课题的历史地理研究成果。其中《禹贡山川地理图》是中国历史地理学的珍贵历史文献，显示了地理学中图文并茂的新水平。而《北边备对》1卷和《雍录》10卷则是程大昌对古九州之一的雍州（相当于今之陕甘宁青等广袤地区）西北山川和古都地理的研究之作，也代表了程大昌的地理学研究水平。

图经是中国历史上记载地方历史文化的文献。徽州是修造图经比较发达的地区之一。现存可考的徽州图经有3类10余种，包括州级《新安图经》《新安图》《歙州图经》等，县级《歙县图经》《邑图》等，专门类型的《黄山图经》等，反映了徽州地图学的历史成就。

在其他地理学方面，到了清朝，除了江永著有《春秋地理考实》《乡党图考》《河洛精蕴》以及张匡学著有《水经注释地》等外，戴震研究北魏郦道元《水经注》又作出了卓越贡献：《水地记》定本成为他对地理学新的贡献的一颗明珠。他完成对《水经注》最重要的一次考订,代表了当时"郦学"的最高成就。

程瑶田在地理学方面的研究很深入,代表作有《禹贡三江考》《沟洫疆理小记》《水地小记》等,显示他在地学研究方面的成就突出,学术贡献大,学术价值高,且富有特色。

四、技艺工程,福泽久长

徽州科技除了数学天算、新安医学、理化生物、农学地学等几个富有成就的领域外,在技艺工程等方面也颇具影响。

(一)奇技巧构,先贤成就

就传统技艺而言,包括在活字印刷术、漆器髹饰技艺、罗盘制作技艺、机械制造技术、光学仪器制作技术、竹器编织技艺等方面,聪颖的历代徽州人都干出了一些不俗的"名堂"!

首先介绍传统的徽州漆器工艺。

漆器是中国古代在化学工艺及工艺美术方面的重要发明。

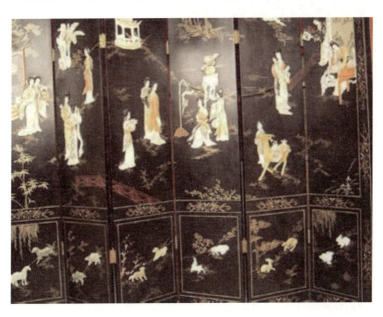

徽州螺钿漆器展品

古徽州盛行栽种漆树，徽州漆器利用本地所产的生漆为主原料，运用不同的手法与工艺，用于装饰家具、容器、日用品和各种工艺品。长期以来，徽州的漆器髹饰技术可谓是卓立超群、独领风骚的。

其实早在唐朝，徽州就以漆器闻名，到了宋朝，出生歙县岩寺（今属徽州区）的漆器艺人赵千里用彩色珠光蚌壳嵌入漆层而成的细嵌螺甸漆器更是誉满全国，被人誉称"宋嵌"。而与此同时，菠萝漆工艺也是源远流长的，南宋时期就已经闻名遐迩，当时曾被列为贡品送入临安皇宫，成为皇家使用和赐赏功臣的珍贵之物。明清时期徽州漆器更为精巧。明隆庆年间，歙县人黄晟所撰《髹饰录》是我国最早且现存唯一的传统漆工技艺专著，书中总结了徽州漆器"巧法造化、质则人事、文象阴阳"的美学法则，至今对漆器工艺的发展还有重要参考价值。

其次介绍万安古罗盘。

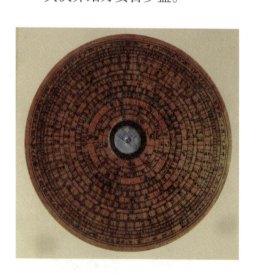

吴鲁衡罗经店制作的万安罗盘

清初休宁人吴鲁衡应用磁学技术改进工艺精制的地学仪器——罗盘以及日晷定时仪器也是一项了不得的成就。吴鲁衡（1702—1760）是一代罗经大师，他于清雍正年间在万安镇创办了吴鲁衡罗经店，至今有近300年历史。吴鲁衡罗经店坚持时间最长，并将"吴鲁衡"做成了中国罗盘业的知名品牌。其所产万安罗盘设计独特、材料考究、制作精良、品种齐全，被奉为罗盘正宗，享有"徽罗""徽盘"的美誉。该老店罗盘选用徽州稀有虎骨木材料，经裁制坯料、车园成坯、车圈、分格、写盘、油货、装针、包装8道工序进行手工制作，尤其是采用祖传工艺独有的天然磁石磁化的独特工艺，具有磁针灵敏度高、永不退磁等性能。其产品还灵巧地将书法、美术、徽雕等艺术融为一体，他的刻意创新使产品有更多的"文化味",别具一格。民国四年(1915),由吴氏、胡氏、方氏三家供选的万安罗盘及日晷曾在美国费城举行的巴拿马万国博览会上展出,并获得金质奖章。

再次介绍黄履庄发明系列机械奇器。

清初祖籍徽州的机械发明家黄履庄(1656—?),制作了包括验器(如温度计)、诸镜(透镜、显微镜、望远镜)、诸画(涉及光学仪器)、玩器(如自行驱暑扇及木人、木鸟、木狗、"双轮小车")、水法(如龙尾车、喷泉)、造器之器(如方圆规矩)等6大类33种富有新意的"奇器"。歙县人涨潮曾经将黄履庄的《奇器目略》收录在《虞初新志》中。

最后介绍其他徽州乡贤们在机械仪器方面的技术结晶。

如清朝歙县人郑复光又是我国近代能亲手制作仪器的巧匠。在机械制造方面,他曾研制成"测天之仪,脉水之车,尤切民用",尤其是关于火轮船的研究,为我国早期从事火轮船研究的先驱之一。而郑复光一生最主要的贡献,还是在光学研究和光学仪器制造方面。早在清道光初年,他曾制造出白天黑夜均可放映的幻灯机;道光十五年(1835)冬,他已运用自己掌握的科学知识制作了一台完全合乎光学原理要求的测天望远镜。这是中国第一台自制的望远镜。

再有清朝休宁人戴震曾经变通古法,制成两种农田水利机械——休宁县地山乡吸水灌田用的赢旋车(即龙尾车)和自转车。清朝歙县人徐履安曾经为其徽商族人徐赞侯在苏北扬州的私家园林——水竹居设计制造过人工喷泉142个,所用机械的户轴、桔槔、辘轳、弩牙等部件,都由他亲手所制,备极精巧。当然还有必要说说婺源人齐彦槐的事情:清道光十二年(1832),他制造出龙尾车、恒升车两种新的农田提水机械,这两种水车一部可抵普通水车五部,大大提高了抗旱排涝能力。齐彦槐制作试验龙尾车是中国近代农具技术革新的一次成功尝试,也是西学中用的一个典型范例。

（二）功在当时，利于千秋

徽州科技在工程技术层面可圈可点的卓新贡献之处还有水利建设技术以及铁路工程技术等的应用，它们都以其突出的特色，增添了古代徽州科技文化史的精彩篇章内容。

先说渔梁坝、汪口平渡堰、珠塘坝。

渔梁坝可以说是古徽州堨坝群中最具典型意义的一处水利工程。渔梁坝位于歙县城南，横截练江，南端依龙井山，北端接渔梁古镇老街，是新安江上游最古老、规模最大的古代石质拦河滚水坝，距今已有近1400年的历史，是徽州古代最知名的水利工程，被称为"江南都江堰"。坝长138米，底宽27米，顶宽4米，全部用清一色的坚石垒砌而成，每块石头重达吨余。它们垒砌的建筑方法科学、巧妙，每垒十块青石，均立一根石柱，上下层之间用坚石墩如钉插入，这种石质的插钉称为"稳定"，也称元宝钉。这样，上下层如穿了石锁，互相衔接，极为牢固。每一层各条石之间，又用石锁连锁，这样上下左右紧连一体，构筑成了跨江而卧的坚实渔梁坝。坝中间有开水门，用于排水。我国著名古建专家郑孝燮先生说："渔梁坝的设计、建设和功能，均可与横卧岷江的都江堰相媲美！"2001年，渔梁坝作为唐至清时期古建筑，被国务院批准列入第五批全国重点文物保护单位名单，这自然成了古徽州的一种历史荣耀！

歙县渔梁坝

更加可贵的是清朝婺源江湾人江永学以致用，以算筑堰。至今尚存并且仍然发挥作用的婺源县汪口村平渡堰（又称曲尺堨）就是由他设计的一处古代水利工程。他精心筹算，设计曲尺堨来平复村前河流的水势，亲自指挥村民就地取材，采用块石砌筑成一条长达120米、面宽为15米的堨，既可容纳、吞吐上游水流流量，不影响行舟，又促使水流平缓，提高了水位，便利于农田灌溉，村民们无不为他利用数学科学所做的这件千古益事拍手叫好。

巧的是，他的弟子戴震竟然也有同样的善举——设计修筑屯溪水利工程珠塘坝。这座石坝，高达10米，坝顶长43米，宽22米，可蓄水约100万立方米。塘口用石块造一个塘印（闸门），坝下辟有水沟，直通新安江。戴震以其造福乡里的行动泽被后代，他也一时名震乡里。

其次说说花山谜窟。

花山谜窟位于黄山市屯溪区东部，共有36座石窟，是目前中国发现的规模最大、谜团最多的古石窟遗址。石窟中的钟乳石年龄已经超过1700年，但是石窟开凿的具体时间以及石料用途仍然是个谜，故称"谜窟"。古代徽州人选择从山洞中采石，可以保持那一带洞外的冈峦山体面貌，更有效地保护自然资源，用现代语汇来说就叫"绿色开发"。花山谜窟并非自然生成的石洞，而是古代徽州人人工开凿而成的石窟遗迹，如此浩大的采石工程似可称得上是惊世骇俗的古代建筑工程奇观。

接下来说说近代铁路工程的修建。

晚清铁路工程师、具有强烈爱国意识的詹天佑（1861—1919），先后参加了中国近代系列铁路包括关内外铁路（即京沈铁路前身）、关东铁路、津芦铁路、锦州铁路、营口铁路的修建，而且还负责修建了西陵铁路，特别是于1904～1909年率领工程人员，亲自主持修建连接北京和张家口、全长200千米的京张铁路，出色地完成了居庸关和八达岭两处艰难的隧道工程，并在八达岭工程中创造性地设计出了"之"字形线路，另发明火车自动挂钩，是我国自行设计和修建铁路的第一人，为中国铁路事业的发展作出了不朽贡献。他毕生致力于此，并为维护我国中东铁路权益与列强中的沙俄作斗争，体现出中华民族强烈的爱国精神，被人们誉为"中国铁路工程师之父",中华人民共和国成立后周恩来总理曾经赞誉他为"中国人的光荣"。而另一位绩溪人程士范则在民国时期出任总工程师,主持修建淮南铁路(淮南到芜湖裕溪口),成为当时世界上造价最低的铁路,从而对安徽省及祖国铁路事业的发展作出了重要贡献。

实在可以说是不胜枚举哟,这些震烁古今的辉煌业绩都已载入科技史册得以永世流芳!

第九编

徽州饮食

概述
徽茶徽菜，名扬四海

无论社会进化到何种程度，饮食之于人类，其基本功能都不会改变。古罗马哲学家西塞罗的名言"你应该为生存而食"，即肯定饮食是人类生存的前提。我国古代先贤则更加坦率。《礼记》有言："饮食男女，人之大欲存焉。"告子也说："食色，性也。"可以说，民生问题已超越了任何时代、地域、种族与阶级的界限。

但是，即便是简单的生活问题，有着对文明不懈追求的人类，总是不断在物质和精神上将其复杂化，从而满足不同层次和阶段的生理与心理需要。"饮食文化"的典籍就在这样的背景中逐渐展开其色彩斑斓的画面。

在中华饮食的厚重册页中，徽州饮食也占据了重要篇章。

从"饮"上看，徽州最为知名的饮品当推茶叶。从明确记载徽州种植茶叶的唐朝中期，至今一千三四百年中，无论是"茶圣"陆羽《茶经》、清末程雨亭《整饬皖茶文牍》等有关茶叶类专著，还是南宋胡仔《苕溪渔隐丛话》、清初张岱《陶庵梦忆》等综合性文献收录的茶事、茶话，都少不了徽州茶叶的身影。至于邓公的称颂"你们祁红世界有名"，更是振聋发聩的金声。

至于"食"，徽州与全国其他区域相似。在米、麦为主，其余为辅的相对单一的主食结构上，为求一"饱"，并没有太大的创造空间。而在以追求"味道"为目标的菜蔬方面，因有丰富的物产为支撑，经数百年的创制、提炼和传播，以"重油、重色、重火功"为典型风格的"徽菜"，终于跻身全国八大菜系之列。

同时，诸如石头馃、蟹壳黄烧饼、包袱饺等既可充当主食，也可在茶余饭后略作点缀的"徽州小吃"，也随着徽州风俗的演进，扮演着更为重要的角色。其鲜明的特色、适口的风味，既引得外来客人为之垂涎，也成为无数徽州游子思念的对象。

要问徽州饮食有何特点，不妨简要归纳为五个字：土、精、繁、著、礼。

"土"，既不是"灰头土脸"的难看，也非"乡巴""老土"得上不了台面，而是指原料多产于本土。如竹笋、蕨菜、豆腐、香椿，随手可得；如石鸡、石耳，藏身深涧、悬崖，但都汲取天地精华，保有天然绿色，有如妙龄村姑，纯粹、健康、本色。

"精"，指加工精致。在纯手工的时代，加工程序繁多往往意味着成品产量的低下，但徽州无论是饮还是食，对于高品质的追求始终一以贯之。比如"太平猴魁"，素有"猴魁两头尖，不散不翘不卷边"之誉，其制作不仅分采摘、拣尖、摊放、杀青、整形、烘干等工序，而且每道工序几乎都有严苛要求。如采摘，需在清晨有雾时，雾退即收工；要"五拣"：拣云雾笼罩的高山，拣阳光偏少的阴山，拣生长旺盛的茶树，拣粗壮挺直的嫩枝，拣肥大多毫的茶叶。鲜叶倒在板上拣尖时，按一芽二叶的标准逐一挑选，过大、过小、过瘦、弯曲、无芽、淡色、紫色以及有病虫危害者均不要。即便是烘干，也分头烘、二烘、拖老烘三步，不仅温度、时长各异，投叶量也不同。只有经过如此复杂、严格的"磨炼"，那片翠绿的茶叶才具有两叶抱芽、扁平挺直、自然舒展、白毫隐伏的高贵品质。

"繁"，是指品种繁多。就拿徽州小吃来说，包子全国各地都有，徽州有特色的就有水饺包、双冬肉包、发包、清明包等多种。至于更具地方特色的"馃"，品种多得不胜枚举，如苞芦馃、石头粿、灰汁粿、寿桃粿（花粿）、苎叶粿、豆沙粿、豆豉粿、豆腐渣粿、灶粿、冷饭粿（抟粿）、油粿、清明粿（挂纸粿、黄花粿、野艾粿、蒿粿）、茧粿、香椿粿、食桃米粿、馅心粿、落苏粿……外来客人倘若每天换种口味，几乎可以做到一个月不重样！

"著"即著名。国人向来比较内敛，不事张扬，尤其看不起到处显摆、炫耀的自我宣扬。这一点，徽州人不仅算得上典范，甚至已大大地发扬光大了。徽州饮食到底是否著名，还是看看非徽州人士——民国时期知名文人梁实秋在《胡适先生二三事》中的记事吧：

那是1929年前后的上海。有一次，胡适请罗隆基、潘光旦和梁实秋到一家徽州馆吃饭。"那一餐的油不在少"，尤其"有两个菜给我的印象特别深，一个是划水鱼，即红烧青鱼尾，鲜嫩无比，一个是生炒蝴蝶面，即什锦炒生面片，非常别致"。

另一次，胡适请一些朋友到家里吃饭。"菜是胡太太亲自做的——徽州著名的'一品锅'。一只大铁锅，口径差不多有一呎，热腾腾地端了上桌，里面还在滚沸，一层鸡，一层鸭，一层肉，点缀着一些蛋皮饺，紧底下是萝卜白菜。胡先生详细介绍这一品锅，告诉我们这是徽州人家待客的上品，酒菜、饭菜、汤，都在其中矣。"

胡氏一品锅

诸位千万不要认为，梁实秋的夫人程季淑老家在绩溪（按胡适的说法，梁也是"半个徽州人"），梁一生又都对胡适执弟子之礼，所以梁先生这是在为"类泰山"和"老师"帮腔说好话。其实，梁先生骨子里有浓厚的贵族主义色彩，既不轻易放弃己见（曾与鲁迅论争多年），也不惧怕舆论流言（坚持追求继室韩菁清），即便在评论徽州菜肴时，他也会直言不讳：划水鱼和生炒蝴蝶面"缺点是味太咸，油太大"。

严格地说，"礼"不是徽州饮品、食品本身的特征，而是附着于制作、品尝全过程的相关礼数和规矩。由于山多人稠、交通不便，徽州山区百姓自给自足的色彩很浓，对于传统的固守也十分持久。比如春节前夕的"杀年猪"，乃是徽州最为常见的习惯。宰杀时，年猪从刀口喷出的第一股冒着热气的鲜血，主人需及时用碗接住，再淋在大门两侧和猪栏门上，这是献给辛劳一年的门神和"猪栏土地"最高规格的祭品。通常来说，血净猪倒是对"刀手"屠宰技能的基本要求，倘若猪被翻下板凳后居然还能挣扎着站起来行走，主人会认为不祥而对"刀手"很不高兴。当晚，主人家会将猪肝、猪心等不便腌制的，烹成美味佳肴，摆上一两桌，邀请村族中有名望的宗长、教书看病的"先生"、帮忙"拽猪尾巴"的亲邻，推杯换盏，痛痛快快地吃喝上一顿，将"杀猪饭"吃得像过节一样热闹。至于猪血、猪肠，也被烧上一大锅，给每一家邻居送上热气腾腾的一大碗。猪头、猪尾则是不能动用的，那是除夕下午全村在祠堂门前大坦上举行隆重的"谢神"仪式上，家家捧出的祭品中最重要的"供献"。嘴唇上穿着尾巴的猪头，便是一头整猪的象征。"三十夜，焐猪头，大大细细围了一锅头。"虽然清贫，但团圆、温馨、欢乐，大概也是徽州乡村百姓一年中最为惬意的时刻。

可见，"杀年猪"就是个平台，朴实忠厚的徽州人借此将神明、尊长、亲邻、家人纳入整个生活体系，通过前后交错、层次分明的相关活动,有效实现了物质享受与精神满足的有机结合。而所有活动的指导思想,就是一个既简单又深奥的"礼"!

当然,徽州饮食也并没有脱离对其最基本功能的追求。说直白点,就是:徽州饮食的味道,相信"你懂的"!

徽州人向来就有这样的自信!

徽州饮食如此诱人,实得益于自然与人文的共同巧妙作用。若真需要条分缕析的话,大致有以下数端:

徽州物产丰富是基础。从自然条件看,徽州地处亚热带山区,平地、水域也有一定面积,光照充足,雨量充沛,山区又为植物的垂直分布提供了更多空间。这里有各类植物3000多种,野生动物360多种,其中有不少可以成为满足人类口腹之欲的原料。这是天赐之福。

但必须承认,自宋朝以后,徽州人口急剧膨胀,山区大量开发,物产总量有所下降,而且人均数量也不多。一个普通人家,如果不考虑适当储存以备将来,势必会陷入缺粮少菜的窘境。在完全靠自然的历史时期,晒干、腌制、提炼成为最主要的储藏手段。无怪乎徽州菜肴中,干菜类、腌菜类占了较大比重。"闻起来臭、吃起来香"的毛豆腐、臭鳜鱼,相传就是因食材储藏不慎略有变质,又舍不得丢弃,才加以大量味重的作料创制出的独特美食。

红烧臭鳜鱼

不少人曾将徽州村口常见的"禁渔"碑视为古人重视生态的例证。其实，徽州人"禁渔"更有现实的目的：徽州山区多为小河，鱼类资源并不富足，假设不加限制，无需多少时日，鱼子虾孙都将被捕捞殆尽。一旦如此，每年几个时节祭祀所需的鱼类将如何置办？以宗族的名义实施"禁渔"，年终统一捕捞，抓大留小，自然可以永续利用。

勤劳创新是手段。徽州饮食虽源于满足自我生存的需要，但随着商品经济的发展，徽州饮食逐渐成为徽州人谋取生活资料、服务社会的手段。比如徽菜，就从农户灶头走向外地餐馆；徽州茶叶，也由文人雅士的闲适品尝，成为普通大众换取衣食、缴纳赋税的重要商品。而为了提高商品的竞争力和价格，就不得不更精细、求创新。

徽州饮食的扬名，也离不开徽商的助力。且不说徽州商人中，茶商就是十分重要的支柱（尤其在清中期到民国），那些因商人转输而得尝徽州名茶的文人的颂扬，更使徽州名茶声名卓著。清朝著名画家郑板桥有诗："不风不雨正清和，翠竹亭亭好节柯。最爱晚凉佳客至，一壶新茗泡松萝。"试想：明月高悬，翠竹玉立，晚风轻拂；雅客翩翩而至，一壶松萝香茶，天下、书画、人生，这是一幅多么充满诗情画意的闲适画卷！而诗中的"松萝"即产于休宁松萝山的名茶。明朝文学大家袁宏道就曾记述道："今日徽有送松萝茶者，味在龙井之上，天池下。"同时代学者谢肇淛也有相似的评论："今茶之上者，松萝也，虎丘也，罗岕也，龙井也，阳羡也，天池也。"

徽州自元朝以后，理学长期居于社会主流思想的地位。作为理学集大成者的朱熹，将理学思想转化为礼教思想，强调遵守日常礼仪的必要性："凡礼有本、有文，自其施于家者言之，则名分之守、爱敬之实，其本也。冠、昏、丧、祭，仪章度数者，其文也。"其本，不能一日不修；其文，亦非讲之素明、习之素熟不可。徽州绝大多数宗族及文人，也多以程朱理学继承者自居，主动遵循和维护相关礼仪。比如休宁茗洲《吴氏家典》中，就旗帜鲜明地宣示："我新安为朱子桑梓之邦，则宜读朱子之书，取朱子之教，秉朱子之礼，以邹鲁之风自待，而以邹鲁之风传之子若孙也。"正是在程朱理学的涵育下，徽州饮食中的"礼"才显得那样自然与庄重。

一、屯绿祁红，万邦来求

若论徽州的"饮"，大概要算"茶"最可让本地人"长脸"：祁红、屯绿，绝代双骄；松萝、猴魁，各领风骚！

（一）山且植茗，地无遗土

无愧于中华"国饮"美名的茶叶，在我国有2000多年的种植史。清初学者顾炎武说："自秦人取蜀，而后始有茗饮之事。"倘若属实，则茶叶种植与饮用之习当始于四川一带。西汉武帝派张骞出使西域后，又派人进入西南的夜郎、滇国等地，试图打通前往身毒国（今印度）的道路。虽无功而返，却顺便将沿途小国变成了大汉的郡县，西南各地物产进入中原更为便利。

三国时孙吴末代皇帝孙皓，奢侈荒淫，常常饮酒竟日。他规定：凡入席者须饮酒七升，否则强灌。他曾对酒量不过三升的史官韦曜颇为关照，"常为裁减，或密赐荈以当酒"。这"以茶代酒"的典故，至少说明饮茶已在长江中下游的上流社会风行。

徽州茶叶种植始于何时，难以确指，不过可以肯定的是，唐朝中期的徽州，茶叶已普遍种植且成为民生依赖。"茶圣"陆羽在《茶经》中,将当时全国产茶地作了分区介绍。他评价浙西各州茶叶品质高低为:"以湖州上,常州次,宣州、杭州、睦州、歙州下,润州、苏州又下。"但此时歙州的茶叶主产区大概仅限于婺源,因为陆羽在注解中特意指出:"歙州生婺源县山谷。"

徽州各县茶叶种植的先后,大概与全国"由西向东"的植茶趋势一致,先从江西进入婺源,再传入祁门。《茶经》诞生后约70年,祁门也成为与婺源、浮梁并称的"茶货实多"的产茶大县。稍后的歙州司马张途,在《祁门县新修阊门溪记》中,饶有兴致地对该县茶叶生产作了生动描摹:"山多而地少,水清而地沃。山且植茗,高下无遗土。"所产之茶,"色黄而香",远近客商普遍认为品质"逾于诸方"。每年二三月,携重资来此收购者,"摩肩接迹而至"。当时,祁门全县5400余户,业茶者居然占了七八成。他们由此"供赋役""给衣食",商品经济发达程度的确超乎想象。

红茶

五代时,歙州先后隶属于吴和南唐。无论是中央政权还是地方割据力量,无不极力搜刮民财以壮大武装。歙州因产茶量大而被课以重税,百姓叫苦连天。真乃此一时,彼一时!

北宋政府对茶叶实行"榷茶制",即专卖制,先强制贷款给茶农,再定价全数收购,扣除赋税、贷款外,茶农已所得无多。专卖和重税两把利刃,将部分茶农逼上了"梁山"。南宋官员卫博在其《定庵类稿》中记载:"至于徽、严、衢……数州,其地险阻,其民好斗,能死而不能屈,动以千百为群,盗贩茶盐,肆行山谷,挟刃持梃,视弃躯命与杀人如戏剧之易,饮食之常。"虽然徽州本土方志上,除方腊起兵外,尚未见到具体事例,但依卫博的身份,所言估计不虚。

南宋徽州茶叶产量依旧可观。《宋会要》《建炎以来朝野杂记》等典籍留下不少徽州六县的产茶数字,每年总量多在105万千克以上。以乾道年间徽州12万户计,户均9千克左右。

元末,朱元璋控制徽州,其茶叶课税方法独特,居然不嫌麻烦,按茶树株数计算。徽州六县共19656120株,每十株收一株的税,标准是芽茶二钱五分、叶茶一两七钱五分,合计每年精、粗茶叶12万余千克。但政府不要茶,而让百姓折成钱米上交。折来折去,原本三升的定额倒变成一斗!就连朱元璋常以"宗长"相称的休宁人朱升,也认为"穷山荒疃,采摘之家,虽竭其庐入之,亦不能应"。

明清两朝,伴随着全国商品经济的发展和徽商的崛起,徽州茶叶生产进入鼎盛期,不仅松萝、大方、祁红等名茶先后创制,而且以绿茶为大宗的茶叶销售遍布海内外。民国初年,徽州六县茶叶总量达到了15.5万担。屯溪也因此成为徽州茶叶的集散中心而被誉为"茶务都会"。

(二)天人相济,绝顶松萝

大凡茶叶品质,皆取决于"天工"与"人力"。凡土壤、光照、雨水、温度诸要素,若恰到好处,非老天帮忙不可;而采摘、制作、储藏与冲泡,拿捏适度,则纯凭老到的手上功夫。徽州从产茶要地升格为名茶产区,靠的是技艺突破。

唐朝及以前,徽州与其他茶区一样,处于蒸青饼茶制作时代。其工序,陆羽《茶经》中有介绍:"晴采之,蒸之,捣之,拍之,焙之,穿之,封之,茶之干矣。"即将鲜叶靠蒸汽杀青,用忤臼捣烂（《宋史》称"唯建、剑则既蒸而研……他处不能造"），放入模型按压定型，拍出后焙干，再穿串、包装密封即可。所谓方茶、片茶、含膏、团茶之类，即属"饼茶"。

这一阶段，虽来徽州采购茶叶者络绎不绝，但徽州名茶尚少。晚唐时杨晔在《膳夫经手录》中认为，祁门、婺源"所出之含膏，亦在顾渚之亚"。"顾渚紫笋"产于今浙江长兴顾渚山，曾被陆羽评为"茶中第一"。《新安志》记载了宋朝徽州产胜金、嫩桑等8种片茶，这些名称仅是"国标"26等中的8个等级而已。直到南宋，婺源谢源茶才被《宋史》将其与顾渚紫笋、毗陵阳羡、绍兴日铸、隆兴黄龙并列，认为"皆绝品也"。

到了宋朝，制茶工艺开始转变，由饼茶改做散茶，即杀青后直接烘干，或称"茗茶"。炒青技术也同时出现。但就徽州而言，茶叶生产除了产量持续提高外，品质上尚难有突破。直至明中期，休宁进士汪循还在其《煎茶》中尖锐指出：与外地佳茗相比，徽州茶叶虽具天生丽质，却因人力不济，无缘跻身名流。一因茶刚萌芽即采，以早为佳；二是"造作欠工"；三是"以瓶罂汲水，下茶置炉，渐竭渐添，直煎至晚"。自饮如此，待客亦同。

重大突破终于在明隆庆年间出现了！

有一僧人名为大方，在茶叶炒制技术上傲视全国的苏州虎丘居住有年，深得炒制之妙。他云游至休宁北郊松萝山，结庵而居，见附近高山常年云遮雾罩，茶叶品质优良，乃依苏式技艺精心炒制，果然成为妙品。很快，松萝茶大名传遍四方，知名文人如谢肇淛、陈仁锡、方以智等均给予高评。沈德符甚至还留下了当时京城里的一副对子："奇味薏米酒，绝顶松萝茶。"

松萝茶

感谢当年在徽州府担任推官的龙膺，他不仅亲自拜访僧人大方，还留下了松萝茶的制法："用铛摩擦光净，以干松枝为薪，炊热，候微炙手，将嫩茶一握置铛中，札札有声，急手炒匀，出之筐上。筐用细篾为之，薄摊筐内，用扇搧冷。略加揉按，再略炒，另入文火铛焙干，色如翡翠。"

清乾隆年间，我国外销茶日渐增多。为"发洋财"，更多的徽州茶商不远数千里奔波于徽州与广州之间。相比于内销，专做"洋庄"的茶号对于茶叶品质有了更高追求。歙县茶商江耀华在《做茶节略》中，繁复介绍了焙、筛、撼、扇、补火、匀堆、补老火、装箱等绿茶"精制"基本工序，而其中任何一个环节，都有成套设备和更为细致的操作要领。如"筛"，孔径不同的筛子多达20种，筛的手法不同，又有抖、平、撩、分之区别。经这样精制而成的"屯绿"，香高、味浓、色绿、耐泡，素有"入口浓醇、过喉鲜爽、口留余香、回味甘甜"的美评。

鸦片战争后，五口通商，国际市场上红茶销量增多，徽州外销茶面临更大竞争，技术变革再次成为拉动徽州茶业的引擎。清光绪初年，胡云龙、余干臣不约而同地在祁门运用福建红茶制作工艺，试制"祁红"成功。很快，"祁红"以其外形条索紧细、锋苗挺秀、色泽乌润，汤色红艳明亮，滋味甘鲜醇厚的特点，被列为与印度的大吉岭、斯里兰卡的乌伐齐名的世界三大高香名茶之首，行销各地。1915年它获巴拿马万国博览会一等金质奖后，更是誉满全球！

传统农业如何升级，曾是一个令无数政要头痛的现实问题。徽州制茶史表明：贸易与技术是破解其难点的"触发器"！大量的商品交换提供契机，技术原创或引进引发质变。太平猴魁、顶谷大方、黟山雀舌、黄山绿牡丹、新安源银毫等新名茶的创制，一次又一次地证明了这一点。

新时代呼唤新"大方"、呼唤新的"胡云龙"！

（三）茶务都会，商牙辏集

作为一种闲时消遣的饮料，茶叶起初只能是隐士、文人、达官的宠爱。当其后它降低身段，走入平头百姓之家，才日益成为大众的挚爱。一日不可无此君,即是茶商兴旺时。

徽州茶叶引种之初,就与市场建立了密切联系。还在唐中叶,白居易面对浔阳江头歌女的悲愁,在《琵琶行》留下了"商人重利轻别离,前月浮梁买茶去"的诗句。此时祁门县已经建立,与婺源、浮梁山水相依,阊江、乐安河均注入鄱阳湖,自然地就将祁、婺带入了鄱阳湖经济圈。终唐一朝,祁门知县路旻、陈甘节先后治理阊门水道,终使"贾客巨艘、居民叶舟往复无阻",利于官府劝六乡之民,专勤茶业。大约这可看作"要想富,先修路"在徽州的最早事例。

大约清康熙前,徽州茶叶主要靠内销。唐朝人王敷《茶酒论》中所谓的"浮梁歙州,万国来求",只不过是一位乡间文人修辞手法的巧妙运用而已。倒是《膳夫经手录》说得比较靠谱:"歙州、婺州、祁门、婺源方茶,置制精好,不杂木叶,自梁、宋、幽、并间,人人皆尚之。"即包括今河南、河北、山西、北京在内的地区,都是徽州茶叶的行销之地。

到了明朝,徽州茶商的足迹之远也令今人叹服:歙末代翰林许承尧祖上在正统年间"已出居庸关运茶行贾";歙县人方景真"贾茶入蜀";汪伯龄"从父兄入蜀""榷茶雅州"。当然,徽州茶商主要活动区域还是以北京为中心的华北地区和以上海、苏州为重点的长江中下游一带。民国十八年(1929),向上海徽宁会馆(思恭堂)捐款的当地徽、宁茶店(栈)共660家,其中大多数为徽商。徽州业茶人数之多可见一斑。王茂荫、胡适等祖上都曾分别在北京通州、上海川沙、泰州姜堰开有茶店。

徽茶外销始于明朝中叶,主要口岸是广州。因交通(水系)原因,那时,徽州从事茶叶外销业务的多为婺源人,这也是婺源人能长期掌控徽茶制作话语权——多为"茶司"的缘故。虽路途遥远,但"做洋庄,做一年吃三年"的"洋财"梦,仍然是吸引徽人的主要动力。进入近代,五口通商,上海取代广州成为徽茶外销的主要口岸,休、歙茶商凭借地利,迅速在上海码头站稳脚跟。到清光绪年间,徽州府每年销售红、绿茶高达11万引(每引60千克),其中80%以上为外销。

徽州茶叶经济的强大,对当地社会影响至深。唐朝张途说茶叶是祁门百姓的"衣食之源",清末许承尧"茶叶兴衰,实为全郡所系"的论断，尽管真实，但过于理性和概括。其实，普通百姓最会用"手"投票：哪种作物划算就种哪种！上千年来，徽州茶叶产量越来越高，不就是茶叶逐渐成为徽州民众生活依靠的无声证据吗？再看一组数据：1931～1939年，每担祁红毛茶可换食米，最低4担，最高22担，平均11.7担。如果您是徽州农民，该种什么？您懂的！

　　徽州近代城市化进程的起点和初步发展，也是徽州茶叶的贡献。至少从隋唐开始，歙县徽城就是徽州政治中心。谁料几片小小的茶叶就将千年历史改写？明弘治《休宁县志》记载屯溪仅有一句："屯溪街，在县东南三十里。"后因负责茶叶出境查验的巡检司从白际岭附近的太夏迁屯溪，结果天启时，屯溪就成为"一邑总市，商牙辏集，米船络绎不绝"。"大大屯溪街"抢了"小小休宁县"的风头。等到清光绪年间，屯溪成为徽州"洋庄"茶叶精制中心，因茶叶产业链拉长，常住人口超万，锡、木、竹、钱及生活服务业齐备，"皖南巨镇首屯溪""小上海"的美誉彻底强化了屯溪在徽州的中心地位。

　　当然，甘蔗没有两头甜。那时，且不说商路遥远而危险，就那销售市场的变化莫测也常让茶商痛不欲生。"茶叶两头尖，三年两年就发颠。"詹天佑的曾祖父在广东经营茶业而定居，并非发了大财，而是不愿做"茴香萝卜枣"——"回乡""落魄""早"脸面何在！《申报》曾报道：一位祁门茶商因途中茶叶受潮，损失惨重，"在三层舱面，纵身一跃"，在长江中结束了性命。而市场的波动传导到徽州山区的茶农时，积贫积弱的他们又哪能抵挡得住呢？歙县街口茶农的民谣"春茶采了夏茶青，身上穿的还是麻布筋"，多少也道出了一些他们的苦难。

　　如今，新的技术带来了茶叶的新发展。2014年，黄山市茶叶产量3.3万吨，出口2.96万吨，出口金额12873万美元。2015年，产量增至3.37万吨，出口金额15768万美元。按全市农村户籍人口88万计，人均约180美元；在农村居民年均经营净收入4627元中，占比约四分之一。

　　黄山——产茶大市、名茶大市，当之无愧！

二、八大菜系，徽居其一

人类真的了不起，能将造物主赋予身体各器官的功能发挥到极致：眼、耳、鼻、舌、身从不同角度感知世界的色彩、声音、气味、味道和质感，再经过"有无限可能"的大脑的比较、分析、概括，大千世界的差异，世界文化的多元，就成为约定俗成的结论。位居我国八大菜系之一的"徽菜"就这样走进了我们的生活空间。

（一）因地制宜，山民草创

早在清咸丰、同治时期，"徽馆"之称在沪、杭已很常见；"徽派菜"见诸报刊，目前最早可追溯到上海泰东图书局1919年的《老上海》："中餐则有闽、川、扬、广、苏、徽、鲁、京等派别。"20世纪七八十年代，商业部首次提出"菜系"概念，并先后有四大、八大、十大菜系等观点。

的确，我国菜系的划分、"徽菜"概念的形成是近代的事，但不能因此否认徽菜悠久的发展史。如同"民族""语系"等概念，也是随着近代西方文化的传播，才在我国学界和社会广泛运用的。但谁又能借此抹杀汉民族、汉语数千年的真实存在呢？

徽菜体系和地位的形成，离不开山民草创、徽商传播、文士助力三大因素。

徽州物产丰富，南宋罗愿《新安志》中，就有"谷粟"30余种、"蔬菇"40余种、"药物"70余种、"木果"80余种、"水族"30余种、"羽族"40余种、"兽类"20余种、"畜扰"（养殖动物）10余种。徽州山民对徽菜的草创，是为了生活目的而对自然资源的合理利用。因地取材又是极为显著的特征。

首先是原料的因地取材。新石器时代的新州、桐子山遗址，曾出土了一定数量的石镞和陶、石材质的网坠。这表明，那时以歙县-休宁盆地为中心的土著，就利用濒河靠山的有利条件，将渔猎作为谋生的重要手段。而渔猎收获物因其不确定性，也随着原始农业的开展而降为辅食，这大约可看作徽菜的源头之一。

司马迁尽管到过江南，但估计没涉足皖南山区，所以他对楚越之地的生活状态，描述为"地广人稀，饭稻羹鱼，或火耕而水耨"。相比之下，《三国志》说山越人"好武习战，高尚气力，其升山赴险，抵突丛棘，若鱼之走渊，猨狖之腾木也"更为实际。因此，山林应是山越人获得菜蔬的主要基地。

能证实上述判断的还有历代文献。《新安志》称："歙居山间，无大陂泽，其溪流清浅，春夏潦水注之则深，往往有鱼而不常得。"山民因此只能"疏池以养"，每年春季都有来自湖口的卖鱼苗者。清乾隆时，"大通江口买鱼花，昼夜星驰早到家。青鲩白鲢须拣择，朝朝割草饲糟渣"，还是徽州山民的常态。直至民国初年，歙县人日常饮食中，"鳞族羽属亦不多得"。可见，当今休宁山区"冷水鱼"养殖也应是对千年习俗的传承了。

取之于自然而有不足，种植、养殖由此而兴。譬如肉食，野味之难猎，乃饲养以自给。当然，在生产能力尚较落后的时代，养殖规模不会很大。即便是极为普遍的养猪，《新安志》也说："豚买于宛陵界中，中家以上岁别饲大豕至二三百斤，岁终以祭享，谓之年彘。"猪仔需从宣城采购，中等家产以上才杀"年猪"，主要目的是祭祀，山民的生活并非"似神仙"啊。

其次是烹饪技艺上的因地制宜。农产品的最大特点是季节性强。盛产时消费有余，过期后百金难觅。素来生活简朴的徽州山民，"有之日想着无日苦"，竹笋、萝卜、白菜、豇豆之类，多煮熟晒干或腌制，储藏一年没有问题。日常多以腌制菜蔬佐餐，逐渐形成徽菜"偏咸"的特点。

徽商远行，菜蔬自备一二，借此节省些盘缠，似是习惯。即便家财万贯，可能也未免俗。明末清初小说《豆棚闲话·朝奉郎挥金倡霸》中，绩溪商人兴哥要往平江下路开典铺，其父为他凑足了一万两的同时，"照例备了些腌菜干、猪油罐、炒豆瓶子"，他这才"欢欢喜喜出了门"。豆腐乳、辣椒酱、炒盐豆之类，几乎成为徽商出门的"标配"。所谓"紫苏豆豉远堪携"，即是这一情形的真实写照。

山区林木众多，徽州家庭薪材富足。每餐烧过，火红的炭火顺手铲进陶瓮，闷成木炭。炭火炖菜也就成为本土徽菜原始的加工方法之一。炉火暗红，钵盖微颤，菜香缕缕。对于一位刚从山地中完成半天活计的农人来说，这该是多么诱人！

（二）登堂入室，功在徽商

没有徽商，徽菜也许永远只是一位"村姑"，虽然淳朴、健康，却无缘走出大山展示风姿，为世人欣赏，在青史流芳。

徽商之于徽菜，其首功在于传播。

明朝中叶后，徽商在长江中下游一带人数众多，势力渐强。长久远离家乡的游子，自然有浓浓的思乡之情。能暂时抚平思念的，是家书，是乡音，还有乡味。有条件者，还能在店铺内经常烧制徽菜，以解思乡之苦，但对于那些需自行安排日常饮食的下层店员来说，多么希望有徽馆的存在啊！

李斗是清乾隆时知名文人，他的《扬州画舫录》记录了当时扬州很多社会生活的细节。就在乾隆初年，有徽州人在河下街开设"徽包店"，出售"松毛包子"（笼屉里铺松针，包子蒸制中会染上松针的清香气息）。这大概是有关徽馆较早的资料了。包子店老板注意到：扬州餐馆多附于面馆。于是，他仿老家歙县岩寺（今属徽州区）相传是徐履安首创的"没骨鱼面"烹饪技法，开发了富有特色的鲭鱼面，且巧妙借用"五侯鲭"典故，将鱼面店取名"合鲭"。生意大发后，他又在更好地段建起大店，易名"玉坡"。"徽包店"的成功"逆袭"，带出了涌翠、碧芗泉、槐月楼等高档饭馆，一时传为佳话。

徽馆在上海的兴起，可视为徽菜打开市场、走上鼎盛的典范。

徽馆在上海的立足和发展，几乎与上海的崛起同步。清咸丰初年，在浙江办理盐务的绩溪人程松鹤，投资五百千文，在上海十六铺盐码头首创徽馆——松鹤楼，聘请师傅十七人。同治年间，集贤楼、杏花天、大醋楼、其萃楼、醉白园、鼎新楼、聚宝园等先后创办。其中除了其萃楼为歙县人开设外，其余店主均为绩溪人。"沪上菜馆，初唯有徽州、苏州，后乃有金陵、扬州、镇江诸馆，至于四川、福建等菜馆，始于光复之后。"大致说的就是这一时期的概况。

清光绪时，上海的徽菜馆如雨后春笋般涌现。据不完全统计，24年间新开21家。与此一致的是，19世纪70年代的《沪游杂记》，未提及徽馆。到19世纪90年代的《沪游梦影》，则有沪上"大抵苏馆、徽馆、宁馆、天津馆、南京馆，其烹饪和调无不小异大同"的评价。1909年出版的《上海指南》，列举的沪地主要菜馆，徽馆18家，宁波馆9家，广东馆8家，扬州馆才3家。用"徽馆独霸"来形容，大致不差。

民国初年是上海徽馆的鼎盛期。绩溪程本海等人当年在《微音月刊》有一项关于绩溪面馆业的调查。结果是：1912～1924年，仅旅沪绩溪人创办的徽馆就有56家，从业人员2000多人。时人王定九评价："徽馆的牌号，可占全埠各种菜业冠军"，申城是"徽气笼罩的上海街市"。此言不虚。

有趣的问题是：为何绩溪人在徽馆业独步海内？乾隆《绩溪县志》记载："绩溪田畴不逮婺源，贸迁不逮歙、休宁。""其土瘠，其民劳……秀者入校，朴者归农。"显然，当歙、休、婺商人已称雄宇内时，绩溪人经商还未成风气。待到他们大规模步入商界时，微薄的资金已不足以挤进传统的盐、茶、木、典等行业。于是，资金、场所、技术要求不高，利润回笼快，相对边缘化的餐饮业成为他们立足的主要舞台。

在徽菜从山乡走进都市的同时，徽商还尝试着让它进入中国社会的最顶层——皇宫。这样的梦想终于在乾隆皇帝南巡时成为现实。

据《乾隆三十年江南节次膳底档》记载，清乾隆三十年（1765）二月十五，南巡途中的乾隆到达江都崇家湾大营码头，进晚膳时，进献的有"肥鸡徽州豆腐一品，燕笋糟肉一品（此二品系张成、宋元做）"。或许是乾隆感到味道不错，结果，"上进毕，赏皇后徽州豆腐一品"。这是目前所见乾隆南巡所品尝到有明确记载徽州特色的一种菜品。为了这一刻，徽商在扬州一带苦心经营了多少年？又曾为交接官府花费了几多银两？！

徽商之于徽菜，功劳还在于创新。

如果仅将徽州本土菜搬进城市，除了让思乡的徽州游子开心之外，是难以持久吸引更多外乡客人的。但一味主打旅居地的菜品，技艺上又难有保证。因此，本土徽菜按市场需要创新就成为生存之本。

徽菜特色之一的"重油"，是对本土做法的修正。历代徽州方志均指出，徽州山民一年难得有几回开荤。植物油主要来自油麻、火麻。在明清徽商输入故乡的物质中，猪油是较为重要的一种。虽然徽州山民耗油不高，但当客人进门，招待的菜品总是油光可鉴，这是徽州人热情的待客之道。当年，胡适带梁实秋等人进徽馆聚餐，"老板对着后面厨房大吼一声……胡先生说，他是在喊：'绩溪老倌，多加油啊！'原来绩溪是个穷地方，难得吃油大，多加油即是特别优待老乡之意"。

"重火功"也是徽厨烹饪技术改进的产物。早期，烧、炒、煮、炖是最主要的手法。随着食材的丰富和味道的调整，煮、烩、炸、烤、煎、贴、糊、煨、熘、滑、滚、泡、熏、扣等功法兼而用之，终使"重火功"成为徽菜一大特色。

根据当地饮食习惯改进烹饪工艺，是徽厨的职业自觉。上海人爱食活肉，徽厨便创制出红烧头尾、红烧划水；武汉人喜食鱼身，徽厨就推出了连刀鱼、武昌全鱼、红烧瓦块鱼。百余年来，徽菜品类大幅增长。如由土菜炖猪蹄推出金银蹄、金银蹄鸡、八戒踢球；由豆腐肉圆推出珍珠圆子、五色绣球、石耳豆腐丸、红烧狮子球；由清炖鸭推出五香酱鸭、干笋鸭煲、石耳鸭煲、葫芦鸭、铁扒鸭等等。市场需求永远是产品创新的动力。

民国二十七年（1938），冰舟在《徽馆在上海》中写道："徽馆最擅煎炒的拿手菜是清炒鳝背、炒划水、炒虾腰、炒鸡片、走油拆炖、红烧鸡、煨海参、酸溜黄鱼、三丝汤。"单从食材看，已经不见了石鸡、问政山笋、毛豆腐、香菇、板栗等徽州土产。这是徽馆因地制宜加以创新的又一例证。

（三）声闻遐迩，斯文昭彰

宋朝以降，特别是近现代以来，以文字、图片为主要传媒的出版界加速发展，逐渐取代了具有信息传递距离短、难保存、易变形等弱点的口耳相传的原始形式。文人在助推社会热点的形成、进行理性研究与概括、保存历史信息等方面地位凸显。徽菜由餐桌被引进文献、从民间走上学术，背后都活跃着文人有意无意的身影。

记录徽菜的若干历史信息是文人的贡献之一。那些几乎写实的记录，若在当朝本地，不会让人意识到价值之所在。而一旦时过境迁，其鲜活、朴素、本真的"实录"，是对素来仅记载上层、政治、名流的传统史料最为重要的补充之一。方西畴是清乾隆年间侨居扬州的歙县人，回故里省亲，有感于"俗朴民淳"，作《新安竹枝词》36首。其中对徽州菜蔬也多有赞赏："晚菘早韭寻常甚，烂煮猫头饭滑匙。""菘"即白菜，"猫头"即猫头笋，在徽州是最一般的家常菜，但在方西畴看来，却是"风味山乡入梦思，此君一见解人颐"。至于野菜类的鹅儿圈、珍珠菜，蔬菜类如红苋、莱菔（萝卜）、落苏（茄子）、扁荚（四季豆）、北瓜（南瓜）、羊角（豇豆）、莴笋叶，不仅适口，甚至堪称"嘉蔬"！若纯粹从史料价值看，他的以上罗列与感受，与记载皇帝日常饮食的大内档案相比，又有多少区别呢？

岁月如河，大浪淘沙，文献的辑存不可或缺。"沙地马蹄鳖""雪天牛尾狸"是知名的传统徽菜名品。据清道光《徽州府志》记载，宋高宗问祖籍婺源的大学士汪藻，代表性的"歙味"有什么。汪答："沙地马蹄鳖，雪天牛尾狸。"虽然南宋罗大经在《鹤林玉露》记载的这是鄱阳人洪迈的回答，但是，道光《徽州府志》的作者或许另有所本，且其关爱本土的拳拳之心不也昭昭然乎？

总结提炼实践经验，进而形成科学体系，几乎是任一学科的必由之路。徽菜尽管起源已久，但作为一门科学资历不长。1958年，商业部组织编写《中国名菜谱》。1960年，安徽省饮服公司开办厨师培训班，厨师现场操作，工作人员即时记录、整理、加工文字，徽菜才首次进入政府编辑的《中国名菜谱》。虽仅数十道，但在已发生重大历史变革和严重经济困难的时代，依然值得珍视。1974年，商业部拟编撰《中国菜谱·安徽卷》，徽菜名厨屯溪人吴正荣和程灶奎、程灶有兄弟，歙县人周世祥，休宁人陈观高、汪志祥等参与，或提供徽州传统菜肴资料，或现场操作献艺。也正是在合力发掘、整理、鉴定、提升、创新的过程中，徽菜的体系才更为完整。随着徽学在学界深受关注，徽菜研究成果频传。非厨艺业内文士的作用不可小视。

事实上，还有更多的徽州文人在日常生活中，默默地传扬、推介着徽菜。

胡适作为一位严谨的学者,他反对虚空的无聊广告。民国十八年(1929),同是老家上庄人、开设在上海的程裕新茶叶店老板,托人找到胡适,请为拟推出的"博士茶"做广告。读着代拟的"凡崇拜胡博士欲树帜于文学界者,当自先饮博士茶为始"等广告词,胡适断然表示:"博士茶一事,殊欠斟酌。"但同样是这位洋博士,却乐意为徽菜取新名。当他在徽馆里品尝家乡面食"螺丝块"时,认为这名字既粗俗,外地人也弄不懂,便提议:面皮形状像花飞蝶,何不改名为"蝴蝶面"呢?自此,饭店水牌上这个别致的"蝴蝶面"便取代了"螺丝块"。还是这位铁杆的徽州老乡,凡邀友朋聚餐,多选择"徽馆"(即便那时新兴的粤馆、川馆风头正劲);若请好友在家小聚,一定做的是徽州风味的菜肴。正是从这里,"一品锅""徽州蛋炒饭""徽州挞馃"等稍显怪异的名词,从他的朋友圈越传越远。

毛豆腐

或许是朱元璋曾到过徽州,乾隆皇帝曾六下江南,给了后人更广阔的想象空间。就说著名徽菜"毛豆腐"吧,相传当年刚到徽州的朱元璋,人乏马困,饥饿难熬。随从在一家豆腐坊发现一些豆腐,但已发酵长毛。因别无他物,只得将此放炭火上烤熟充饥。不料烤熟的豆腐香味特殊,朱元璋一高兴,下令犒赏三军,"毛豆腐"的制作遂流传至今。类似的传说也让乾隆成为主人公:乾隆微服私访,来到山坞农家歇脚,农妇别出心裁,将荤、素家常菜萝卜块、干豆角、红烧肉、油豆腐包等层层叠于铁锅内,烧熟上桌,乾隆品尝得津津有味。当他得知这么好吃的徽州菜叫"一锅熟",认为不雅,遂赐名"一品锅"。

洪武、乾隆诸帝,假设获知这样的传闻,是该为臣民的如此"恶搞"恼怒还是窃喜?

如今,绩溪、歙县分获"中国徽菜之乡"称号,徽菜也被列入安徽省首批非物质文化遗产保护名录,黄山市政府已启动"中国徽菜博物馆"建设。但徽菜的传承、光大,既有赖于业内精英的创新发扬,同样也期待文人的妙笔传颂!

三、小吃美酒,风月春秋

人类生活向精致化发展是社会进步的表现,首先被关注的是物质生活。花费不多、取用随时、感观显著的小吃,更是人们发挥创造力的天地。从宋朝"甜食"、元代"从食",到明清上百种点心,小吃早已超越"果腹"的低级层次,成为展示各地丰富多彩的饮食文化的重要形式。徽州小吃也是祖国小吃百花园中的奇葩之一。

(一)特色美味,挞馃千金

一日三餐,成年累日,本来食品的花色翻新空间就有限。在徽州,"土田依原麓,田瘠确,所产至薄""大都计一岁所入,不能支什之一"。从宣、池、赣、浙内运,路远价高。于是,山民多选择山区垦殖,多种经营。尤其明朝以降,苞芦(玉米)、番薯被引入,以其产量优势迅速推广。农产品的丰富,为徽州小吃繁盛提供了基础。

在知名的徽州小吃中,曾有些是当地山民的主食。

"馃"在徽州最为普遍。因其"熬饥"、便于携带,在起早摸黑、消耗体力的大忙时节，不仅中餐时常食用，甚至也是早餐的首选。"粿"种类繁多，按粉分，有苞芦、米、面之别；照馅看，有青菜、韭菜、苋菜、腌菜、豆黄芝麻等不同种类；依制法，又有瞎粿（无馅）、挞粿、蒸粿、油粿（油炸）、煎饼等类型。

挞粿

"苞芦粿"最难做。因其粉粗、黏性差，需用开水直接冲泡后才能揉成团。若以新鲜蔬菜为馅，水分多，入锅翻面烙烤时，极易破碎。深冬时节，以腌雪里蕻为馅，放上几丁猪油，烙得两面焦脆，馅心油润，香味四溢，令人垂涎。当地民谣"手捧苞芦粿，脚踩硬炭火，除了神仙就数我"，传神地表达出山民此时的满足感。

"油烙面粿"是专为远行客准备的干粮。这种粿不过大号月饼大小，通体金黄，脆而不焦，香酥可口。其最大的奥妙在于制作上的独特：面粉不是用水调匀，而直接用黄豆油或菜籽油。用腌菜或芝麻糖为馅，放在锅中微火慢烤而成。"油烙面粿"一般可存放十天半个月，能满足徽商远行的需求。回想当年，外出的徽州游子肩背的一袋"油烙面粿"，那是怎样的一份亲情和期待！

米粿式样也多，通常逢年过节才做。常见的米粿是粳米中掺了少许糯米，口感稍硬，不似他处糯米粑粑那么既软又黏。先淘米、沥水，再用踏碓或杵臼粉碎，过筛、晾干。开水冲泡后揉透，摘成大小适度的小团，日用的就直接搓、按成扁平的"瞎米馃"，要"做事"（喜庆、送礼）的就用"馃印"（印模）翻出有"福""寿"等吉祥图案的"食桃"。蒸熟出锅时，点上几个红点，清爽而喜庆。用水浸泡，可保存很久。或煮、或蒸，可炒、可烘，既方便又耐饥，很受山民喜欢。

至于"野艾馃""苎叶馃""灰汁馃"，则分别是在清明、立夏、七月半，各在制作时加入嫩野艾叶、嫩苎叶（均烫后剁成泥状），油菜籽壳和稻草的灰汁。既有尝鲜的意味，也有解毒的期待。

如今，"石头馃""蟹壳黄烧饼"作为徽州馃的代表，正热情等待游客品尝，并体验黄宾虹"千金不如一只石头馃"的感受。

（二）民间小吃，独具风情

还有不少徽州小吃不是主食，主要用于待客和小孩、老人茶余饭后的零食。

乡土气息最浓郁者当属"苞芦松"，这源于休宁流口、黟县等深山区山民的创造。明朝以后，苞芦在开发相对较迟的山区种植较为普遍。苞芦根系发达，消耗地力严重，山民多采用原始的"烧火子山"方式垦殖，生活清苦，既然无力采购更多精制食品，就有了对自然资源进行深加工的尝试。

他们先将玉米磨粉，细筛除去皮层，倒入开水搅拌，煮成苞芦糊，冷却凝固，再用特制的弓刨成薄片，置于竹匾内晒干。食用时，将苞芦片投入滚烫的油中，待它舒展膨胀上浮时，捞起装盘。此时的"苞芦松"清香松脆，成为春节期间待客茶食或佐餐食品的重要角色。祁门人引入该技艺，因地制宜，又创造出以荞麦为原料的新品种——荞麦松，口感更加鲜美。

与笋干、火腿并称歙县"长陔三宝"的山芋枣，则是另一类徽州土产小吃的代表。长陔地处歙南偏僻山区，高山环绕，中部地势较低，降水丰沛，土壤适宜山芋生长。每年秋收，当地农户都会精挑细选一些优质黄心山芋，放置一段时间，以便淀粉进一步转化为糖分。之后，洗净山芋，放入大锅煮透，逐个剥皮，再切成条块状放在竹焙兜上用炭火烘烤。干透的山芋枣香甜软糯，很有嚼头。村民或赠友，或待客，或出售。首次品尝者常常笑称"打个巴掌也不吐"！

枣子自古以来与桃、李、梅、杏并列为"五果"。枣树种植容易，北魏贾思勰在《齐民要术》中说："旱涝之地，不任稼穑者，种枣则任矣。"经济价值也明显，《汉书》就有"安邑千树枣，与千户侯等"的说法。徽州引种这一"木本粮食"也有数百年历史。"金丝琥珀蜜枣"就是青枣深加工后的知名土产。

"金丝琥珀蜜枣"以产于歙县三阳一带者为最佳。选表面光滑、形状一致的优质青枣，按个头分等，再分切。切枣这道程序耗工最繁，那些女工左手捏枣，右手持刀，只见切刀在转动着的枣子上，鸡啄米似地有节奏翻飞，"嚓嚓嚓……"，转眼间，枣子上已留下刀距均匀、深度相近的数十道淡黄色刀痕。切过的枣用白糖熬煎，再经烘焙、挤捏、老焙、分拣，终于成为色泽金黄、缕纹如丝、光艳透明、形似琥珀的成品。味道甜美，久藏不坏。

"吃出文化味来"，这是徽州饮食的重要特色。比如蜜枣的制作，这里就有三则与徽商有关的故事：

其一，歙县小阜坑一位妇女，为寄寓乡情和思念之情，将鲜枣煮熟焙干捎给在苏州经商的丈夫。丈夫来信："枣子虽好，可惜不甜。"次年，她煮枣时放了蜜糖。丈夫又说："虽然甜了，但只在外面。"第三年，她把鲜枣切了许多缝，再用糖煮、焙干，丈夫深为感动。

其二，一位年轻徽商，新婚不久即外出谋生。三年未归，商妇思夫心切，"写"了封信捎给丈夫：两枚缝衣针，连着两颗蜜枣。丈夫读懂了：真真（针针）想你，早早（枣枣）回家！

其三，施闰章《愚山诗集·枣枣曲（自序）》说：休宁海阳有种"香枣""取二枣刳剥迭成，中屑茴香，以蜜渍之"。这是徽州商妇发明的"信"，告诉在外经商的丈夫：早早（枣枣）回乡（茴香）！

独特的方式，寄托的是绵绵的情意和不尽的相思……

(三）徽州佳酿，风靡古今

说到我国传统饮食，还有绕不过去的一样，那就是——酒！

徽州有酒，或许可追溯到西周。20世纪50～70年代在屯溪奕棋发掘的西周墓葬中，就有酒器类的青铜器和原始青瓷器。由于不是实用器具，不能作为直接证据。而徽州凌氏宗族材料基本可以证实：唐朝时，歙县沙溪已能酿制美酒。

相传，唐僖宗时，沙溪人凌荣禄，秉性淳朴，言行无伪。一日，他在溪边偶遇一老人，便邀约至家中，款待多日而无厌色。老人临行前，给他一造酒秘方，又指示在一处掘井，说："汲此水，依方造之，其味自佳。公与公之子孙富盛千万载而名犹存焉。"凌荣禄依言而行，果然酿出的酒醇香无比。他这才醒悟：老人乃仙界吕洞宾也。后来，他将酒方进献朝廷，蒙赐金帛而归。

随着吕洞宾降临传说的传播，沙溪酒在当地名气渐高。元末休宁人吴讷在《战昱岭关》诗中，有"沙溪春酒甜如蜜，醉卧花阴听鸟啼"的赞誉。同时的歙县人、诗人方回在《送紫阳山长刘仲鼎序》中，力劝刘氏任紫阳书院山长，罗列理由有四：友可交、酒可饮、山可观、书可读。其中"可饮之酒"即沙溪所产："天下酒无不用灰，吾州白酒无灰，城沙溪酒最佳。"酿酒时加上适量石灰，是为降低醪液酸度，防止酒压榨后酸败，同时加速酒液澄清。沙溪白酒无灰，说明当地水质上佳、酿造水平较高。

明朝，文学家李梦阳在《赠郑庚》诗中也曾写道："为客老年今道路，告归春日复江湖。沙溪酒熟儿孙劝，拄杖徐行步绿蒲。"可见，他在歙县时，主人招待所用还是沙溪酒。当然，与全国其他名酒相比，沙溪酒还难以比肩。明朝顾起元《客座赘语》中"徽州之白酒……品在下中"，应属公允之论。

除了沙溪，元朝黟县所产白酒也"腊酿冽而无灰"。在婺源，"酾绿醑兮劳农耕野，剔青灯兮听子读书"。耕作劳累一天的主人，斟上绿色的美酒，拨亮青荧的油灯，倾听孺子的朗读，这是多么温馨的耕读生活画卷！

方西畴《新安竹枝词》有诗云："烟村数里有人家，溪转峰回一径斜。结伴携钱沽夹酒,洪梁水口看昙花。""夹酒"又称"甲酒",是一种双料酒。清乾嘉时文学家李汝珍,在名作《镜花缘》"秉忠诚部下起雄兵,施邪术关前摆毒阵"中,罗列了酒店粉牌上55种酒水的名称,其中排首位的是"山西汾酒","浙江绍兴酒"列第14,"徽州甲酒"位居第7。如今,"徽州甲酒"已在绩溪恢复生产。

休宁县五城镇的米酒也很出名。米酒取当地优质珍珠米和清泉,经浸米、蒸饭、淋饭、拌曲、糖化、发酵、养酒、陈化、出酒、存放等十几道工序酿制而成。酒液清澈透明、香气浓郁、醇厚甘绵。"五城一夜醉倒百条扁担(百名挑夫)"的传说,颇让这种看似清水、初饮无劲的米酒平添了几分神奇。

至于街头巷尾叫卖的"甜酒酿",则以徽州区灵山酒酿为佳。酒酿用上等糯米酿成,小碗盛放,中有凹坑,溢满酒汁。如凉吃,甘甜爽口;若与蜜枣、鸡蛋同煮,则又香又甜,回味隽永。

四、甘食甘饮,礼仪风尚

人类文明进步的重要表现之一,就是对自身言行的进一步约束。在我国传统社会,这一切都被整合进以"礼"为核心的规则体系中。用民间话语,就是"讲规矩""有家教"。徽州饮食也不例外。

(一)节庆佳肴,神人共享

远古时期,人类生产能力有限,难以抵御自然界的种种危险。在恐惧之中,人类以为存在着某种超自然力量——神!而且"万物有神"!进而形成一套日趋完备的祭祀仪轨,以祈福消灾。

最先被祭祀的重要神灵是自然神,如土地、风、雨等。他们主宰着与人们生产、生活密切相关的一切自然物的调配。传统社会中,皇帝与地方官员要定期祭天、祭地、祭城隍,如今在徽州,也还有大量意义相似的活动遗存。在天人合一、相互感应的原始思维指导下,"神"的存在模式就是"人"生存形式的翻版。

由此建构起来的祭祀活动，自然少不了祭品的存在。

农历二月二相传是土地神的生日，旧时徽州的祭祀活动很隆重：堂前设祭桌，陈三荤（鸡、鱼、猪肉）三素（朝糕、寿桃、寿面）。子时从户外引入神灵，全家依序跪拜，香尽送神，黎明后全村集聚社庙祭拜。如今，歙县南乡煎"虫窠"、黟县"打老虎"（米粉做成"猪脚"、米馃），都是相关活动的变种。

黑暗中送来光明。月亮之于人类意义大矣！中秋节就是传统的祭月之时。团聚的家人在庭院中围桌而坐，陈列月饼、石榴、红柿、桂花糖糕，一番祭拜后，一边品茗赏月，一边想象着嫦娥奔月、吴刚伐桂的神奇。物质与精神，都因此得到了满足。

神灵的依附物，也随着人类创造的物质生活的丰富而扩展。家居的普遍、私财的丰厚，使得大门安保显得日益重要。除了物态的各种形式的锁具，门神也约在唐朝开始进驻。虽然普通百姓家未必都画或贴门神神像，但在潜意识中，门神的存在是毋庸置疑的。杀年猪、除夕夜的祭祀安排中，门神从来不会被忘却。

灶神的由来估计是原始人类对"火"崇拜的延续。在民间，灶神与家庭生活关系最为密切，因为他肩负着代表上天监督家众的任务。在徽州，腊月"谢灶"（送灶）与正月"接灶"都不可缺少。歙南"谢灶"时，需蒸一笼代表12个月的米馃、象征财富的"金山"、表示听话的"耳朵"。男主人左手端碗清水，右手持带花、果、叶的茶枝，边蘸水洒，边虔诚祷告："一碗清水一股烟，送侬灶司老爷上青天。上天言好事，下界保平安。"

祖先崇拜是从图腾崇拜过渡而来的，由对去世族人的追思，发展为祈求庇佑后代、赐福儿孙的信仰活动。徽州人对此极为热心，无论是宗族规条还是家训，都有意义深刻的阐述和对时间、议程、祭品的明确规定。祁门六都程氏《窦山公家议》，规定了清明祭祀各先祖的祭品：如祭祀汝霖公墓需"鲜明五色馃拾五斤，精洁细和菜五斤，鸭弹（蛋）柒枚，熟猪肉贰斤四两，好酒五瓶……"

少数曾有大功于地方的英雄，会由排他性的先祖祭祀扩展为包容的地域性公众祭祀。绩溪每逢汪华生日举行的"花朝会"，除了神像祭拜、出巡、演戏外，"赛琼碗"是重要程序：整只的猪羊披红插花；大案桌上，288只大号描金画彩的琼碗盛着各色供品。琳琅满目,气势非凡。

赛琼碗

所有祭祀活动结束,便是参与者对祭品的分享。面对比平常丰盛得多的美味佳肴,大家享受了精神上的愉悦与物质上的满足,大约这就是人人向往的"美好人间"!

(二)人情往来,宾客至上

我国古代极为重视礼仪。先秦典籍中,《仪礼》就规定了日常生活中主要礼仪的基本要求。即便没有贵贱之别的"士"相见,也颇为繁复。宋元以降,徽州人"取朱子之教,秉朱子之礼",强调了伦理道德对社会行为的规范。徽州饮食中,虽然没有过于复杂的礼仪,但"宾客至上"还是必须遵循的规则。否则,轻者关系淡化,重者可能导致宾客借酒兴当场翻了台盘!

一般走亲访友,主人需奉上清茶一杯。客气的人家,还摆上小吃一碟,如冻米糖、米糕、花生、瓜子之类。新客、远客、贵客上门,则待之以"三套茶":一杯清茶;一碗甜茶(枣栗汤、莲子汤、桂圆汤、荔枝汤、银耳汤等);一份鸡子茶(甜者为"鸡子滚水"——三四枚鸡蛋打入开水,或"鸡子鳖",即油煎"荷包蛋";咸者为五香茶叶蛋)。之后才开始用正餐。

待客正餐也有讲究，一般早点为"锡格子茶"（锡制分格果盒盛糕点数种、清茶、茶叶蛋）和面条。中餐为菜蔬四种，称"四碗头"。晚餐需更为丰盛，如"八碗八"，即四咸盘（如皮蛋瓣、鸡什丁、花生米、瓜子），四甜盘（苹果瓣、蜜橘瓣、甘蔗段、荸荠肉等），八碗传统徽州菜（清炖鸡、炒肉片、徽州圆子、红烧肉、红烧鱼等）。菜品原料虽然平常，但烹饪精致，对于日常饮食水平一般的人家来说，"吃千吃万，不如徽州'八碗八'"的确不是一句恭维话。

如果是婚丧嫁娶的宴席，礼仪会繁琐得多。中等人家娶亲，宴请亲友会历时3～5天，开始请管事酒，接着是送轿酒、素酒、拜敬酒、会亲酒，最后请谢厨酒。每种酒席要求略有不同。如绩溪一带女婿上门接亲，岳父家需单席单座接待女婿，先依古时礼仪施扫椅、举杯、举筷等礼节，请女婿入席，女婿答礼后入座。第一道菜和最后一道菜由妻舅端送，举菜齐眉示礼，女婿离座作揖致谢。散席后，重设仪案，女婿四跪八拜，向岳父、岳母谢席。

分清主客、尊卑也是酒席安排的重要事项，尤其人多、客繁的重大宴请，主人都会聘请懂礼数、考虑周、威望高的人来管事（管事的人称总管）。先按人数多少和场所大小选择酒桌摆放格式，有一品席（品字席）、有田席（田字席）、梅花席、八仙庆寿席等方式。一般而言，"上位头"（尤其是首桌）是全场关注的焦点。婚宴上舅父居首席首位；寿宴上寿者首席单座；丧宴上抬重者居首席，舅家或娘家亲戚次之；建房起屋之筵，石匠、木匠、砖瓦匠师傅坐首席和次席，朋友次之，亲戚再次之。通常男女分开设桌，女桌摆在靠边位置，这与家宴中"女性不上桌"的传统相比，多少还开明了一点。

"礼失求诸野。"当发达地区的传统饮食等礼仪，因时代快车飞驰而迅速消失时，徽州的标本无疑具有更大的参考价值。这，也许又是徽州文化研究的意义之一吧。

第十编

徽州人物

概述
人杰地灵，精英辈出

徽州自古人杰地灵，学风昌盛，人才辈出，灿若繁星。诸如名儒硕士、干吏能臣、艺苑名家、文坛才俊、科技群彦、能工巧匠、富商巨贾、名僧高隐、闺秀才媛，真是史不绝书，数不胜数。据有关学者统计，有文献可征而为之立传者多达5399人。他们各怀经纶、各擅专长、各执技艺，广泛涉及政治、经济、军事、哲学、文学、艺术、科技、工艺、美学、建筑、医学、雕刻、印刷、书法、绘画、戏曲、饮食等等各个领域，为徽州文化奉献了璀璨的成果。

徽州照壁人物图

尤其是宋朝之后，直至明清，徽州以才入仕者比肩接踵，不可胜数。从两宋至明清，徽州共出了文武进士2086名。从徽州第一名状元舒雅到晚清时期的洪钧，徽州共出了文武状元32名，占全国状元总数二十一分之一。

　　中国有个词叫"钟灵毓秀"，意指美好的自然环境必能养育出优秀的人物。徽州地处锦绣江南，万山回环，峰峦叠嶂，山清水秀，得天独厚。正所谓"一方水土养一方人"，天然的大好山水、优越的生态环境，是徽州精英荟萃的一大渊薮。

　　在千年徽州的移民史上，中原地区世家巨族的大批迁入，促使徽州文化长足发展。由六朝以前盛行的"武劲之风"，到隋唐时期的"渐习儒风"，再到两宋以后的"儒风独茂""四方谓新安为东南邹鲁"，这是中原文化在徽州演进的结果，也是徽州人才不拘一格、层出不穷的历史条件和人文背景。

　　徽州文化在历史演进之中，充分体现出价值多元的时代特征。尽管在徽州人的心目中，第一等好事仍是读书入仕，但是"不为良相，即为良医""不为廉官，即为廉贾"，也已普遍成为人们的价值信念。由于经商风气的渐趋兴盛，士、农、工、贾的等级观念逐渐为新的"四民观"所取代，不少徽州子弟由挤官场转而闯商场，成了亦儒亦贾的商界精英，造就了徽州文化的独特气象。

　　徽州流行这样一句民谚："深山僻坞读书，不如十字街头听讲。"16世纪初叶以后，随着徽州商帮的兴盛，愈来愈多的徽州子弟，因为父兄经商在外，而走出大山，丰富了见识和阅历，成才的概率大为提高。他们或在家乡破蒙，再随父兄到外面继续求学深造，或在外埠念了几年私塾，再回徽州延请名师熏陶，这是很多名人走过的成才之路。胡适曾总结说："我乡人这种离家外出，历尽艰苦，冒险经商的传统，也有其文化上的意义。由于长住大城市，我们徽州人在文化上和教育上，每能得一个时代的风气之先……"因此在中古以后，尤其是18、19世纪，不少徽州学者，像江永、俞正燮、凌廷堪等，他们之所以能在中国学术界占据较高的位置，都不是偶然的。

特别是朱熹、戴震、胡适、陶行知，他们既是徽州文化的巨擘，又是全国思想界、学术界、教育界的领军人物；他们堪称徽州文化四大家，也是中国文化史上的四座丰碑。北宋思想家张载的名言"为天地立心，为生民立命，为往圣继绝学，为万世开太平"，言简意赅，历代传颂不衰。这四句话的含义是：为社会重建精神价值，为民众确立生命意义，为前圣继承学术传统，为万世开拓太平基业。朱熹、戴震、胡适、陶行知，正是体现了这样的文化精神。

一部徽州文化史，就是一部徽州群英谱！一部徽州文化的发展史，也就是一部徽州人才的成长史和创业史。

回顾历史，古新安武劲之风盛行，新安人"自昔特多以材力保捍乡土为称"。梁陈时期的程灵洗与隋唐时代的汪华，就是众多豪杰中"以材力保捍乡土为称"的杰出代表。清朝歙县人江绍莲《橙阳散志》有篇《歙风俗礼教考》说："武劲之风，盛于梁、陈、隋间，如程忠壮、汪越国，皆以捍卫乡里显。"中国历史上农民起义领袖很多，北宋末年的方腊是其中杰出的一位。

自宋以来，徽州名臣辈出。有宋一朝，入传国史的徽州人物竟有38位之多，他们很多都为"御史谏官"，如歙县人余献卿、张秉、谢泌、吕午、吕溱、程元凤，休宁人金安节、程大昌、凌唐佐，黟县人黄葆光，绩溪人胡舜陟，婺源人朱弁，等等，还有虽未入《宋史》，但在宋廷任过监察御史、官至相位参知政事的黟县人汪勃也名震朝野，堪称名臣。元朝，尽管徽州人一般不愿入仕拜官，但徽籍名臣也出了不少，侍御史程钜夫就是一个。明清两朝，徽州所出名臣就更多，朱升、胡宗宪、汪道昆、许国、汪由敦、潘世恩、曹文埴、王茂荫等人，都是名播中外的名臣。

徽州的山挺拔廉厉，徽州的水清激悍洁。徽州人为官为吏也大多刚正忠直、清勤廉洁、高风亮节。正如朱熹所说："新安山峭厉而水清洁，其人务为高行奇节。"秦桧是中国历史上臭名昭著的奸相，当年敢对秦桧说不的官员能有几个？而出自徽州的金安节、汪勃、胡舜陟，却敢于上章朝廷，对他进行弹劾。

宋高宗朝，秦桧的哥哥秦梓，倚权仗势，卖官鬻爵，欺压百姓，朝中大臣大多三缄其口，时任殿中侍御史的金安节则公开弹劾，直至高宗罢免秦梓为止。秦桧自此忌恨，处处排挤打击，金安节愤然辞官，隐居不出。秦桧死后，金安节复起为官，官至给事中，疾恶如仇，直言敢谏，依然如故，丞相张浚敬佩不已，称赞他"真金石人也"！

南宋黟县黄陂人汪勃刚直敢言，为官廉俭。宫中内侍赵辙恃宠骄横，恣意霸占他人房产，汪勃上奏高宗，赵辙被逐出宫。汪勃调升签书枢密院兼权参知政事时，秦桧结党营私，排斥异己，汪勃不肯同流合污，招致忌恨，遂辞官归田。秦桧死后，汪勃复起为湖州知州，百姓称为"贤哲太守"。

胡舜陟为绩溪华阳人。靖康初年，他在监察御史任上弹劾误国权臣十余人。绍兴年间，胡舜陟上疏揭发秦桧十大罪状，遭受秦桧报复，革职为民。后任广西地方官。秦桧陷害岳飞入狱，胡舜陟上疏辩证，再次触怒秦桧，唆使党羽搜集"罪状"，将他逮捕下狱，冤死狱中。夫人汪氏申诉于朝，高宗派员勘实，予以昭雪，赠封少师。

一、新安三豪杰

真正的英雄豪杰，是民众的脊梁、历史的推手。他们应运而生，应时而起，勇于担当，叱咤风云。

程灵洗、汪华、方腊，就是巍然屹立于新安历史的大英雄。他们为万民景仰，千古传颂。

（一）程灵洗：新安战神，佐国安民

程灵洗（514—568），字玄涤，南朝新安郡海宁县黄墩村（今黄山市屯溪区屯光镇篁墩村）人，《陈书》《南史》均有传，是新安入传国史第一人。

程灵洗前半生在家务农，勤于耕种，善于治家，能聚能散，慷慨大方。国史说他"性好播植，躬勤耕稼，至于水陆所宜，刈获早晚，虽老农不能及也。伎妾无游手，并督之纺绩。至于散用赀财，亦弗俭吝"。

梁太清元年（547），侯景叛乱发生，程灵洗毅然崛起，率众保卫新安，他是民众心目中的英雄。侯景攻破建康，攻下宫城，梁武帝愤恨而死。侯景改立简文帝，分兵烧杀掠夺，江南广受其害。当时，程灵洗组织义军，抗击叛军，保境安民，从此他开始了转战南北的军旅生涯。

梁承圣元年（552），梁武帝的儿子萧绎于江陵承制，程灵洗主动遣使奉表。萧绎表彰他的忠贞，先后授予持节、通直散骑常侍、都督新安诸军事、云麾将军，并以谯州刺史资领新安太守，封巴丘县侯，食邑五百户。

侯景的偏帅吕子荣来攻新安，程灵洗一度率部退出郡城，占据黟、歙，继续抗击景军。侯景败后，程灵洗率部重新占据新安郡城。程灵洗还曾主动进军浙江建德，擒拿侯景同党赵桑乾，因功被授都督青、冀二州诸军事，青州刺史，食邑增至一千户。

侯景之乱平定后，萧绎正式继承皇位，称元帝，改元承圣。程灵洗受梁元帝之命，率部协助太尉王僧辩镇防扬州。

承圣三年（554），西魏攻陷江陵，梁元帝遇害，王僧辩与陈

霸先商定，奉迎元帝第九子萧方智还京继位。但是王僧辩却私下接纳贞阳侯萧渊明入京，改元天成。陈霸先对此极为愤慨，举兵讨伐王僧辩。当时事变突然，程灵洗奉命救援王僧辩，陈霸先派人告以原委，程灵洗毅然归顺陈霸先。

梁敬帝即位，改元绍泰，授程灵洗信武将军、兰陵太守，协助陈霸先镇防京口。同年程灵洗讨伐徐嗣徽，因功授南丹阳太守，封爵遂安县侯，食邑一千五百户，改镇采石。

梁太平二年（557），陈霸先建立陈国，称陈武帝，改元永定。陈霸先建国之初，程灵洗讨伐叛将王琳，战事不利，被王琳所拘，历经九死一生，次年八月逃归，受命镇守南陵。永定三年（559）六月，陈武帝病逝，陈蒨继位，称文帝，改元天嘉。高祖病逝之初，王琳趁机率部东下，程灵洗在南陵大破王琳，以功授持节、都督南豫州诸军事、信武将军、南豫州刺史。

天嘉二年（561），配合太尉侯瑱战王琳于梁山、败齐兵于博望，程灵洗又立新功，被授右卫将军。天嘉五年（564），程灵洗迁宣毅将军，都督郢、巴、武三州诸军事，任郢州刺史。

光大元年（567），华皎谋反，派人游说程灵洗，程灵洗怒斩来使，并报告朝廷。朝廷嘉奖其忠。北周派拓跋定率步骑两万攻程灵洗，程灵洗婴城固守反击，拓跋定大败。程灵洗乘胜追击，擒拿沔州刺史裴宽。这是程灵洗一生中最著名的战局。程灵洗战后擢升安西将军，改封重安县公，食邑增至两千户。

光大二年（568），程灵洗去世，被追赠镇西将军，开府仪同三司，谥号忠壮。陈宣帝太建四年（572），诏配享高祖庙庭。

程灵洗墓葬于篁墩宅旁，人称"相公墓"，乡人建庙祭祀。宋宁宗曾题庙额"世忠"，宋理宗追封"广烈侯"，以后累有加封。明洪武三年（1370），钦降篁墩"世忠庙"祝文，敕命徽州知府春秋祭祀。

（二）汪华：新安伟人，大唐功臣

汪华（586—649）字国辅、英发，歙县登源里（今绩溪县瀛洲大庙汪村）人，是隋唐时期叱咤风云的人物。他于乱世据六州，建吴称王，保境安民，造福一方，又为促进国家统一，弃王归唐，精忠勤政。千年以来，徽州民众习惯称汪华为越国公、汪王或汪公大帝。

隋炀帝杀父夺位、荒淫无道，导致朝纲不正，天下大乱，生灵涂炭，民不聊生。面对这样的形势，汪华慨然说道："世变如此，吾死兵革无憾，如百姓何？"战乱连绵之际，他考虑的不是自己的生死，而是黎民百姓的安危存亡。大业十二年（616），汪华揭竿而起，号令保境安民。众人拥推汪华权以刺史镇守歙州。

汪华起义当年，江南发生饥荒，汪华及时开仓放粮，赈济当地百姓。邻郡灾民听说此事，"如子弟之望父母"。大业十三年（617），宣州刺史遣兵来犯歙州，汪华亲率精兵八百反击，兵入宣境，宣州将领出城应战，被汪华斩于马下，宣州刺史自缚请降。汪华为其解缚，不予问罪，只是进城安抚百姓。

随后汪华义旗高举，所向披靡，先后占据歙、宣、杭、睦、婺、饶等吴越六州，拥有兵甲十万。听从众将劝说，他建国称王，国号为"吴"，人称吴王，王城初设休宁万岁山，次年迁歙县乌聊山。春秋时期的吴王，"视民如子，辛苦同之"。汪华建国称吴，或许正有此意。

汪华建吴称王以后，"为政严肃，赏罚分明，远近莫不爱慕。虽四方大扰，而六州境内赖以平安者十余年"，六州士民称颂汪华为"和平之主"。

随着形势的发展、唐朝的兴起，九州又有了统一的希望。汪华对属下说："日月出矣，而爝火不息可乎？"天空有了日月，黑暗必将消失，我还举着火把何用？他审时度势，决定顺应历史潮流，主动归顺大唐王朝，促进天下统一。唐武德四年（621）九月，汪华特派左丞相、宣城郡长史汪铁佛，带着六州兵民土地图册，奉表归唐，被任命为歙州刺史，总管歙、宣、杭、睦、婺、饶六州诸军事，封上柱国越国公，食邑三千户。从此，他以六州总管、歙州刺史在江南为官八年。

一代明君唐太宗对汪华赏识有加。汪华在长安任官27年间，忠心耿耿，一直受到李世民的信任，累授要职，为"贞观之治"局面的形成立下汗马功劳。贞观二年（628），汪华奉命进京，被李世民授予左卫白渠府统军，掌管宫廷禁军；贞观十年（636），改任左卫白渠府折冲果毅都尉；贞观十七年（643），升任右卫积福府折冲都尉（645）；贞观十九年，李世民征辽东期间，汪华任九宫留守，辅朝政，官至从一品。他殚精竭虑，忠于王事，"夙夜宣力，不遑宁处"，因功加忠武大将军。晚年一直负责唐太宗夜寝安全。贞观二十三年（649）三月初三，汪华病逝于长安任上，享年64岁。

唐永徽三年（652），在官军护送下，汪华灵柩回归故里，次年十月二十六葬于歙北云岚山。归葬之年，歙县乌聊山、休宁万岁山、绩溪登源里、杭州吴山和黟县、祁门、婺源、淳安等地都建有汪王祠或汪王庙祭祀。

越国公汪华保境安民深得民心，徽州人民对他怀有崇高的敬意。他归唐之后，徽州百姓即在乌聊山为他修建生祠"忠烈庙"，以寄托怀念之情。早在唐朝，他就被徽州百姓奉为神灵，水旱病痛必祷。明清时期，这一民间信仰与丰富多彩的徽州文化交相融合，衍生出独具特色的节庆活动，诸如"抬汪公""嬉菩萨""游太阳""花朝会""赛琼碗"等汪公祭祀的民俗活动，千年承传，一直流行于徽州各地。

汪华注重民生民意的民本思想和维护国家统一的政治理念，不仅具有特殊的历史价值，而且体现出深远的现代意义。

（三）方腊：义军领袖，万古不朽

宋宣和年间，浙、皖一带爆发了一场规模浩大的农民起义，起义军先后占领睦、歙、杭、婺、衢、处六州城域，辗转十八州郡五十二县，遍及浙江全境和皖南、苏南以及赣东北的广大地区，其规模之大、范围之广、战斗之激烈、对宋王朝打击之沉重，远远超过同一时期北方宋江领导的梁山泊农民起义。这场起义的领袖是祖籍徽州人方腊。

西汉末年，王莽乱政，司马长史方纮举家南迁，定居于歙县东乡，为江南方氏始迁祖。那时的歙县东乡包括现今的浙江淳安。北宋初年，方纮第四十一世孙方忠正迁歙县苏村。天圣元年（1023），方忠正之子方桂又由歙南苏村迁淳安六都帮源。方腊为方桂后裔，出生于浙江睦州青溪县万年乡，俗名"十三"。

北宋徽宗，穷奢极欲，肆意搜刮，横征暴敛。睦州、青溪一带出产桐、漆、楮、松、竹等物资，素以"民物繁庶"著称，历为商贾辐辏之地，朝廷"应奉局""造作局"的勒索扰害尤为残酷。"官逼民反，民不得不反"，方腊起义爆发了。

方腊起义发生于宣和二年（1120）十月初九。当时方腊自称"得天符牒"，集结百名骨干，在浙江青溪县万年镇的帮源峒宣誓，即日起义。知县派500名官兵弹压，被全歼于箭门岭。起义队伍一举攻占万年镇，一支号称十万的农民军迅即形成。

十一月初一，方腊被拥为王，称"圣公"，建元永乐，任命方肥为丞相，初步建立起一个农民政权。

十一月二十二，兵马都监蔡遵、颜坦率五千官兵前来镇压，被打得落花流水，蔡、颜送了性命。

十一月二十九，起义军攻克青溪县城，知县弃城逃走，县尉被活捉。起义军攻睦州府城，知府、通判弃城逃走。起义军占领睦州全境，随即攻占临安、余杭等地，可谓势如破竹。

十二月二十，起义军攻占歙州。

十二月二十九，起义军攻下杭州，威名大震。

当时各地纷纷响应，义军规模超过百万。有人建议，进军江宁一带，抢占长江天险，阻止北方官兵。可惜方腊没有采纳，而是"尽下东南郡县"。错误的战略部署导致了形势的逆转。

宣和二年（1120）底，宋徽宗任命童贯为江、浙、淮南等路宣抚使，调兵遣将，南下镇压。

宣和三年（1121）正月，宋军急赴江宁、镇江，占据长江天险。

起义军分东西两路北进，与宋军争锋，先后受挫而退，争夺天险、划江而守的战略落空之后，甚至丢失了杭州。

为了扭转战局，起义军大力进攻杭州，但是未能得手。

方腊放弃杭州，边战边撤。三月二十四退至睦州，四月十五退至青溪，四月十九退回帮源峒。帮源峒地形复杂险要，易守难攻，官军几次进攻失败。四月二十四黎明，二十万官兵发起总攻，鸣镝放火，万间屋舍，化为火海。方腊退处石涧，继续抗击。四月二十六，不少将士壮烈牺牲，方腊等人被俘。七月二十六，方腊被押解开封。八月二十四，方腊及数十名将领慷慨就义。临刑前方腊凛然高呼："方腊出二遍！"

镇压方腊之后，朝廷为了加强统治，改睦州为严州，改歙州为徽州，改青溪县为淳安县，改帮源峒为威平洞。

有关方腊起义的故事，在徽州和浙江淳安等地一直流传。不论是休宁县齐云山"方腊寨"的传说，还是歙县"大刀石"和"方腊桶"的故事，都为方腊起义军抹上一层神秘的色彩，保存和承载着美好的记忆。

作为反抗黑暗统治和残酷剥削的农民起义领袖，方腊英名与世长存，精神万古不朽！

二、徽州四大家

徽州文化属于袖珍版的中华文化，代表着中华文化的主流和精华，朱熹、戴震、胡适、陶行知就是显著的标志。他们是无可争议的"徽州文化四大家"。

（一）朱熹：综罗百代，理学大师

朱熹（1130—1200），字元晦，一字仲晦，号晦庵，别称紫阳。他是继孔孟之后一位具有世界影响的思想家、哲学家和教育家。康熙皇帝称朱子之学"集大成而绪千百年绝传之学，开愚蒙而立亿万世一定之规"。14世纪以降，朱子之学不仅成为中华国学，而且被日本、朝鲜东亚诸国定为官学。

南宋绍兴十三年（1143），朱松去世之前，把朱熹的教育托付给三位饱学硕儒胡宪、刘勉之、刘子翚，三位先生从廉退自好的人生哲学、反和主战的政治态度和独尊"二程"的理学思想等方面，共同铸造了朱熹的道学性格和处世态度，对他的世界观、人生观和价值观的形成有决定性影响。

绍兴十八年（1148），朱熹双喜临门：一是金榜题名，考中进士；二是洞房花烛，娶妻成家。这一年他19岁。但是后来，朱熹仕途困窘，"五十年间，历事四朝，任于外者仅九考，立于朝者四十日"。

朱熹以孔孟之道为本，援佛道入儒，综合北宋诸家之说，创建了完整系统的理学体系，后世称为朱熹理学。

"理"是朱熹思想体系的核心。他认为宇宙万物由"气"变化而成,气是一种物质,但是在"气"存在之前,就有"理"存在,"理"是一种精神,是"气变万物"的根据。他认为,"气生万物"归根到底是"理生万物","理"是宇宙的本源。

朱熹哲学的认识论是"格物致知"。"格"在这里是接触、观察和处理的意思。朱熹通常所讲的"格物致知""格物穷理",就是通过"格物"来探究事理和物理的。

南宋抗金无能,偏安一隅,骄奢淫逸,物欲横流。朱熹提出"存天理,灭人欲",本意是呼吁继承儒家传统的伦理道德原则,用以抑制贵族豪强的巧取豪夺与穷奢极欲。统治者将这一命题作为束缚人民的思想工具,以"理"杀人,这不是朱子的本意。

朱熹一生著述宏富,最重要的有《四书章句集注》《周易本义》《近思录》《资治通鉴纲目》《八朝名臣言行录》《诗集传》《楚辞集注》以及后人编纂的《朱文公集》和《朱子语类》等。著名史学家钱穆说:"在中国历史上,前古有孔夫子,近古有朱子。此两人皆在中国学术思想史及中国文化史上发出莫大声光,留下莫大影响。旷观全史,恐无第三人堪与伦比。"

朱熹著作:南宋版《近思录》

朱熹为中国教育史上继孔子之后最有影响的教育家。朱熹教育思想集中体现在四个方面:一是确立了"以明人伦为本"的教育目的论;二是确立了"小学""大学"的教育阶段论;三是确立了居敬、穷理、存养、省察、力行五者相结合的道德修养方法论;四是确立了教学与读书的方法论。

朱熹出生在福建,说他是福建人,称其学为"闽学",都不错。不过朱熹的血脉源于徽州婺源朱氏家族,徽州是他的祖籍,是他的父母之邦。他父亲生于徽州,曾就学徽州府学为诸生。他母亲是徽州府城富商祝确之女。朱熹一向自认为徽州人,对父母之邦一往情深。他在撰著中总爱署名"新安朱熹",体现了不忘根本的情结。他在给徽州师友的书信中说,虽然流落他乡,"未尝一日而忘父母之邦"。

朱熹曾两次回徽州祭祖扫墓、访友讲学。朱熹的认祖归宗以及在徽州讲学,徽州对朱熹学术的认同,在徽州学术史上影响深远。研究和传播朱熹理学的学者在徽州大批涌现,新安理学由此得以形成和发展。

新安理学崛起于南宋,而终结于清朝。新安理学历经600多年的发展演变,对徽州的社会文化、学术思想有着巨大而深刻的影响。离开对朱子学说的研究,离开对新安理学的研究,关于徽州文化的形成和发展,关于徽商经济的崛起和鼎盛,都难以找到真正的答案。

(二)戴震:启蒙先驱,朴学泰斗

戴震(1724—1777),字东原,休宁隆阜村(今属黄山市屯溪区)人。他是中国18世纪百科全书式的学者,清朝乾嘉朴学的一代宗师、中国近代启蒙思想的先驱。胡适称他为"朱子以后第一大思想家、哲学家"。新千年伊始,《光明日报》曾经将他与朱熹一同列为"祖国千年科学文化杰出人物"。

戴震17岁随父"贩布千里",20岁回乡从师读经。当时博学的江永馆设于歙县西溪汪氏"不疏园"。戴震就教于江氏,受益甚多。江永也把积累的数学难题告诉戴震,经过戴震推算,难题居然得解,江氏惊叹:"累岁之疑,一日而释,其敏不可及也。"

戴震32岁时,族中豪强欲置罪加害他,戴震只身避难京师。公卿名士争相与他结交,礼部尚书秦惠田请他去府中讲《五礼通考》；大宗伯王安国请他教授子弟王念孙、王引之；新科进士纪昀、朱筠、王昶、钱大昕、王鸣盛等前来研讨学问。

清乾隆二十二年（1757），戴震南还，往来于扬州、徽州、山西、河北、宁波等地，过着颠沛流离的生活。

戴震有一肚子学问，但在科场上屡试屡败，直到40岁才考中举人。随后六次会试，六次受挫。51岁那年，戴震被破格以举人身份充纂修官。乾隆四十年（1775），戴震年已52岁，奉命参与殿试，赐同进士出身，授翰林院庶吉士。

戴震在四库馆校书20多部，因积劳成疾，病逝于北京，年仅54岁。段玉裁伤心地说他先生是"鞠躬尽瘁，死于官事"！

戴震是一位卓有成就的自然科学家。22岁便有数学专著《策算》问世，随后在数学、天文、地理各个方面，甚至在机械、工艺方面，也都有过卓著的贡献。戴震晚年还对生理、病理作过一些尝试性研究，著有《气穴记》《脏腑象经论》。

戴震著作

相对于自然科学，戴震的朴学造诣更为出类拔萃。清乾隆、嘉庆时期，出现了以求证、求实、求真著称，倡导朴实学风的学术流派，史称"乾嘉汉学"，又称"乾嘉考据学"或"乾嘉朴学"。戴震是这个学派的泰斗，一代宗师，一座时人无法超越的高峰。

戴震认为做学问要从真正的识字开始，他批评不少学者"毋论学问文章，先坐不曾识字"！他将治学之道概括为12个字："由字以通其词，由词以通其道。"他又说："仆之学不外以字考经，以经考字。"这里又有8个字："以字考经，以经考学。"这20个字阐明了汉学的治学宗旨。

梁启超说，"东原学术，虽有多方面，然足以不朽的全在他的哲学"，他称赞戴震哲学"发两千年所未发"，是"八百年来思想界之一大革命"。说得极对！戴震平生最为卓绝的贡献是他的哲学思想，集中反映戴震哲学思想的是他用以"正人心"的代表作《孟子字义疏证》。

戴震认为，"气"是世界的本原，是"气"生"理"，而不是"理"生"气"；"理"不是什么"得于天而具于心"超然物外的至高无上的真空主宰，而是具体事物的分理、条理、纹理、肌理而已。他把程朱之理从天上拉到地上，从宇宙拉到人间。

戴震指出，"存天理灭人欲"的政治化强调，已经成为剥夺百姓正常生存欲望的"忍而残杀之具""所谓理者，同于酷吏之谓法。酷吏以法杀人，后儒以理杀人"。

戴震主张"体民之情，遂民之欲"，实行"王道""仁政"。

戴震指出，"乱之本，鲜不成于上"。社会动乱的根本原因，多出于上层统治者。

戴震这些观点，在当时可谓振聋发聩、石破天惊！

戴震病逝后，一副挽联高度肯定了戴震学术思想的启蒙意义："孟子之功，不在禹下；明德之后，必有达人。"章太炎认为，戴震的启蒙思想价值，不亚于卢梭和孟德斯鸠。

（三）胡适：学贯中西，文化巨星

胡适，有人说他是"中国现代文化学术的主要开拓者和奠基人""中国文化史上照耀古今的巨星"。

清光绪十七年（1891），胡适出生于上海，乳名嗣穈，行名洪骍，号冬友、冬心。光绪三十二（1906）年取"优胜劣汰，适者生存"之意，改名适之。宣统二年（1910）参加"庚款"留美官费生考试，起用胡适的名字。

胡适在家乡九年念完私塾，随后六年在上海求学，接着七年在美国康奈尔大学和哥伦比亚大学攻读。1917年回国受聘为北大最年轻的教授。抗日战争爆发，他"奉命"当了大使。卸任之后，侨寓纽约，重审《水经注》学术公案。1946年回国任北大校长，1949年漂泊美国，1962年因心脏病猝发去世。

胡适无论是在文化、历史、哲学方面，还是在考据学、教育学和社会学方面，都有精深的造诣和创世的建树。其实，他之所以受人景仰，最根本的是他倡导和引领了20世纪那场新文化运动。

胡适在五四新文化运动中的历史功绩主要有三项：

第一，是反对文言文，提倡白话文。为推广白话文，他对中国现代汉语语法不仅有过总体谋划，而且对标点符号的试行也有具体的研究。这在今天看来平淡无奇，但在八九十年以前，却是十分不容易！

第二，是整理传统文化遗产，拓展现代学术领域。他主张用历史的眼光扩大研究范围，用系统论的方法来整理国学研究资料，用比较研究的方法来整理研究。他撰著的《中国哲学史大纲》《白话文学史》《戴东原的哲学》《中国思想史》等专著的问世，对《红楼梦》《西游记》等名著的考证，特别是以大半生精力对《水经注》学术公案的重审，做的都是整理祖国传统文化遗产的工作，贡献卓著。

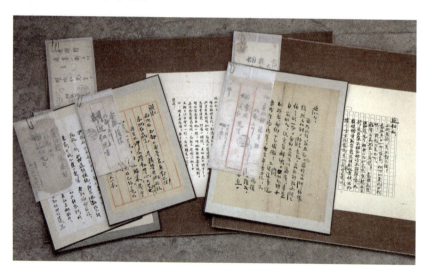

胡适家书手迹

第三，是输入西方现代化思想，推动中国文化转型。他是"实验主义"哲学家杜威的弟子，他认为杜威的"实验主义"哲学注重实际效果，是可用的思想工具，力图用它来解决中国的现实问题。他还积极宣扬易卜生的批判精神、自由思想和个性解放。

胡适在新文化运动中所倡导的勇开风气之先的首创精神、除旧布新的改革精神、注重解决问题的务实精神、强调方法的科学精神、反对专制的民主精神以及主张自由的开放精神，对于促进改革开放、学术创新和文化建设，都是宝贵的精神资源。

胡适与毛泽东是同时代的人。毛泽东早年在北大听过胡适的课，说胡适是他"五四运动初期崇拜的第一人"。1936年毛泽东说："《新青年》是有名的新文化运动的杂志，由陈独秀主编。我还在师范学校做学生的时候，就开始读这本杂志了。我非常钦佩胡适和陈独秀的文章。他们代替了已经被我抛弃了的梁启超和康有为，一时成了我的楷模。"延安整风期间毛泽东作了题为《反对党八股》的讲演，他说："五四运动时期，一班新人物反对文言文，提倡白话文，反对旧教条，提倡科学和民主，这些都是对的。在那时，这个运动是生动活泼的，前进的，革命的。"他特别指出："号召人民起来反对老八股、老教条，这是五四运动时期的一个极大的功绩。"1957年毛泽东指出，"不能全部抹煞"胡适，"他对中国启蒙起了作用"。他还意味深长地说，"到二十一世纪恢复他的名誉"。

美籍华人学者余英时说，胡适从倡导文学革命而"暴得大名"之后，直到他去世的45年，可以用"誉满天下，谤亦随之"八个字来概括。无论如何褒、贬、毁、誉，胡适终究是20世纪中国学术思想界的核心人物，是中国文化现代化进程中一个不可忽略的存在。

（四）陶行知：万世师表，仰之弥高

陶行知（1891—1946），初名陶文濬，歙县黄潭源村人。他是中国近现代教育史上的巨人，享誉海内外的人民教育家，也是杰出的民主主义战士和伟大的爱国主义者。

1905年，陶行知母亲在崇一学堂帮佣，陶行知常去帮忙干活。牧师唐进贤发现他事母至孝，熟读诗书，决定收为正式学生。

1907年，陶行知毕业，去杭州报考广济医学堂。该校规定，只有信奉基督，才能免费实习。陶行知毅然退学回乡。

1909年，陶行知到上海寻找生路，经唐进贤推荐，他考入南京汇文书院预科，随后就读金陵大学。

1914年，陶行知毕业于金陵大学，进入美国伊利诺斯大学的研究院攻读市政。

1915年，陶行知转入哥伦比亚大学攻读教育。

1917年秋，陶行知学成回国，应聘于南京高等师范学校，开始了长达30年的教育生涯。

陶行知是教育救国论的倡导者，更是教育救国论的践行者。

在第一个十年里（1917—1926），他反对旧式教育，主张教育改革，进行办学实验，推行平民教育。他与朱其慧邀集晏阳初、黄炎培、胡适、袁观澜等人发起组织中华平民教育促进会筹备会。

在第二个十年里（1927—1936），他创办晓庄师范和山海工学团，实践他所创立的"生活教育"理论。他在诗中写道："行动是老子，知识是儿子，创造是孙子。"

在第三个十年里（1937—1946），他以"国民外交使节"名义出使欧美26国，动员海外侨胞支援祖国抗日。他以牺牲的精神、高尚的人格和卓绝的毅力创办育才学校。他加入中国民主同盟，始终站在斗争的前列。

1946年7月，民主人士李公朴、闻一多先后遭特务暗杀，震惊全国。陶行知大义凛然，无所畏惧，他说："我等着第三枪。"7月22日，他参加邹韬奋灵柩安放仪式，宣读祭文。7月23日，他与沈钧儒、吴晗一道商量编印李公朴、闻一多纪念集。7月24日，宪兵搜查他的住所，他借住朋友家中，整理诗稿数万字。7月25日清晨，他突发脑出血，溘然长逝。

陶行知逝世，五洲震悼，四海同悲。毛泽东题挽词："痛悼伟大的人民教育家陶行知先生。"周恩来电文说："十年来，陶先生一直跟着毛泽东同志为代表的党的正确路线走，是一个无保留追随党的党外布尔什维克。"

陶行知教育思想十分丰富，核心内容有三：

第一即生活教育论：生活即教育，社会即学校，教学做合一。陶行知把杜威的"学校即社会"翻了个筋斗，提出"社会即学校",目的在于扩大教育的范围和内容,使广大群众的子女都能接受适合的教育。

第二是创造教育论,即著名的"六大解放":一是解放儿童的双眼,让眼睛能看事实;二是解放儿童的大脑,让儿童去思考问题;三是解放儿童的双手,给儿童动手的机会;四是解放儿童的嘴,让儿童言论自由;五是解放儿童的空间,提供创造的舞台,为创造打下基础;六是解放儿童的时间,让他们消化接受自然和社会的宝贵知识。

第三是师德教育论。首先,教师对教育事业要有赤诚之心,要有奉献精神和乐业精神。"人生天地间,各自有禀赋。为一大事来,做一大事去。"他说:"一定要看教育是大事业,有大快乐,那无论是做小学教员,做中学教员或做大学教员,都是一样的。"其次,教师要热爱学生,爱满天下。"爱满天下"是陶行知终生奉行的格言,是他倡导的最基本的师德规范。再次,教师要友爱同事,善于团结人合作共事。最后,教师要以身作则,为人师表。

陶行知的名言是:"千教万教教人求真,千学万学学做真人。"

三、明清六名臣

回望昨夜星空,星光何其灿烂。徽州历代名臣,个个声响不凡。

且看这么几位:谋略无双的开国元勋朱升,底定东南的抗倭统帅胡宗宪,文武双全的一代名臣汪道昆,劳苦功高的三朝元老许国,靖恭正直的社稷重臣曹振镛,两袖清风的理财专家王茂荫——追随他们的足音,端详他们的背影,我们会听到惊心动魄的徽州故事,会看到波澜壮阔的历史风云……

(一)朱升:九字定天下,谋略世无双

朱升(1299—1370)是元明时期著名的理学家、教育家,是明朝开国皇帝的帷幄谋臣,是深有影响的政治家。他进呈的九字

朱升像

策略"高筑墙，广积粮，缓称王"，帮助朱元璋得了天下。20世纪"备战备荒"，毛泽东借鉴他的"九字策"，提出"深挖洞，广积粮，不称霸"的战略思想，朱升因此名播天下。

朱升出生在休宁二十六都里仁东乡回溪，即今休宁陈霞乡回溪台子上村。父亲朱秀，乡间塾师，半农半儒，耕读传家。母亲汪氏，出身于书香门第，大家闺秀。

从19岁开始，朱升在故里开馆授徒，59岁经人推荐为朱元璋的谋士，其间40年中，足足38年是在授徒讲学、社会调查和著书立说中度过的。

朱升是在改朝换代之后对新安理学有拯衰起微贡献的大家。他有句名言，叫作"读书不可无注解"。在紫阳书院讲学以后，他开始对儒家的经典作旁注。他的旁注都有独到的见解。其学术深得程朱之学精髓，不杂异说。有人称他："紫阳道统接河南，又得枫林继述完。一脉真传今即古，千年秘学易而难。"

朱升47岁离开紫阳书院，在藤溪开馆讲学，作《大学旁注》；次年，重新开馆授徒，作《中庸旁注》；49岁出任商山书院山长，撰《地理阴阳王行书》《论语旁注》；后又作《书传补正》《孟子旁注》；50岁任池州儒学学正，业绩斐然；54岁期满回乡。这时蕲黄之兵进入徽州，为躲避兵乱，他迁居歙县石门。朱礼侍《朱学士升传》说他"所居僻在穷山，虽避兵奔窜，往往著述不辍"。

57—59岁，朱升先后在郑庄、珰溪开馆讲学，作《道德经旁注》和《礼记旁注》。为避兵乱，他有时躲在山上，靠门生送饭度日。

朱升一生专著20多部。"著述等身"四字用在他身上，恰当不过。

元至正十七年（1357）六月，朱元璋率部攻入徽州，得知当地有位同姓高人，善于观星占卜，预测天下大事，十分高兴，便"亲临其室，访问大计"。当时朱元璋30岁，而朱升59岁，二人一见如故。朱元璋请教立国大计，朱升当即"首陈三策"，即"高筑墙，广积粮，缓称王"，朱元璋大为赞许，"聘侍军门，出入帷幄"。

得朱升出谋划策，朱元璋韬光养晦，巩固基础，壮大实力，在鄱阳湖大战中，大败陈友谅。于吴二年（1368）正月初四登极，做了大明皇帝，定都南京，建元洪武。

朱升从被聘入内廷到告老隐退，头尾13年，先后被授予中书咨议、翰林院侍讲学士、中顺大夫、知制诰同修国史、翰林院学士兼东阁学士、嘉议大夫、知制诰兼修国史等职，成为朱元璋建立大明王朝的重要谋臣。朱元璋对朱升十分器重，有诗赞扬朱升为"国朝谋略无双士，翰林文章第一家"。在一则诰封中，朱元璋又赞赏朱升："才佐帝业，学本国师。文注子经，武贯韬略。眷我同宗之老，实为耆哲之英。"比朱升年少29岁的明太祖朱元璋尊之为"宗长阁下"，给予"免朝谒"的特别待遇，甚至说"联与卿分则君臣，情同父子"。朱升60多岁时曾在故里建楼，朱元璋题"梅花初月"匾额赐之。

朱元璋定都南京称大明皇帝的第二年，71岁的朱升以年迈和祭扫祖茔为由辞官归里，朱元璋感其功德，有意赐予爵位与田地，朱升婉言谢绝。

朱升急流勇退，实在高明。他退隐之后，没有去休宁老家，没有去歙县石门，"偕夫人涉江沂淮，抵东海转西溪而筑室于南龙港庄"。这个南龙港庄，就是今苏北盐城北龙港镇。

朱升病逝之初，墓葬没有公开身份。坟墓位于盐城北龙港镇南龙巷庄东首文曲沟北侧。1999年，盐都区人民政府将该墓列为县级文物保护单位。

（二）胡宗宪：平倭第一功，福泽被东南

胡宗宪（1512—1565）字汝贞，号梅林，明朝绩溪坑口（今宣城龙川）人，先后出任浙江巡抚、七省军务总督、兵部尚书等职，又晋加太子太保、少保等衔。

早在明初，日本的破产封建主、武士、浪人、海盗便与中国东南沿海的奸民、走私商相勾结，组成海盗集团，时称倭寇。嘉靖时期，倭乱愈演愈烈。

嘉靖二十六年（1547），朝廷任命朱纨为右副都御史，提督浙、闽海防军务，专司御倭重任。这是嘉靖朝御倭战争全面展开的标志。朱纨敢于任事，倭寇势力受到重创，但是他的海禁政策和武力围剿，损害了沿海地区势家豪族的利益，遭到强烈反对。迫于种种压力，朱纨服毒自杀。

嘉靖三十三年（1554），南京兵部尚书张经受命总督诸军，专司抗击倭寇。张经与总兵余大猷、参将汤克宽所率三军于嘉兴王江泾镇围剿倭寇，取得嘉靖军兴以后第一大捷。可是，在奸相严嵩的嗾使和死党赵文华等诬陷下，嘉靖皇帝颠倒功罪，竟将张经、李天宠和杨继盛一道斩首。

领导和指挥沿海军民平定数十年的倭寇之乱，最终底定东南海防的是胡宗宪。胡宗宪专事平倭大业，开始于嘉靖三十三年（1554）四月。

胡宗宪平定倭寇，有两个方面值得特别一提。

其一，胡宗宪不仅诉诸武力，而且提出"攻略为上，角力为下"，以抚为主、以剿为辅、抚剿并举的平倭谋略，这是抗倭战略的一个历史性转变。嘉靖三十四年（1555）十月，浙江鄞县生员蒋洲、陈可愿受命以正、副使，前往日本招抚倭酋王直、徐海，就是实施胡宗宪的这一战略方针。为显示招抚诚意，胡宗宪还以徽州同乡的名义，将王直母亲和妻儿从金华府监狱中释放出来，给予丰厚待遇。胡宗宪对王直采取招抚的方针是正确的，王直正是在政策感召下归降的。遗憾的是，在嘉靖皇帝和部分朝臣力主之下，王直被斩首于杭州。

其二，胡宗宪十分重视人才，不拘一格使用人才。他说："用兵之道，任将为先。然人才难得亦难知，古称百战而名将出。"在他招揽和重用的人才中，有驰骋海疆、出生入死的名将俞大猷、卢镗，有素以纪律严明、作战骁勇著称的戚继光。对满腹文韬武略和具有一技之长的军事理论家、谋略家、文学家等人才,他也随时延访、搜罗与重用。如素有"嘉靖八才子"之誉的唐顺之,著名军事家、文学家茅坤,少年即负盛名的文学家、军事理论家徐渭,都是他的重要幕僚。《明史·徐渭本传》说:"渭知兵,好奇计。宗宪擒徐海,诱王直,皆预其谋。"在胡宗宪的谋士中,还有一位军事地理学者和战略家叫郑若曾,他撰著的《筹海图编》记录了胡宗宪以及明朝抗倭战争事迹。

胡宗宪十数年间苦心经营,身经百战,终将海上数十年的倭患彻底平息。令人意想不到的是,他在建功立业之时,五次遭到弹劾。嘉靖三十七年(1558)、三十八年(1559)、三十九年(1560),连续三次被弹劾,胡宗宪坚持指挥抗倭。第四次是嘉靖四十一年(1562),他被列有十大罪状,押解北京,革职还乡。第五次是嘉靖四十四年(1565),朝廷以"妄撰圣旨"罪将他逮捕入狱。他写数千言的《辩诬疏》而无济于事,以"宝剑埋冤狱,忠魂绕白云"的诗句鸣冤,又作《走狗歌》痛斥奸佞,最后服毒自尽。

胡宗宪冤死,朝野唏嘘一片,不断有人上疏,呼吁为他平反。

隆庆六年(1572),穆宗下诏恢复胡宗宪总督浙直军务、太子太保、兵部尚书的职衔,胡宗宪得到初步平反。万历十六年(1588),皇帝亲颁《祭文》,为胡宗宪彻底平反,追谥"襄懋"。

龙川胡宗宪牌坊

（三）汪道昆：位居左司马，策助戚家军

汪道昆（1526—1593），字伯玉，明朝歙县千秋里（今徽州区西溪南松明山村）人。

明嘉靖二十六年（1547），23岁的汪道昆步入仕途，初任浙江义乌知县。他维护渔民利益，打击豪强劣绅，平反冤狱，兴办学院，举拔才能之士，以行取人，深受士民拥戴，以至于后来离任时，"民遮道泣留不忍别"。紧接着他任南京工部主事，不久升为北京户部江西司主事。28岁任兵部职方司主事，开始以文官兼理军务。

嘉靖四十年（1561），汪道昆升任福建按察司副使，备兵福宁，协助抗击倭寇防务。次年，倭寇攻陷兴化府（治今福建莆田），全闽大震，汪道昆走马浙江，请督抚胡宗宪檄令总兵戚继光率义乌兵往闽剿倭。这是汪道昆与戚继光在抗倭大业上合作的开始。历史上威震一时的戚家军，正是出于他的建议，在浙江义乌招募组建而成的。当时汪道昆主划策，戚继光主转战，设奇制胜，收复兴化，破大盗吴平，沿海倭寇诸垒相继被削平，收复兴化一战，斩首3000余级，救出被掳百姓2300余人，嘉靖皇帝闻此捷报，举行告庙礼庆贺。

嘉靖四十二年（1563），汪道昆升任福建按察司按察使，不久升任福建巡抚。在福建任职四年，东南抗倭，汪道昆开始由文人向军人转化，在戎马倥偬中，与戚继光同心协力，共理抗倭军务，结下深厚友谊，为平倭安民作出了贡献。

戚继光对汪道昆的军事才能极为赞赏，他在《赠御史大夫汪长公序》中说："初，继光以明公自浙至。适新安汪公整饬兵备。公时进继光谈东南事，意甚合……或谓三军之功，继光之力，此非知兵者。授我方略，假我便宜，饩廪已时，公其赏罚……东南阴受公赐。"

隆庆四年（1570），汪道昆调任湖北郧阳巡抚，在任正己率属、持法严平、奖励人才、勤谨治政、励精图治。目睹灾民流离失所，汪道昆痛心疾首，隆庆六年（1572）八月召为兵部右侍郎，十月奉命出阅蓟辽、保定边防，与戚继光、李成梁协心筹

划，裁革军费开支每年200余万缗。他曾上《议辅兵疏》，对改革军务、加强边备提出建议，深为朝廷嘉许，万历元年（1573）十月，他由兵部右侍郎升为兵部左侍郎。

汪道昆与曾任首辅的张居正系同榜进士，又有同龄之谊，可是张居正仍然将他视为"芝兰当路，不得不锄"，想方设法排挤他。万历二年（1574），49岁的汪道昆请求致仕回到家乡。汪道昆致仕后取用"天都外臣"之号，表示了对故乡山水的热爱，有寄情林泉的意向。

汪道昆退隐生活有20年时间，他在家乡先后倡建丰干社、白榆社、肇林社等诗会组织，对徽州文学事业有不小的促进作用。他的不少重要的文学、戏曲作品都是在做"天都外臣"的日子里创作的。

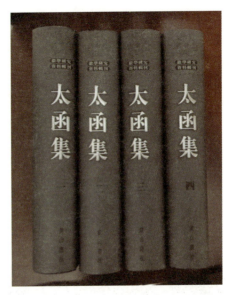

《太函集》

汪道昆身在退处，心忧天下，济世之志不衰，正义之气不退。明万历十三年（1585），值抗倭民族英雄胡宗宪含冤屈死20周年之际，胡宗宪的老部下沈明臣来绩溪胡宗宪墓地哭悼，汪道昆不仅接待他，而且作诗怀念，三年后又致信三朝元老许国，请他进言为胡宗宪申冤昭雪。胡宗宪沉冤能得彻底昭雪，汪道昆之功大矣！

（四）许国：眼前八角牌楼在，遥想当年相国时

安徽歙县是名播中外的全国历史文化名城。城内有座全国独一无二的"八角牌楼"——许国石坊，修建于明万历十二年（1584），至今已有430多年的历史。

许国（1527—1596），字维桢，号颖阳，歙县东关村人。早年连考四次举人，全都名落孙山，只得临街卖字。第五次失利之

后,他在太平桥上徘徊良久,然后纵身跳入江中,幸被水上商船救起,并且赠银鼓励他再考。嘉靖四十年(1561),许国第六次应试,考中第一名举人。嘉靖四十四年(1565),他终于考上进士。

许国入仕之后,潜心研究社会、政治、经济、文化问题,写了大量的策问、文论。他出身寒门,早年打下儒学根底,又在社会基层坚持苦读,了解社会,了解民情,进入仕途以后,端谨自守,清正廉洁,心系社稷,支持改革。

隆庆元年(1567),许国以一品服出使朝鲜。他仪表端庄,谈吐高雅,尽显上国使臣威严。回国时,朝鲜国王赠送许多贵重礼品,许国一概谢绝。朝鲜国王很感动,特将许国清廉高风勒碑为记。

万历四年(1576),许国奉命主管顺天府乡试,长子来信报告参加乡试的消息,他回复说:"你遇还是不遇,由你命中注定。"

万历十一年(1583),许国奉命主持全国会试。会试之前,族孙许益要求许国予以关照,透露考题,受到许国严厉批评。

万历十三年(1585),许国侄孙来信请求推荐他到国子监读书,他复信说:"今宗人待缺者十数人,安得超添。且许姓皆从超添,则他姓永无出路,亦非大公之道,惟贤侄孙谅之。"

常怀敬畏之心,重情尚义感恩,这是许国保持终身的品格。

嘉靖四十五年(1566),海瑞买好棺材,诀别妻子,遗散僮仆,然后上疏批评皇帝迷信神仙,不理朝政,结果被逮下狱。许国刚举进士不久,高声赞道:"公,憨人也。公,高山也。"许国对抗倭英雄、受诬冤死的胡宗宪,也是敬畏、仰慕,为

许国石坊

他鸣不平。考上进士，他就作了《祭胡少保兵部尚书胡梅林文》。胡宗宪冤死25年后能彻底平反昭雪，许国是尽了力的。

对当年的救命恩人、资助自己的木商程爵，许国念念不忘。隆庆五年（1571）秋，许国奉诏顺道出使徽州，特地策马去休宁榆村拜谢程爵，并将松江才子董其昌推荐给程家做家塾先生。经过许国多次举荐，程爵晋升为光禄寺署丞，其子程梦阳晋升为大理寺右寺正。万历皇帝还恩准许国所奏，在榆村为程家御建牌楼一座，牌楼题名"义佐国家"。

嘉靖四十年（1561），许国为筹措乡试盘缠四处借贷，绩溪磡头非亲非故的周老汉给他留餐留宿，还慷慨借银十两，这恩情许国没世不忘。出使徽州期间，许国特地将周老汉和儿子接到许府闲住，两个月后设宴送别，送银一封。周老汉回到磡头，原来住的茅房不见了，代之而起的是新瓦房。原来，许国在两个月内，出资建造了新房，好让老人安享晚年，让他儿子婚配成家。

历代圣人名臣都对自己的桑梓怀有特殊的感情，"必恭敬止"。许国也是这样，他是一个关注民生、造福桑梓的人。

许国幼时母乳不足，有一半靠食嫂乳，他呼嫂为"嫂娘"，不忘哺养之恩。在省亲期间，嫂娘汪氏反映了徽州百姓的疾苦，提到粮米和食盐两大民生关键物，说："徽州人多田少，历来缺粮，吾地常常从外地购粮贡赋，运往南京。南京粮多，听说霉烂多变，朝廷是否了解下情，变粮为钱，不是一举两得吗？"她又说："吾地距浙最近，为何要食淮盐？淮盐粗而黑，民不堪食，浙盐细而白，民喜食。朝廷能否改换盐道，为民方便？"嫂娘反映的两大问题，在许国的努力下，经万历皇帝批准，圆满解决了。当时徽州人到外地购粮到留都南京交赋税，而不能以银子抵交，这是大明"祖宗成法"，皇帝不说改，谁敢擅自改？许国呈《完粮图》，向皇帝禀告，皇上才知道徽民苦衷，表示"成法有不便于民，为民所苦者，亦不妨更改"。徽州百姓从此以粮折银，就地缴纳。改食淮盐为食浙盐，也是许国面奏万历皇帝后，皇上决定更改"定例"，由户部行文浙、淮两地盐运使，从万历七年（1579）起徽州发售浙盐。徽人食用淮盐历史从此结束。

（五）曹振镛：宰相朝朝有，代君三月无

雄村是著名的文化古村落。元末明初，曹姓迁来，聚居繁衍，重教兴文，蔚然成风，从此人文之盛雄甲一方。从明成化十一年（1475）曹观首中进士，到崇祯八年（1635）曹日宣考中进士，雄村曹氏有"一门四进士，四世四经魁"之荣。清乾隆年间，雄村又有"同科五进士""一朝三学政"的佳话。至于声名显赫的"父子尚书"曹文埴、曹振镛，更为这个古村落增添了炫目的光彩。

曹振镛（1755—1835）字俪笙，号怿嘉，为曹文埴之子。乾隆四十六年（1781），他考中进士，选授庶吉士，官翰林院编修，与父亲同朝为官六年。大考名列三等，乾隆认为他是大臣之子，人才可用，特擢侍讲学士。嘉庆三年（1798），大考二等，迁少詹事。父亲死后服阕授通政使，历任内阁学士及工部、史部侍郎。嘉庆十一年（1806）升工部尚书，撰《高宗实录》书成，加太子少保，调任户部尚书，兼翰林院掌院学士。嘉庆十八年（1813）调吏部尚书，拜体仁阁大学士，晋太子太保。嘉庆二十五年（1820）任军机大臣。道光元年（1821），晋太子太傅、武英殿大学士、军机大臣兼上书房总师傅。道光七年（1827），以功晋升太子太师，不久晋升太子太傅，赐画像入紫光阁，名列一等功臣。

一等功臣，三朝元老，为官长达半个世纪，曹振镛深得乾隆、嘉庆、道光的信任。曹振镛事亲至孝，待人谦和，进退容止不离典则，乾隆皇帝赞其大有父风。嘉庆皇帝六次南巡，五次秋猎木兰，都命曹振镛留京，佐助太子守国，总理朝廷政务大事，期间扑灭宫廷叛乱一次。曹氏故里流传有"宰相两朝有，代君三月无"的佳话，指的就是曹振镛"代理"嘉庆总理朝政的情况，这在中国历史上确实绝无仅有。曹振镛81岁去世，道光皇帝亲临吊丧，题写铭旌，下诏褒恤，说他"人品端方""自授军机大臣以来，靖恭正直，历久不渝，凡所陈奏，务得大体"，故而赐谥"文正"。《清史稿》称曰："恩眷之隆，时无与比！"

道光年间的盐政改革是晚清政府一项利国利民的重大改革，出身于盐商世家而身在相位的曹振镛积极支持这一改革，实在难能可贵，值得称道。

道光十一年（1831），两江总督兼太子少保的陶澍兼管两淮盐政，督办海运。他废除纲盐制，实行票盐法。这于国于民都有利。但是改革是利益的调整，对垄断盐业的官商是一个致命打击。他们勾结盐政贪官向陶澍发起猖狂攻击，不少与纲盐利益紧密相连的官员先后上章弹劾陶澍，斗争十分激烈。

陶澍算是曹门弟子，谈起曹振镛，总称恩师。他在推出改革前，生怕招致恩师的反对，曾将方案先以私书向曹禀报征询意见，曹振镛虽是出身于盐商世家，但是他从国家社稷和黎民百姓的利益考虑，旗帜鲜明地支持改革，他说："焉有饿死之宰相？"在他影响下，业盐扬州的徽商也都支持票盐法。

曹振镛居官提倡节俭，反对奢靡，也是值得称道的。曹振镛出身于富贵之家，但一向节俭，当了高官之后，仍然保持节俭作风。史称道光皇帝是一个崇尚恭俭的君主。曹振镛在饮食服饰上与道光皇帝倡导节俭、杜绝奢靡的作风一致。曹振镛平日在朝堂办事，只喝一杯白开水，从不浪费朝中一文钱。他经常为朝廷支出上疏，《清史稿》特别写了这一笔，称他"数请停罢不急工程，撙节糜费"。他对家人说："吾才不能致君为尧舜，唯当导君于节俭。"他在相位十余年，朝廷没有大兴土木之举。

曹振镛顾大局识大体，提倡节俭，杜绝奢靡，以社稷利益为重，支持盐政改革，一直得到史家好评。

（六）王茂荫：清风高白岳，德名留千古

20世纪80年代以后，"马克思《资本论》中唯一提到的中国人"王茂荫引起了人们的高度关注。

王茂荫（1798—1865），原名茂萱，字树之，号荫甫，又字椿年，号子怀，歙县杞梓里人，清咸丰年间任过户部右侍郎等职。他的货币理论、人才思想极为丰富，是一个直言敢谏、声震朝野的名臣。

马克思《资本论》第一卷第一编提及王茂荫

在学业上,王茂荫算是早达的。道光十一年(1831)他顺利中举,次年会试联捷,殿试为第三甲第四名,钦点户部广西司主事。当时祖母对他说:"吾始望汝辈读书识义理,念初不及此,今幸天相余家。汝宜恪恭尽职,毋躁进,毋营财贿。吾与家人守吾家风,不愿汝跻显位、致多金也。"

在官阶上,王茂荫屡遇坎坷挫折。举进士后他长达15年没有离开户部,只任主事一类微官,50岁才补为户部贵州司员外郎。51岁那年,清廷准备擢升他为御史,不料父亲去世,待他守孝期满回京供职,道光皇帝已死,太平天国革命爆发了。

王茂荫的政治、经济、人才、吏治和管理思想都十分丰富,值得深入研究。作为一代名臣,他最本质的特征还是清正廉洁与直言敢谏。

王茂荫的清正廉洁表现突出:他任京官30载,始终独居宣武门外的歙县会馆,自奉俭约,粗衣粝食,处之晏如。在"静以修身,俭以养德"方面,他堪为楷模;反对"奔竞",不搞团伙;痛恨贪赃,抵制腐败;严于律己,守身如玉;为国荐才,不图报答;悯怜厄穷,拯救危难。对同僚中的孤苦者,他按时资给,习以为常。对子侄他管教甚严,要求子侄对"地方公事,分其劳而不可居其功"。他不仅为王氏家族立有家训家规,要求后人严守家范,还为王氏宗族立有族规。

王茂荫为人耿直,遇事敢言,不避权要,深得朝野敬仰。他在咸丰、同治两朝前后上了100余个奏折,讲的都是国计民生大事,能言他人所不能言,所不敢言。他在家训和遗言中说:"我之奏疏,词虽不文,然颇费苦心,于时事利弊有切中要害处,存以垂示子孙,使知我居谏垣,蒙圣恩超擢,非自阿谀求荣中来。"他要求子孙后代,"他日有入谏垣者,亦不必以利害之见存于心,能尽此心,自邀天鉴"。

于国计民生政事得失,王茂荫坚持讲真话,以致犯颜直谏。咸丰朝实行过两项币制改革,一是行钞即发行钞币(钞票),二是铸颁大钱。王茂荫是行钞的积极倡导者、铸颁大钱的坚决反对者。他因主张行钞被擢升为户部右侍郎兼钱法堂事务,成为主管财政货币事务要员,又因反对通货膨胀、主张钞币兑现,一再上疏,得罪了反对派,得罪了亲王大臣,直至得罪咸丰皇帝,受到申斥。马克思《资本论》有个注释说到这件事:"清朝户部右侍郎王茂荫向天子上了一个奏折,主张暗将官票宝钞改为可兑现的钞票。在1854年4月的大臣审议报告中,他受到严厉申斥,他是否受到笞刑,不得而知。"这件事当时震动很大。

其实,王茂荫真正得罪皇帝,致使龙颜大怒的,是他所上《请暂缓临幸御园折》。咸丰皇帝耽于逸乐,不问朝政,不是携嫔妃避暑热河,便是游玩圆明园。大臣都有意见,但谁也不敢直言。一天内廷传说咸丰即将临幸圆明园,并将驻为行宫。王茂荫深为震惊,于是上奏劝阻。他说,方今时势艰危,太平军席卷东南,夷人又以此恐吓。国家财力匮乏,兵勇口粮不能按期发放,官员薪俸也无以支给,皇上只有"躬忧勤节俭",才能安定民心,如果"临幸如常",就会大失民心。皇帝看了奏折,恼羞成怒,批示说:"王茂荫奏请暂缓临幸御园一折,现在并未传旨何日临幸圆明园,不知该侍郎闻自何人……王茂荫身任大员,不当以无据之词登诸奏牍。着交部议处,原折掷还。钦此。"从此,王茂荫调离户部,做了闲官。

王茂荫遭受贬斥,正直之士对他表示敬意,称为"立朝敢言"的"奇男子"。歙县清末翰林许承尧声称:王茂荫单凭《请暂缓临幸御园折》,即足以名留千古!

王茂荫在同治朝复出之初,有道八个字的"上谕"肯定他:"志虑忠纯,直言敢谏。"他在弥留之际告诫后人,这八个字是"皇上天语",不可遗忘。他去世后,长子王铭诏遵父遗训,选了一方青田冻石,请名家镌刻了题为"直言敢谏之家"的印章。该印章现藏歙县博物馆。

王茂荫天性孝友,一身正气,两袖清风。他官届二品,家人并未因其显贵而巧取豪夺一瓦一垅。他惜别人间之前,曾平静地告诉世人:"我以书籍传子孙,胜过良田百万;我以德名留后人,胜过黄金万镒。自己不要什么,两袖清风足矣!"

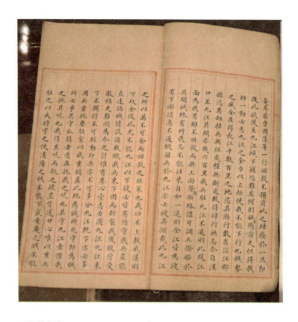

王茂荫奏稿

后　记

源远流长、博大精深的中华优秀传统文化,积淀着中华民族最深层的精神追求,包含着中华民族最根本的精神基因,代表着中华民族独特的精神标志,为中华民族生生不息、发展壮大提供了丰厚滋养,是社会主义核心价值观的深厚源泉。

徽州文化是具有代表性、典型性的中华传统文化。数百年来,徽州人在文化领域里创立了许多流派,且大多独树一帜,在全国产生了重大影响。徽州文化中蕴藏着丰富的思想资源,包含着许多优秀的传统美德,认真汲取其思想精华和道德精髓,激活其生命力,增强其影响力和感召力,对培育和践行社会主义核心价值观具有积极意义。

按照中共黄山市委、市人民政府的要求,2015年,我们曾经组织部分专家学者,精心编写了《阅读徽州》,旨在通过对徽州文化思想价值的研究,梳理和萃取其中的思想精华,作出通俗易懂的当代表达,赋予新的时代内涵,增强人们的文化自信、价值观自信。该书的出版发行引起社会强烈反响,被安徽省新闻出版广电局评为2015年"十佳皖版图书",被安徽省社科联评为"安徽省优秀社科普及读物"。

今年,《阅读徽州》编写组按照中共黄山市委书记任泽锋同志的要求,根据广大读者的意见和建议,对《阅读徽州》进行修编,增加"徽州历史""徽州饮食"两个部分,任泽锋同志亲自审阅、修改书稿,提出修改意见,并再次为该书作序。黄山市人民政府市长孔晓宏和其他市领导都给予高度重视,市直有关部门和社会各界给予热情关注,曾经提供图片的作者继续给予大力支持,在此一并表示衷心感谢!

"徽州风光""徽州村落""徽州建筑""徽州商帮""徽州教育""徽州艺术""徽州科技""徽州人物",分别由毕民智(黄山学院副教授)、汪大白(黄山学院原副院长、教授)、陈政(黄山市地方志办公室副主任)、方利山(黄山学院研究员)、方光禄(徽州师范学校副校长)、翟屯建(黄山市地方志办公室原调研员)、郗延红(黄山市委党校副教授)、陈平民(黄山市社会科学界联合会原主席)同志撰写。增加的"徽州历史"由汪大白、陈政同志撰写,"徽州饮食"由方光禄同志撰写。黄山市社会科学界联合会主席杨永生和汪大白同志负责全书统稿。

  本书编写工作历时数月,编写组多次对书稿进行了认真讨论、修改。尽管如此,因受篇幅限制等,本书难以悉数讲清楚徽州文化的丰富内涵、独特创造、价值理念、鲜明特色。我们深知,还有诸多疏漏或不妥之处,敬请广大读者指正。

《阅读徽州》编写组
2017年8月16日